50 Years in Wall Street

Explained Completely by Top Trader

华尔街教父
50年
顶级交易员深入解读

［美］亨利·克卢斯（Henry Clews）/原著

魏强斌/译注

经济管理出版社
ECONOMY & MANAGEMENT PUBLISHING HOUSE

图书在版编目（CIP）数据

华尔街教父 50 年 /（美）亨利·克卢斯原著；魏强斌译注. —北京：经济管理出版社，2020.8
ISBN 978-7-5096-7420-8

Ⅰ. ①华… Ⅱ. ①亨… ②魏… Ⅲ. ①金融市场—经济史—美国 Ⅳ. ①F837.129

中国版本图书馆 CIP 数据核字（2020）第 157768 号

策划编辑：勇 生
责任编辑：勇 生 王 聪
责任印制：黄章平
责任校对：董杉珊

出版发行：经济管理出版社
（北京市海淀区北蜂窝 8 号中雅大厦 A 座 11 层 100038）
网 址：www. E-mp. com. cn
电 话：(010) 51915602
印 刷：三河市延风印装有限公司
经 销：新华书店
开 本：787mm×1092mm/16
印 张：18.75
字 数：345 千字
版 次：2020 年 10 月第 1 版 2020 年 10 月第 1 次印刷
书 号：ISBN 978-7-5096-7420-8
定 价：78.00 元

根据我在华尔街几十年的经验，一旦某人开始过度膨胀，那么也就离最终的毁灭很近了。连续成功后的过度自信是一种华尔街综合征，染上这种病的人很难治愈。

——亨利·克卢斯

导言　成为伟大交易者的秘密

◇ 伟大并非偶然！

◇ 常人的失败在于期望用同样的方法达到不一样的效果！

◇ 如果辨别不正确的说法是件很容易的事，那么就不会存在这么多的伪真理了。

　　金融交易是全世界最自由的职业，每个交易者都可以为自己量身定做一套盈利模式。从市场中"提取"金钱的具体方式各异，而这却是金融市场最令人神往之处。但是，正如大千世界的诡异多变由少数几条定律支配一样，仅有的"圣杯"也为众多伟大的交易圣者所朝拜。现在，我们就来一一细数其中的最伟大代表吧。

　　作为技术交易（Technical Trading）的代表性人物，理查德·丹尼斯（Richard Dannis）闻名于世，他以区区 2000 美元的资本累积了高达 10 亿美元的利润，而且持续了十数年的交易时间。更令人惊奇的是，他以技术分析方法进行商品期货买卖，也就是以价格作为分析的核心。但是，理查德·丹尼斯的伟大远不止于此，这就好比亚历山大的伟大远不止于建立地跨欧、亚、非的大帝国一样，理查德·丹尼斯的"海龟计划"使目前世界排名前十的 CTA 基金经理有六位是其门徒。"海龟交易法"从此名扬天下，纵横寰球数十载，今天中国内地也刮起了一股"海龟交易法"的超级风暴。其实，"海龟交易"的核心在于两点：一是"周规则"蕴含的趋势交易思想；二是资金管理和风险控制中蕴含的机械和系统交易思想。所谓"周规则"（Weeks' Rules），简单而言就是价格突破 N 周内高点做多（低点做空）的简单规则，"突破而做"（Trading as Breaking）彰显的就是趋势跟踪交易（Trend Following Trading）。深入下去，"周规则"其实是一个交易系统，其中首先体现了"系统交易"（Systematic Trading）的原则，其次体现了"机械交易"（Mechanical Trading）的原则。对于这两个原则，我们暂不深入，让我们看看更令人惊奇的事实。

　　巴菲特（Warren Buffett）和索罗斯（Georgy Soros）是基本面交易（Fundamental Investment & Speculation）的最伟大代表，前者 2007 年再次登上首富的宝座，能够时隔

多年后再次登榜，实力自不待言，后者则被誉为"全世界唯一拥有独立外交政策的平民"，两位大师能够"登榜首"和"上尊号"基本上都源于他们的巨额财富。从根本上讲，是卓越的金融投资才使得他们能够"坐拥天下"。巴菲特刚踏入投资大门就被信息论巨擘认定是未来的世界首富，因为这位学界巨擘认为巴菲特对概率论的实践实在是无人能出其右，巴菲特的妻子更是将巴菲特的投资秘诀和盘托出，其中不难看出巴菲特系统交易思维的"强悍"程度。套用一句时下流行的口头禅"很好很强大"，恐怕连那些以定量著称的技术投机客都要俯首称臣。巴菲特自称 85% 的思想受传于本杰明·格雷厄姆的教诲，而此君则是一个以会计精算式思维进行投资的代表，其中需要的概率性思维和系统性思维不需多言便可以看出"九分"！巴菲特精于桥牌，比尔·盖茨是其搭档，桥牌游戏需要的是严密的概率思维，也就是系统思维，怪不得巴菲特首先在牌桌上征服了信息论巨擘，随后征服了整个金融界。以此看来，巴菲特在金融王国的"加冕"早在桥牌游戏中就已经显出端倪！

索罗斯的著作一大箩筐，以《金融炼金术》最为出名，其中他尝试构建一个投机的系统。他师承卡尔·波普和哈耶克，两人都认为人的认知天生存在缺陷，所以索罗斯认为情绪和有限理性导致了市场的"盛衰周期"（Boom and Burst Cycles），而要成为一个伟大的交易者则需要避免受到此种缺陷的影响，进而利用这些波动。索罗斯力图构建一个系统的交易框架，其中以卡尔·波普的哲学和哈耶克的经济学思想为基础，"反身性"是这个系统的核心所在。

还可以举出太多以系统交易和机械交易为原则的金融大师们，比如伯恩斯坦（短线交易大师）、比尔·威廉姆（混沌交易大师）等，实在无法一一述及。

那么，从抽象的角度来讲，我们为什么要迈向系统交易和机械交易的道路呢？请让我们给出几条显而易见的理由吧。

第一，人的认知和行为极易受到市场和参与群体的影响，当你处于其中超过 5 分钟时，你将受到环境的催眠，此后你的决策将受到非理性因素的影响，你的行为将被外界接管。而机械交易和系统交易可以极大地避免这种情况的发生。

第二，任何交易都是由行情分析和仓位管理构成的，其中涉及的不仅是进场，还涉及出场，而出场则涉及盈利状态下的出场和亏损状态下的出场，进场和出场之间还涉及加仓和减仓等问题。此外，上述操作还都涉及多次决策，在短线交易中更是如此。复杂和高频率的决策任务使得带有情绪且精力有限的人脑无法胜任。疲累和焦虑下的决策会导致失误，对此想必每个外汇和黄金短线客都是深有体会的。系统交易和机械交易可以流程化地反复管理这些过程，省去了不少人力成本。

第三，人的决策行为随意性较强，更为重要的是，每次交易中使用的策略都有某种程度上的不一致，这使得绩效很难评价，因为不清楚 N 次交易中特定因素的作用到底如何。由于交易绩效很难评价，所以也就谈不上提高。这也是国内很多炒股者十年无长进的根本原因。任何交易技术和策略的评价都要基于足够多的交易样本，而随意决策下的交易则无法做到这一点，因为每次交易其实都运用了存在某些差异的策略，样本实际上来自不同的总体，无法用于统计分析。而机械交易和系统交易由于每次使用的策略一致，这样得到的样本也能用于绩效统计，所以很快就能发现问题。例如，一个交易者很可能在 1、2、3、…、21 次交易中，混杂使用了 A、B、C、D 四种策略，21 次交易下来，他无法对四种策略的效率做出有效评价，因为这 21 次交易中四种策略的使用程度并不一致。而机械交易和系统交易则完全可以解决这一问题。所以，要想客观评价交易策略的绩效，更快提高交易水平，应该以系统交易和机械交易为原则。

第四，目前金融市场飞速发展，股票、外汇、黄金、商品期货、股指期货、利率期货、期权等品种不断翻出新花样，这使得交易机会大量涌现，如果仅仅依靠人的随机决策能力来把握市场机会无异于杯水车薪。而且大型基金的不断涌现，使得单靠基金经理临场判断的压力和风险大大提高。机械交易和系统交易借助编程技术"上位"已成为这个时代的既定趋势。况且，期权类衍生品根本离不开系统交易和机械交易，因为其中牵涉大量的数理模型运用，靠人工是应付不了的。

中国人相信人脑胜过电脑，这绝对没有错，但也不完全对。毕竟人脑的功能在于创造性解决新问题，而且人脑的特点还容易受到情绪和最近经验的影响。在现代的金融交易中，交易者的主要作用不是盯盘和执行交易，这些都是交易系统的责任，交易者的主要作用是设计交易系统，定期统计交易系统的绩效，并做出改进。这一流程利用了人的创造性和机器的一致性。交易者的成功，离不开灵机一动，也离不开严守纪律。当交易者参与交易执行时，纪律成了最大的问题；当既有交易系统让后来者放弃思考时，创新成了最大问题。但是，如果让交易者和交易系统各司其职，则需要的仅仅是从市场中提取利润！

作为内地最早倡导机械交易和系统交易的理念提供商（Trading Ideas Provider），希望我们策划出版的书籍能够为你带来最快的进步。当然，金融市场没有白拿的利润，长期的生存不可能夹杂任何的侥幸，请一定努力！高超的技能、完善的心智、卓越的眼光、坚韧的意志、广博的知识，这些都是一个至高无上的交易者应该具备的素质。请允许我们助你跻身于这个世纪最伟大的交易者行列！

Introduction　Secret to Become a Great Trader!

◇ Greatness does not derive from mere luck!

◇ The reason that an ordinary man fails is that he hopes to achieve different outcome using the same old way!

◇ There would not be so plenty fake truths if it was an easy thing to distinguish correct sayings from incorrect ones.

Financial trading is the freest occupation in the world, for every trader can develop a set of profit –making methods tailored exclusively for himself. There are various specific methods of soliciting money from market; while this is the very reason that why financial market is so fascinating. However, just like the ever–changing world is indeed dictated by a few rules, the only "Holy Grail" is worshipped by numerous great traders as well. In the following, we will examine the greatest representatives among them one by one.

As a representative of Techincal Trading, Richard Dannis is known worldwide. He has accumulated a profit as staggering as 1 billion dollar while the cost was merely 2000 bucks! He has been a trader for more than a decade. The inspiring thing about him is that he conducted commodity futures trading with a technical analysis method which in essence is price acting as the core of such analysis. Never the less, the greatness of Richard Dannis is far beyond this which is like the greatness of Alexander was more than the great empire across both Europe and Asia built by him. Thanks to his "Turtle Plan", 6 out of the world top 10 CTA fund managers are his adherents. And the Turtle Trading Method is frantically well–known ever since for a couple of decades. Today in mainland China, a storm of "Turtle Trading Method" is sweeping across the entire country. The core of Turtle Trading Method lies in two factors: first, the philosophy of trendy trading implied in "Weeks' Rules"; second, the philosophy of mechanical trading and systematic trading implied in fund manage-

ment and risk control. The so-called "Weeks' Rules" can be simplified as simples rules that going long at high and short at low within N weeks since price breakthrough. While Trading as breaking illustrates trend following trading. If we go deeper, we will find that "Weeks' Rules" is a trading system in nature. It tells us the principle of systematic trading and the principle of mechanical trading. Well, let's just put these two principles aside and look at some amazing facts in the first place.

The greatest representatives of fundamental investment and speculation are undoubtedly Warren Buffett and George Soros. The former claimed the title of richest man in the world in 2007 again. You can imagine how powerful he is; the latter is accredited as "the only civilian who has independent diplomatic policies in the world". The two masters win these glamorous titles because of their possession of enormous wealth. In essence, it is due to unparalleled financial trading that makes them admired by the whole world. Fresh with his feet in the field of investment, Buffett was regarded by the guru of Information Theory as the richest man in the future world for this guru considered that the practice by Buffett of Probability Theory is unparallel by anyone; Buffett' wife even made his investment secrets public. It is not hard to see that the trading system of Buffett is really powerful that even those technical speculators famous for quantity theory have to bow before him. Buffet said himself that 85% of his ideas are inherited from Benjamin Graham who is a representative of investing in a accountant's actuarial method which requires probability and systematic thinking. The interesting thing is that Buffett is a good player of bridge and his partner is Bill Gates! Playing bridge requires mentality of strict probability which is systematic thinking, no wonder that Buffett conquered the guru of Information Theory on bridge table and then conquered the whole financial world. From these facts we can see that even in his early plays of bridge, Buffett had shown his ambition to become king of the financial world.

Soros has written a large bucket of books among which the most famous is *The Alchemy of Finance*. In this book he tried to build a system of speculation. His teachers are Karl Popper and Hayek. The two thought that human perception has some inherent flaws, so their students Soros consequently deems that emotion and limited rationality lead to "Boom and Burst Cycles" of market; while if a man wants to become a great trader, he must overcome influences of such flaws and furthermore take advantage of them. Soros tried to build a systematic framework for trading based on economic ideas of Hayek and philosophic thoughts of

Karl Popper. Reflexivity is the very core of this system.

I may still tell you so many financial gurus taking systematic trading and mechanical trading as their principles, for instance, Bernstein (master of short line trading), Bill Williams (master of Chaos Trading), etc. Too many. Let's just forget about them.

Well, from the abstract perspective, why shall we take the road to systematic trading and mechanical trading? Please let me show you some very obvious reasons.

First. A man's perception and action are easily affected by market and participating groups. When you are staying in market or a group for more than 5 minutes, you will be hypnotized by ambient setting and ever since that your decisions will be affected by irrational elements.

Second. Any trading is composed of situation analysis and account management. It involves not only entrance but exit which may be either exit at profit or exit at a loss, and there are problems such as selling out and buying in. All these require multiple decision-makings, particularly in short line trading. Complicated and frequent decision-making is beyond the average brain of emotional and busy people. I bet every short line player of forex or gold knows it well that decision-making in fatigue and anxiety usually leads to failure. Well, systematic trading and machanical trading are able to manage these procedures repeatedly in a process and thus can save lots of time and energy.

Third. People make decisions in a quite casual manner. A more important factor is that people use different strategies in varying degrees in trading. This makes it difficult to evaluate the performance of such trading because in that way you will not know how much a specific factor plays in the N tradings. And the player can not improve his skills consequently. This is the very reason that many domestic retail investors make no progress at all for many years. Evaluation of trading techniques and strategies shall be based on plenty enough trading samples while it's simply impossible for tradings casually made for every trading adopts a variant strategy and samples accordingly derive from a different totality which can not be used for calculating and analysis. On the contrary, systematic trading and mechanical trading adopt the same strategy every time so they have applicable samples for performance evaluation and it's easier to pinpoint problems, for instance, a player may in first, second... twenty-first tradings used strategies A, B, C, D. He himself could not make effective evaluation of each strategy for he used them in varying degrees in these tradings, but systematic

trading and mechanical trading can shoot this trouble completely. Therefore, if you want to evaluate your trading strategies rationally and make quicker progress, you have to take systematic trading and mechanical trading as principles.

Fourth. Currently the financial market is developing at a staggering speed. Stock, forex, gold, commodity, index futures, interest rate futures, options, etc., everything new is coming out. So many opportunities! Well, if we just rely on human mind in grasping these opportunities, it is absolutely not enough. The emergence of large-scale funds makes the risk of personal judgment of fund managers pretty high. Take it easy, anyway, because we now have mechanical trading and systematic trading which has become an irrevocable trend of this age. Furthermore, derivatives such as options can not live without systematic trading and mechanical trading for it involves usage of large amount of mathematic and physical models which are simply beyond the reach of human strength.

Chinese people believe that human mind is superior to computer. Well, this is not wrong, but it is not completely right either. The greatness of human mind is its creativity; while its weakness is that it's vulnerable to emotion and past experiences. In modern financial trading, the main function of a trader is not looking at the board and executing deals—these are the responsibilities of the trading system—instead, his main function is to design the trading system and examine the performance of it and make according improvements. This process unifies human creativity and mechanical uniformity. The success of a trader is derived from tow factors: smart idea and discipline. When the trader is executing deals, discipline becomes a problem; when existing trading system makes newcomers give up thinking, creativity becomes dead. If, we let the trader and the trading system do their respective jobs well, what we need to do is soliciting profit from market only!

As the earliest Trading Ideas Provider who advocates mechanical trading and systematic trading in the mainland, we hope that our books will bring real progress to you. Of course, there is no free lunch. Long-term existence does not merely rely on luck. Please make some efforts! Superb skill, perfect mind, excellent eyesight, strong will, rich knowledge—all these are merits that a great trader shall have to command. Finally, please allow us to help you squeeze into the queue of the greatest traders of this century!

目　录

金融市场是一个智慧体，它具有自适应性，处于持续进化之中。进化的根本动机是维护自身的存在，并壮大自己。这就要求金融市场具备两个特征：第一，大多数人亏钱，少数人赚钱，否则市场就无法维持下去；第二，具有容易赚钱、容易暴利的迷惑性，吸引更多的人参与其中。

华尔街的后生晚辈应该学会观察这些智者和大佬们的动向，当他们从蛰伏状态走出进入市场时，这就是跟随入市的时机。这种机会周而复始地出现，远比听从证券经纪人的指点或者小道消息更加可靠。

在不同阶段，不同的因素主导着市场的波动。交易者只有全面地研究它们，才能知道哪个因素是主导。获取信息是第一步，接着要从中得出恰当的结论，并将之用于投机操作之中。交易是一个过程，要成功就必须确保任何环节都是正确的。

"事"是格局，"人"是玩家。任何关于博弈的分析，都要从格局和玩家两个基本要素出发。金融交易如此，经济事务如此，政治如此，军事如此，天下之大，莫不如此！这是我的心法所在。

融资能力，资源动员能力，对于战争的成败非常关键。观察宏观大局的变化，可以从财政和国家金融的角度入手。

对于商人和金融家来说，重要的是懂得一组转换关系——金钱和关系，要及时把金钱转换成关系或者是将关系转换成金钱。如此循环，则壮大可期。

实体经济中的垄断和金融市场中的垄断存在很大的差别。华尔街的垄断者们往往不会有好的下场，而实体经济中的商品垄断则并非如此。正如斯图尔特操纵案一样，尽管操盘手倾尽全力运作，也很容易功败垂成。有时候庄家陷入了困境中，于是会有新的操盘手来接盘，但也未必能够扭转局面。

对于投机者而言，股票就是筹码；对于投资者而言，股票就是资产。投机要从筹码的角度去剖析，投资要从商业的角度去剖析。投机者不要斗气，要乘势当机借力！大智慧之人第一不要斗气，第二不要斗力。

以利害迫使对方行动！主力运作个股无非也是通过各种似是而非的利好来动员其他玩家，题材也好，大盘走势也好，技术图形也好，莫不如是。

经济发生危机时，那些垃圾债券是最让人头疼的资产。持有者会急于卖出，而参与其中的投资银行则想要马上收回贷款。实际上这些资产已经毫无价值了。以美国为例，从铁路投机泡沫时代开始，每一次危机和恐慌发生时，垃圾债券都会因为流动性紧缩而崩盘，这类事件往往成为美国经济和金融大危机的导火索。

最有味道的故事来自于真实的历史进程。读史使人明志，此言不虚。想要在金融界跻身于顶尖水平，离不开对金融史和经济史的熟稔。

回顾历史上那些著名的金融泡沫与危机，可以让我们在判断大行情上更有优势。技术指标无法预测出重大的行情，但是基本面分析，特别是基于历史大数据的基本面分析可以做到这一点。伟大的交易者必然是一个足够专业的金融史学者，如果能够有一些马克思政治经济学和奥地利学派的理论基础则更好。

为什么我能够预判出这次危机呢？我利用了自己熟稔的银行业知识，基于从 1857 年以来发生的几次危机，进而预测出信贷量的这种夸张增加会导致经济最终出现大调整。信贷与实体经济之间的失调持续时间越长，则后面的危机越大。华尔街那些富豪和投机客们沉浸在投机的盛宴当中，不断扩大失调的程度。当这种失调难以维系时，现金变得短缺，危机一触即发。

反其道行之是为了借力和乘势！引出对手的反应，利用对手的反应，这就是利用对手盘的非理性！没有过足够非理性对手盘的交易是"过度拥挤的交易"，也是"愚蠢的交易"。

牛市高点，场外大量资金寻找操盘手；熊市底部，优秀的操盘手却找不到愿意入市的资金。风险高的时候，资金充裕；机会大的时候，资金匮乏。这就是资本市场资金与机会的背离。大多数资金追逐的机会都不是真正的机会！

做大类资产配置和大规模投机永远不要忘记三个原则：第一个原则，不要与经济规律为敌；第二个原则，不要与国家为敌；第三个原则，不要与央行为敌。第一个原则比第二个原则重要，第二个原则比第三个原则重要。从另一个角度来讲，想要赚大钱就必须顺应经济规律，借助或者顺应国家力量和央行的力量。

政治靠旗帜影响舆论，正如庄家诉诸题材一样，都是为了作用于情感而达到目的。政客与庄家，只不过是不同领域的同一种人物；选票和股票，都不过是被操纵的对象而已。

利用货币流动性和舆论来操纵大众，这是高超的政治手腕。特威德非常了解人性的特点，了解处于困境和绝望中的人性需求。通过制造金融动荡，他激起了人们的痛苦，然后再把怒火引到当政者身上，这就是他的完美计划。

要想在投机事业中长久下去，必然奉行中道！贪婪和恐惧都是过度的表现。何谓中道？乘势当机，懂得节制。仗力逞能的人都是"短命"的，借力节制的人才能"长寿"！金融市场多"明星"，少"寿星"，为什么会这样？值得我们扪心自问和深思。

永远不要让自己没有对手！对手是最好的教练和陪练，真正的进步离不开真正的对手！尊重对手，才是真正的智者！

舆情是弱者的优势格局。舆情总是倾向于支持弱者的，舆论中亮明弱者身份很重要。先立于不败之地而后求胜，舆论的不败之地就是让自己处于弱者地位，交易的不败之地就是抓住基本面的重大变化。

讲故事是一种投机，因为故事就是题材。题材投机，不正是小克里尔的常用招式吗？当名人都愿意借钱给你后，还有什么人会表示怀疑呢？名人的背书带来更多名人的背书，也带来更多的资金。

投机者的博弈比投资者的博弈要激烈得多，经常演变成势同水火、不可收拾的局面。投机充分地体现了一句老话——富贵险中求。投资是"寿星"的事业，投机是"明星"的事业。可以将投机作为投资的垫脚石，但是不能将投机做成投资的绊脚石。

如何判断资产价格的底部呢？第一，资产持续亏损导致产能缩减明显，例如航运周期见底的特征。光是亏损还不行，必须见到产量显著减少才行。第二，流动性见底。第三，市场情绪极端恐慌点。第四，底部筹码集中交换完成。第五，季节性或者蛛网周期体现的规律。

不是一味与大众的观点相反就能在金融交易中胜出。交易者需要明白"选择性反向"的原则：如果市场预期和舆情高度一致，那么应该选择与大众的观点相反；如果市场存在分歧，那么应该选择与市场的走势一致。

通过精心炮制的财务报表加上高超的操纵手法，亨利·维拉德最终让股票涨到了200美元的离谱高位。在高位的人气鼎盛的时候，他择机将"掺水股"抛到市场上，高位兑现筹码。

沃德显然具备了保险精算师的头脑。他并不是一个鲁莽的人，而是按照他的规则行事，他不会浪费时间在失败的个案上，因为这是一个有关概率的游戏。

什么样的人容易轻信？什么样的人容易上当？什么样的人有钱投进来？沃德对此有一套高效的预判策略。选定潜在猎物之后，他会在恰当的时机选择恰当的手段出击，这就是他强大执行力的体现。

根据我在华尔街几十年的经验，一旦某人开始过度膨胀，那么也就离最终的毁灭很近了。连续成功后的过度自信是一种华尔街综合征，染上这种病的人很难治愈。斯密斯染上了这种常见病，他的失败应该归结于这种病，而非沃尔里霍夫。

获胜后的沃尔里霍夫保持了低调和冷静，在操作上更加保守和谨慎，根据判断进行了规模不大的买卖。他参与了西岸铁路股票的做多交易，成了股价上涨的直接推动力之一。此后，当股价涨到离谱高位后，他开始成了大空头。多翻空的理由是什么呢？沃尔里霍夫解释说铁路公司的利润增长出现了疲态，因此股票上涨也难以为继了。

踏足华尔街

My Debut in Wall Street

我第一次踏足华尔街是在 1857 年的金融大恐慌之后。这次金融市场的大波动也被戏称为"西部暴风雪"（Western Blizzard），形容得非常贴切。这次金融动荡的牵涉面非常大，破坏程度异常，远胜此前任何一场金融危机的影响。

这波金融危机的第一个恶劣结果是当时名声甚广、跨越多个领域的俄亥俄人寿和信托公司（Ohio Life and Trust Company）关门破产了。这家公司当时在华尔街设置了分支机构，正式破产之后，对华尔街的负面冲击极其巨大，许多业务陷入暂停之中。在此前的金融动荡中，许多声名卓著、资本雄厚的大公司都能屹立不倒、安然无恙，但是这次却陆续倒下。

这次金融危机的原因是什么呢？各种因素共同促成了这次危机。其中一个原因是美国进口过多，同时大规模铺设铁路，加上借贷成本较高。另一个原因是农作物歉收，以至于美国无法通过出口农作物来抵补进口支出，这导致黄金流出。

1857 年 10 月，纽约城市银行（New York City Bank）暂停了黄金兑付，很快全国各地的银行纷纷跟进。此前，信贷呈现宽松态势，全国一片流动性充裕的景象，而现在信贷却突然收缩。由于信贷收紧比较迅速，这导致金融恐慌呈野火燎原之势，席卷全美。

此前的十年时间，证券交易事业蓬勃发展，交易量猛增。

> 国际收支的经常项目处于赤字状态，国内债务成本也高企，这容易引发债务危机，进而引发股票在内的金融市场动荡。

> "永远追随货币和信贷的脚步"。

证券交易所的会员们谨慎稳健，财富逐步增长到令人艳羡的水平。许多纽约的证券从业者都是荷兰裔，还有一些来自美国南部的北漂者，剩下少数人来自英国或者其他国家。

这场金融危机导致证交所的大部分股票暴跌，崩盘现象可见一斑。在短短数日之内，大多数股票都腰斩了，跌幅超过了 50%。许多证交所的会员单位被迫进入破产清算程序。金融市场遭遇血洗。

随后，金融市场和经济进入恢复阶段，大众重新建立起了对美国经济的信心。年轻的美利坚合众国生机勃勃，具备从经济危机中迅速恢复的机能。旧的阻碍进步的因素在危机中被清除了，万象更新，更多的优质资源分配到经济中更具合理性的部门。终于，银行于 12 月重新开始营业。

这波大恐慌直接引发了华尔街交易方式的彻底革新。此前，不管是在金融市场，还是在商业领域，许多因循守旧的老派做法占据了主导地位，阻碍了创新和发展。而这次危机宣告了陈腐事物的死亡和新事物的诞生，新生代金融家们开始粉墨登场，代替那些长期称霸金融界的老面孔和旧势力。

新旧交替，新陈代谢，恰好是进化原理的体现，**适者生存也贯穿在了金融市场当中。金融事务也需要优胜劣汰，用适用新形势的新思维去替代不合时宜的旧思维。后者注定会最终消亡，这就是金融市场的进化定律。**

此前的陈旧观点认为金融从业者年龄越大，则优势越明显。这种固执的想法深入人心，很早成形，流毒深远。

为什么会有这样的想法呢？人们受制于其他行业的经验，认为人越老，经验越丰富，自然也就越能胜任金融市场的操作。大众认为如果一位医生没有两鬓斑白或者秃顶，缺乏彰显智慧和经验的抬头纹，则表明其水平有限，缺乏开出可靠有效处方的能力。同样的观念也体现在对律师和牧师的大众共识上。

那些年迈老国更是如此，例如欧洲那些冥顽不化的君主制国家。在这些僵化守旧的体制下，亘古不变的观念直到今

> 金融市场是一个智慧体，它具有自适应性，处于持续进化之中。进化的根本动机是维护自身的存在，并壮大自己。这就要求金融市场具备两个特征：第一，大多数人亏钱，少数人赚钱，否则市场就无法维持下去；第二，具有容易赚钱、容易暴利的迷惑性，吸引更多的人参与其中。想一想，金融市场如何达到上述两点要求？

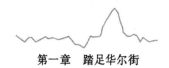

日仍旧存在。那些过时的观念和方法仍然有滋养的土壤，拥护者众多。

旧势力和老观念直到 1857 年大恐慌之前还在华尔街大行其道，阻碍了年轻人和新思想登上历史舞台。危机促成了旧势力退场和新势力登场，长江后浪推前浪。

华尔街的新生代经历了卓绝的斗争才得以登上舞台，那些老人们竭力地维护自己的当权地位，毫不退让。在纽约证交所（New York Stock Exchange）的老会员们看来，那些积极进取的新生代其实是咄咄逼人的篡位者，他们毫无恭敬之心，只知道一味冒犯前辈们。

在这段黑暗时期，年轻人如果缺乏长者的提携是很难进入华尔街这个圈子的，基本上不可能获得纽约证交所的会籍资格。华尔街的老人们相互联手控制这个圈子，采取各种手段遏制年轻人进入。任何想要进入这个圈子的人都要面临老人政治的狙击。

> 迅速成功的人往往都走了非常规路线，捷径存在，只是你未发现或者利用而已。当然，任何捷径也离不开另外一种形式的努力——搜寻和分析，并且要承担大得多的压力和风险。

我那时正在从事纺织品国际贸易，将此类货物进口到美国境内。我想要打入华尔街的圈子，但是由于老人政治的存在使得我无法进入其中。某日我突然想到了一个办法来解决这个问题。

我的命运起点与他人并无太大差别，但是因为我积极尝试，最终改变了华尔街的一些格局，站稳脚跟，最终成功。

当时的股票佣金是 0.125%，而且这还是单边手续费。多次努力进入圈子无果之后，我想要从降低佣金入手来破局。

我在报纸杂志上刊登了股票经纪广告，提出单边收取0.0625%股票交易佣金。这一记重拳打破了华尔街的平静，冥顽不化的老前辈们面临着巨大的冲击。他们的客户急剧流失，而我的客户却显著地持续增长。他们当然非常厌恶我，但是却只能通过拉拢我的方法来确保我符合他们的行规。当时的老前辈包括了雅各布·利特尔（Jacob Little）、约翰·沃尔德（John Ward）、大卫·克拉克森（David Clarkson）等，你可以从证交所的档案里面找到。

> 不能击败对手，就要同化对手。

我获得交易所席位一共支付了 500 美元，包括会费和其他费用。我受到了特殊优待，因为当时会员席位的市价为 35000 美元，两者相距甚大。我推动了交易所的变革，也使得华尔街其他领域出现了巨大改变。

会员资格享有很多优势，众多投机客趋之若鹜。有些投机客为了获得从门锁洞里窥见交易场内撮合情况的特权，愿意每周支付 100 美元。

现在回到 1857 年危机这个话题上。这场危机有弊有利：一方面，全美经济都受到了重创，大众的信心饱受摧残；另一方面，危机和恐慌也带来一些正面的东西，比如将金融的发展推到了一个新高度和新纪元。

这场危机和恐慌大大加速了年轻一代在华尔街上崭露头角。如果没有危机，那么新力量就很难崛起，还要蛰伏很长一段时间。

大危机不仅将朝气蓬勃的美利坚（Young America）引领到了金融和商业的世界前沿，也给诸如贸易和工业等部门带来了持续的驱动力。直到今天，我们的经济和社会仍旧受益于此。

新事物在一个国家经历的巨大经济和商业变革中产生，而且以燎原之势成长，最后以让世人惊叹的巨大规模壮大。

当时的证券行业正是如此，证交所不久之后就会从地下室搬到一栋大楼里办公，证监会（The Governing Committee of the Stock Exchange）的成员们都在期待尽早搬到宽敞大气的办公场所里面。我最初在华尔街认识的那些老年人们完全想不到这些巨大的进展吧。

美国金融行业在这段时期的发展远远超过了其他国家同时期的发展，这是华尔街的高光时刻。只有在美国，新锐力量才获得了巨大的发展机会和空间，他们并未辜负时代和国家的期望，历史对他们的选择被充分证明是正确的，而这种选择只有在美国才能出现。尽管存在阻碍和困难，但是美国对自由和共和制的遵从使得我们能够很好地克服各种问题。

> 阶级和利益集团会严重阻碍利益的重新分配，只有当危机出现时，这种重新分配才能高效进行。

> 如果你出生在普通家庭，那么人生大跃升的机会往往来自于社会某项重大变革，例如技术、制度和经济方面的巨大变化。新技术出现会带来许多暴利的机会，导入期是题材的泡沫投机，渗透期则是收益的价值投资。

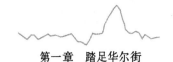

因此，其他国家迫不及待地追随美国的发展模式。

　　这段时期美国的证券交易中心位于威廉大街（William Street）上，在海狸街（Beaver Street）与交易广场（Exchange Place）之间。这个地方与许多重大投机事件密切联系着，例如雅各布·利特尔在此九起九落。而精于计算的安东尼·莫斯（Anthony Morse）也一度在这里工作。普通会计师对一列数字求和的时间，足以让安东尼完成 4 列数字的求和。他此前是公司小职员，省吃俭用存下了 700 美元，以此为本金从事股票交易。他曾经在一年内赚取了几百万美元后破产，相比后来的投机巨擘基恩（Keene）更称得上是传奇人物。当然，他的所有操作都是合法的，并无半点法律和道德上的瑕疵，与费迪南德·沃尔德（Ferdinand Ward）的欺诈完全不是一回事。

　　那是一个投机天才辈出的年代，锐意进取的投机客们并未像现在的同行一样学会那么多欺诈的伎俩和把戏。

　　当时的丹尼尔·德鲁（Daniel Drew）靠自己积攒了数百万美元的身家，后来却散尽万贯家财。

　　也是在那个时期，一大批股票坐庄案例涌现出来了，例如岩岛（Rock Island）股票操纵、普雷里德欣（Prarie du Chien）股票操纵、哈雷姆（Harlem）股票操纵等。

　　当时西部铁路线（Western Railroads）的建设风起云涌，大量的资金投入到长达 2 万英里的铁路线建造上，荒漠地带也有了经济活动。铁路建设浪潮虽然存在泡沫的成分，但并非完全像宝德利（Powderly）先生认为的那样仅仅是投机，无法对生产力的发展起到任何积极作用。实际上，铁路建设推动了贸易和商业，以及地产行业的大发展，连接了美国东部和西部，吸引了大量的东部过剩人口前往西部寻找发展机会，一些遭受歧视和压迫的异国人士也被美国西部的丰饶土地所吸引，前来享受自由和繁荣。

　　雅各布·利特尔最负盛名的操作涉及 60 天股票期权合约。期权合约便利了庄家操作股票市场。他是伊利铁路（Erie）股票的早期重要参与者，当时德鲁也在参与这只股票，他们有

　　人类不同历史时期都有不同的最具效率发展模式，20 世纪是美国模式独步全球的时代，那么 21 世纪又是什么模式胜出呢？我们拭目以待。这就是历史达尔文主义的视角，对金融市场我们也可以采纳类似的视角。

利特尔实际上是做空了伊利铁路股票，并且约定 6~12 个月内回补空头头寸。

盲池公司是一种不具体说明普通合伙人将进行何种投资的有限合伙企业。有限合伙企业中的股东对预期中的投资并不能事先确定。

对手盘思维如何具体落地呢？可以从筹码、盘口和席位的角度去解读和推演。具体参考《题材投机（2）：筹码、盘口与席位的解读与推演》一书的示范和讲解。

尊重对手，可以让自己的事业长盛不衰。羞辱对手，早晚要自食恶果。

互为对手盘的可能。

利特尔出售大量该股的交割期权，约定 6~12 个月回购。当时，关于股票交易的系统策略并未建立起来，同时"盲池公司"（Blind Pools）这种企业形式仍旧处于萌芽阶段。因此，利特尔的股票期权成了当时一项非常有效的市场操纵工具。

当利特尔做空时，伊利董事会的成员们则想要进行逼空操作，他们组建了一家盲池公司，意图通过推高伊利铁路的股价来迫使利特尔认赔离场。当时，这些人认为自己的图谋非常隐蔽，毫无破绽，一切准备就绪，等待某个交易日的两点钟，利特尔将不得不高价回补自己的空头，最终破产，黯然离场。

但实际上利特尔早已有所准备，此前他在伦敦秘密买入了大量伊利铁路的可转换债券，以避免被逼空。当伊利董事会认为利特尔即将破产时，他提前一小时到达了伊利股票交易席位处，打开一个装满可转换债券的大口袋，要求将它们全部转化成伊利股票。因此，利特尔获得了足够的股票来回补自己的空头头寸，对手盘的阴谋被挫败了，利特尔捍卫了自己在华尔街的地位。

为了约束做空操纵者的行为，股票期权的有限期被限定在 60 天。

另外，后面我们还会提到可转换债券在利特尔之后已经成了投机客们的惯用工具。在此后的数次精彩操作中，可转换债券创造了数百万美元的利润。

利特尔不仅技艺精湛，业界口碑也不错。对于那些运气不佳的对手盘，他还是比较慷慨的。他曾经略带戏谑地说过自己免除的债务票据都能贴满整个办公室的墙壁了。

他拥有超强的记忆力，无须任何记录就能记住一天中的全部交易，而且丝毫不差。

利特尔与德鲁一样，不修边幅，戴着贫穷农夫的帽子，十分低调。当时他对市场的预测和交易能力出类拔萃，罕逢敌手。

华尔街的盈利之道
How to Make Money in Wall Street

能够在华尔街赚取丰厚利润的人是极少数的，大多数这样的人都是年近花甲的老手。**这些技术精湛的高手们往往长时间选择空仓，甚至在家中长期静养，一旦金融市场出现恐慌，他们才会现身股票市场。恐慌制造了机会**，这样的机会有时候一年不止一次。当机会出现时，这些老者会拄着拐杖，步履蹒跚地来到证券经纪人的办公室。

他们会在恐慌中重仓买入那些优势股票。他们之所以能够在恐慌中拥有充足的子弹，是因为**他们在大家乐观的时候就逐步积累起足够的资金以备抄底之需**。恐慌会持续一段时间，以至于他们有充足的时间进场扫货。大赚一笔则是此后自然而然的结果。

市场筑底成功之后开始步入牛市，**当大众一致乐观时，这些智者就会选择落袋为安**。他们会将浮盈兑现，部分存入银行，部分购买上升趋势中的房地产，然后回到自己的豪宅中继续蛰伏，享受生活和家庭的欢乐与清闲，等待下一次机会出现。

华尔街的后生晚辈应该学会观察这些智者和大佬的动向，当他们从蛰伏状态走出并进入市场时，就是跟随入市的时机。这种机会周而复始地出现，远比听从证券经纪人的指点或者小道消息更加可靠。

那些散布小道消息的骗子往往宣称自己与庄家或者操纵

牛市在绝望中诞生，在怀疑中展开，在亢奋中消亡。

利用"市场先生"制造的周期，进行价值投资。

2014年年中，包括刘益谦等资本大佬都在或明或暗地大举建仓A股，此后一波大牛市出现了。这些大佬的一些言行当时是可以从公开信息中得知的，他们也给出了进场的理由。

者的密切关系。如果你真的想要在股票市场中成功，就不要听从这些骗子的任何建议。相反，**我建议新手们密切关注资本界大佬们的资产配置动向，这才是华尔街风云变化的前兆。**

他们进场时的市场背景如何呢？如果市场出现恐慌，他们必然出现。当他们大举买进的时候，你应该投入足够的资金进场。绝不要去对赌交易所买卖。

一定要在大恐慌出现前夕准备足够的现金，因此平时应该去类似德尔莫尼克（Delmonico）这样的餐馆吃简餐，这样可以多省些钱。等到了可以捡便宜货的时机，这些省下来的钱就可以变成一大笔利润。

不要跟着所谓的主力操盘手或者庄家散布的小道消息进行操作，如此做法对新手而言是百害而无一利的。寻求直接的操作建议，只会很快丧失掉独立思考的能力，变得盲从冲动，而独立思考却是任何一门生意都必不可少的要素。

无论是在华尔街，还是在其他地方，想从金融市场上赚钱的人总是会提出同一问题："如何从华尔街上赚钱呢？"（How can I make money in Wall Street?）

最好的答案出自梅耶尔·罗斯柴尔德（Meyer Rothschild）之口：

"贱买贵卖！"（I buys "sheep" and sells "Dear"）

> 自司马迁《史记·货殖列传》有一句话其实意思相同——"贱取如珠玉，贵出如粪土"。

如果你能够恪守这一法则，那么成功是必然的。**过去 30 年的实践表明，每年华尔街几乎都出现两到三次暴跌，这就是低价买入优质股票的好时机。当恐慌过去后，抄底的投资者会很快获利 5%~10%。**

如此看来，特定年份中出现暴跌的次数成了获利的关键参数。

> 巴菲特择时吗？巴菲特不通过宏观经济数据择时，但会通过市场情绪周期择时。

如果在恰当的时机进场，那么一年下来应该可以实现 50% 的净利润。要达到这一点，交易者必须具备足够的独立思考和研判的能力。

误判了市场的周期，踏错了市场的节奏，穷人变得更加贫穷。相反，富人却变得更加富有。

当然，一个普通人也可能因为命运使然而在华尔街暴富，仿佛天降财富一般。这种情况通常出现在一个人看似落入山穷水尽境地之时。

我要讲一个真实但神奇的案例，当时是 1885 年夏季。一个人沮丧地走进我的办公室，他告诉我数月之前他还有几千美元的本金可供操作，但是现在手头只有几百美元了。

接着，他开始吐露自己的经历：

"我阅读了你 7 月 3 日的市场通讯，原本计划按照你的建议进行操作，不过非常不幸的是我看到了报纸上一位专业水平很高的作者的相关文章。因此，没能按照你的意见进行交易。这位作者完全沉浸在熊市思维中，据说现在也跟我一样接近破产了。"

"我现在很茫然，不知道何去何从。我只剩下几百美元了，现在悉数交给你，供你操作。我会去乡下度过这个夏季剩余的日子。我会把通信地址留给你，如果有好消息可以通知我。但事实上，我并未对这点资金抱有任何奢望了。因此，如果保证金不够，也不要追加了。"他的言语中透露着绝望的情绪。

这个人垂头丧气地离开了。此后，我有几个月时间都没有见到他。我将他全权委托的资金基于自己的策略进行了交易。绩效还不错，他账户的资金也在持续增长。

基于我和他的约定，及时将账户增长的好消息告诉了他。但我发出的消息如石沉大海一般，几个月都未收到他的回信。

某日，一位穿着考究且神采奕奕的绅士走进我的私人办公室，进门就说了一大堆感激涕零的话。

我对眼前的这位绅士感到陌生："噢，非常抱歉，我对你的印象非常模糊。"

"你真是健忘啊！你不记得了吗？此前，在我去乡下度假之前，我向你陈述自己在股票投机上遭受了沉重的挫折。"

"原来是你，你就是那位因为此前投机失利而无比沮丧的先生吗？"我完全被他焕然一新的面貌所震惊了。

"是的，的确是我。我能够在短期内取得惊人的成功完全归功于你那些及时而中肯的建议。我把手头最后一点余钱下注在你的建议上，最终得以打了一个翻身仗。至于那笔委托给你的资金，自然更让我放心了。"

在这个例子当中，当事人仅仅接受了我免费提供的建议就取得了成功。

相反的例子也不少，这些人拒绝接受我的忠告，最终以亏损收场。某些人手握大量资金的时候反而变得偏执，无法客观地看待市场和自己，任何有效的建议都无法被他们采纳，反而是那些小道消息蛊惑了他们的行为。

例如某天一个客户委托我买入 1000 股伊利铁路股票，采用市价指令而非限价指令。我在 94 美元的位置买入。刚刚进场之后，这只股票的价格就出现了下跌。

客户开始变得恐慌，于是要求我立即卖出，成交价格为 92.5 美元。不久之后，他又让我以市价买入，成交价格为 95 美元。

很快他又改变了主意，估计是因为受到朋友建议的影响，他要求立即以市价卖出，成交价格为 90 美元。

他第四次联系我，说道："先是碰到一个人让我买入，接着又碰到一个人让我卖出。市场要么处于上涨趋势，要么处于下跌趋势，我对此不甚了了，但现在我认为自己完全是个股市白痴。"

这个例子鲜活地呈现了华尔街的普通交易者如何被误导和蛊惑的。事实上，只要交易者能够接受哪怕一点有价值的建议，并且耐心等待时机，而不是听信谣传、胡乱操作一通，则可以避免上述陷阱。**一旦开始恪守有效的规则，那么他就行走在华尔街的盈利之道上了。**

正如我在接下来的章节所强调的那样：投机是一门职业性很强的生意。虽然人们只要手里有足够的资金就可以入市投机，但事实上如果缺乏专业的训练则会后患无穷。

大众持有一种错误的共识，认为投机不需要任何专业的知识。这种错误的看法已经让华尔街许多人身败名裂。即便如此，这个观念仍旧在误导许多人。

很奇怪的是，如果一个人需要获得法律方面的建议，他们会寻找一位权威的律师获得这种建议。他绝不会将自己的案子委托给一位在法院周围无所事事的法律门外汉，而这位门外汉仅仅声称自己与艾伦·J. 范德普尔（Aaron J. Vander-poel）、罗斯克·孔克林（Roscoe Conkling）、温·M. 埃瓦茨（Win M. Evarts）等熟识，他从这些人手里拿到了一些内幕消息。大众会嘲笑这人的委托人，如果他执迷不悟，那么可能会被送到医生那里，检查其精神状态是否异常。

方法和心态，哪个是第一位的？哪个是第二位的？方法是心态的锚！

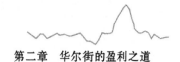

但是，在华尔街这样的滑稽事却屡屡上演，经久不息。不仅不被怀疑，反而被奉为投机专家。

如果投机者因为听信这些骗子的操作建议而亏损，那么证券交易所的经纪人就不应该担责，因为他们只是按照客户委托进行买卖而已。

好的律师收费更高，但是也能够让你有更大的把握赢得官司。华尔街也是如此，好的建议值得花费更高的价钱，因为它所能赚取的收益远远超过了支付的成本。那些廉价的小道消息和建议到处都是，单纯的交易者最容易上当受骗，最终结果肯定是持续亏损而没有丝毫的长进。

如果你想要在华尔街赚钱，那么就认真听从我的建议：不要理睬那些小道消息和"市场神棍"的胡言乱语；不要去对赌交易所或者"野鸡交易所"（Bucket Shops）买卖；如果真的需要一些优质的建议，那么最好求助于那些经久考验的市场人士，他们能够给出更为准确的建议。这样的市场老手拥有较为充足的各类信息资源和经验，能力上是能够胜任的，如果责任心也很强，则值得信赖。

如何寻找这样的人呢？看看那些声誉卓著的报纸上，跟踪上面的一些市场评论，向那些负责递送市场通信的男孩打听吧，在华尔街找到值得信赖的市场分析人士并非极难之事。

投机失败的原因
Cause of Loss in Speculation

长期而言，市场中失败投机者的数量远远大于成功投机者的数量，因此，我认为有必要对投机失败的诸多原因进行剖析，这是切合实际需要的，也是当机的。

失败的投机者其实存在的问题并非仅存于一个方面。可以肯定来讲，投机失败其实是许多因素共同造成的。投机者需要承担风险的勇气，同时也需要足够的精明判断力，因为真正的对手都是绝顶聪明的。

但是大多数投机者都无法真正胜任自己的任务，他们要么冲动鲁莽，要么谨小慎微；要么消极悲观，要么过度乐观；要么反应迟钝，要么过于敏感；要么骄傲自大，要么信心不足；要么盲从轻信，要么固执己见……所有这些特质并非一定是先天造成的，但都能够决定投机的成败。

当然，这些问题也是可以克服的，前提是你能够了解自己，管理好自己的心智状态。在交易中，如果失去理性判断和自制，那么付出的代价将远胜于其他工作失误带来的损失。

投机者一定要客观地预判潜在的风险和所承担的风险，以及行情的走势，只有像高明法官一样做到客观、中立和理性才能稳操胜券。**因此，我认为投机成功的首要原则是不要让任何人性歪曲了自己对事实的研判。如果你能够确保这一点，那么无论你先天和后天条件如何，都能够在投机领域有一番建树。**

当机说法，切中要害，才能让听者受益。交易者的层次有深浅，经验有生疏，如果不能区分这一点，那么很容易落得对牛弹琴的尴尬境地。

成功需要一种中观和中道的辩证品格。

投机能最快速地诊断出你的品行和才能的缺陷，但能够有多快的速度修复它们则完全取决于你自己。

要客观有效地预判市场，需要正确地处理信息。令人惊讶的是，信息本身更容易让分析者走入误区。事实上，人们确实非常注重信息，他们通常不会在缺乏信息的情况下贸然行事，但是却很少考证信息本身的正确性和有效性。

关于如何研判信息有效性的方法和策略是很难获得的，甚至可以说是不太可能获得的。如果交易者不懂得如何去伪存真，去粗取精，那么即便信息再多，也无异于在黑暗中前行。缺乏足够的分析经验和技巧，拙于预判，这就是绝大多数市场输家的特征。

交易者为什么失败呢？第一，因为他缺乏足够的信息，更为普遍的情况是掌握的信息都是不真实或者存在误导性；第二，即便有了足够有效的信息，却不知道应该如何去解读。

如果信息不完整或者存在错误，那么也就谈不上解读了。因此，造成投机亏损的一个普遍原因是信息缺失。

交易者不能只见树木不见森林。单一的信息会让交易者的判断出现偏颇，这是更容易犯的错误。

我们来看一个例子。某家铁路公司发布公告称收入有所增长，但是收入的质量如何呢？或许非经常性收入导致了收入增长，而这种增长并不可持续；又或者是支出的增长快于收入的增长，如此一来净利润还是下降的。因此，**我们分析各种信息的时候，必须从整体出发，不能被单一消息的利空或者利多性质所迷惑。**

又比如一家公司因为现金流紧张，于是大股东决定增发一些股份来改善现金流，在出售之前先要对资产进行评估。在资产评估深入的过程中，发现了一些隐藏资产，同时也优化了开支，而这使得股票的价格反而出现了上涨。此前因为看空而卖出的交易者则错失了这波上涨机会。

再看第三个例子。假如某只股票在伦敦和纽约两地同时上市。伦敦市场上出现对这只股票的热捧，于是一些人跟风在纽约市场买入。没过多久，市场才发现一些大股东得知了利空的内幕消息大举卖出，而这些筹码全被不明就里的大众

一切交易的经验都可以归结于两点：如何解读信息？如何管理仓位？

盘口信息无数，应该如何解读呢？异常量是关键。提纲挈领才能游刃有余，否则就会陷入信息的汪洋大海之中。

利用 A 标的引导市场预期，然后重点操作 B 标的。

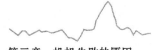

吃进了。这些盲目买入的交易者因此吃了大亏。

其实，市场上天天都会上演上述戏码，许多人因为看问题不全面而吃亏。他们为什么会失败呢？根本原因在于他们一知半解，在缺乏全面了解的前提下，以偏概全，继而导致错误的决定。

进行交易的时候，人们更愿意听信那些错误的信息，甚至捏造的信息，据此采取行动，承担不必要的风险。**许多场外交易者往往会在传言广泛传播、群情亢奋的时候进场买入，而这往往是主力操盘手布局离场的时候。**

那么，究竟应该怪罪谁呢？是别有用心传播谣言的人，还是盲从轻信冲动行事的人呢？这个问题很难回答。

共识预期高度一致的时候，就是行情反转的时候。

事实上，我认为比起前两者，有个第三方才是推波助澜的罪魁祸首，他就是新闻媒介。它们有意无意地传播一些具有误导性的信息和观点。这些金融机构和华尔街媒体经常传播一些有倾向和误导性的消息，当然也不全是。毕竟，大众订阅这些媒体的目的是为了获得严谨和有效的信息，因此他们有权利要求获得正确的信息。

大量的信息促成了交易。一旦消息不够全面及时，甚至不真实，则订阅者肯定会指责媒体不够负责，或者专业素养不够。

由于利益纠葛复杂，金融市场涉及的利益分配巨大，因此即便是最严谨负责的财经媒体也难以抵御这种诱惑。主力或者利益相关者通过制造和散布一些消息来引导市场的情绪和资金流向，这些消息一旦变成了专业媒体的文章或者报道，就会更具权威性，让大家更加相信。一旦如此，则危害就变得更大了。

这些不正确的信息有多少是因为工作不负责导致，有多少是由于考虑不完备导致，又有多少是故意为之。对此，我不便评论。

无论造成错误信息的具体原因是什么，反正这些信息会导致巨大的损失。无论谁传播了这些信息，这些信息都会造

通过信息驱动筹码和资金的交换，通过两者的交换完成利益的重新分配。利益分配必然会引发各方的强势介入，一切可行手段都会被用上。

成损失。**一旦新闻媒体被滥用，具体而言是被相关利益者利用，则会造成不知情交易者的亏损。**

财经媒介会有意无意地提供一些买卖观点，驱动大众去买入或者卖出特定的股票。编辑们也会因为情绪偏见或者别有用心地给出一些建议。这些都是对媒体的滥用，结果往往令中小投资者亏损。

对于那些在华尔街摸爬滚打多年的交易老手而言，这些问题可能并不能影响他们。**但是对于刚刚踏入华尔街的新手而言，这些东西很容易吸引和误导他们。**

当然，我们并不否定新闻媒介的作用，即便它可能误导我们，被庄家利用。但是，**如果你想要找出行情波动的原因同时识别出大众情绪的变化，那么就必须通过媒体。**少数媒体及其提供的消息是具有较高质量的，你应该设法找到这样的信息源，这样就能提升你在华尔街的成功率。

上面主要介绍了虚假和低质量信息导致股票交易者失败的原因。第二个导致交易者失败的原因是本金不足。

通常情况下，人们总是过度自信。通常在准备工作还未完全就绪的情况下，他们就会草率地行动。无知者无畏，那些初步踏入金融市场的新手总是对自己的能力有不切实际的乐观看法，对于市场远谈不上敬畏，这使得他们很容易将所有资金一次性投入到股市中，并且在仓位上过重。

一旦价格朝着不利方向波动，他们就不得不平仓离场，进而爆仓甚至破产，从此一蹶不振。

因此，比较理性的做法是投入股市的资金不要超过自己总资产的一半。剩下来的资金可以作为后备资源，以备不时之需。这样的场外资金管理思路可以更好地限制风险。

大量的场外交易者缺乏资金管理的可靠法则，甚至根本没有任何自律可言，这就给了场内交易者操控日内走势的机会。由于不少场外交易者采用重仓高杠杆的做法，这就给了场内交易者机会，他们会故意引爆这些风险过高的头寸。

如果交易者的资金充足，杠杆不高，那么就有较大的空

股市的本质与现象各是什么？如何洞悉股市的本质？股市的本质是博弈，时刻从对手盘的角度去琢磨行情。那么，股市的现象又是什么呢？价格的波动以及共识预期。

期货暴利的秘诀之一在于善于场外资金管理。

高杠杆使得头寸的回旋余地很小，一旦价格朝着不利的方向运动一点，就会导致强制平仓或者追加保证金通知。

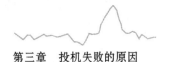

间来面对价格波动和操纵。如此谨慎管理资金，就可以让亏损的风险降到一半。

第三个容易导致交易者亏损的因素是市场大势辨别不清楚，一味看空或者看多，对方向转变的信号不敏锐。在华尔街，要想成功，就不能执着于当空头还是多头，而要当"滑头"；**不要过度悲观，也不要过度乐观，还要学会客观中立地看待大众的各种极端情绪。**

我们不能跟着市场的情绪走，也不能跟着自己的感觉走。有效的做法是我们必须对市场背景和波动的方方面面进行考虑，综合权衡是成功的关键。相反，如果交易者盲目地跟随大众，听任情绪摆布，那么爆仓和破产是必然的结局。

当然，并不是说"死多头"和"死空头"赚不到钱。在熊市末尾阶段，多头将步入盈利阶段；同理，在牛市末尾阶段，空头将步入盈利阶段。在下跌趋势中，抢反弹做多，或者是在上涨趋势中，逢高做空，这些危险的操作在技艺精湛的老手那里确实可以行得通，但是这都是常年刻苦训练的结果，刚刚入市的新手是无法胜任的。

为什么这些老手可以这样做呢？第一，他们已经养成了自制和冷静的品行，他们会等待最佳的时机介入。第二，他们有足够的资金来应对市场的波动，甚至能够在短期内影响市场的情绪，引导市场的预期。

这些老手在下跌趋势中抢反弹，并非因为他们只会做多，而是因为他们善于识别时机。同样，他们在上涨趋势中抓回调，并非因为他们只会做空，而是他们待时而动。输家却并非善于识别风向的转变，他们固执己见，对市场发出的信号视而不见。

看看输家在牛市开始阶段的表现吧。**当国家的经济已经到了衰退末期，甚至已经有了复苏苗头时，输家们仍旧执迷于空头思维，甚至悲观情绪更加浓重。**他们卖出股票，而且很可能是割肉卖出，进而做空。这个时候，聪明的资金已经在悄悄买入了。在极端悲观中，输家们继续看空做空，这种

除了价格之外，市场舆情也属于市场信号。

走极端的脾气最终导致了他们成为输家。

输家在熊市开始阶段的表现也值得我们玩味。当国家的经济已经到了滞涨早期时，甚至已经完全处于滞涨阶段，经济增长已经出现了拐点。股市显然已经筑顶了，不过市场情绪却很亢奋，大家满怀希望行情会继续向着天空生长。输家们受到了市场情绪的感染，他们变得更加自信，于是大举买入。这个时候，聪明的资金已经在大举甩卖了。

什么样的人会成为股市的输家呢？ 他们容易受到此前行情走势的影响，呈现出直线预期，最终他们被市场抢劫得一分钱不剩。

第四个导致交易亏钱的因素是震荡走势。许多交易者将时间和金钱浪费在了震荡市况中。**震荡市况是潜在回报很低的格局**，因为交易者容易频繁交易。毫无必要的频繁交易，只给经纪人带来了利润，对于交易者而言却是坏事。如果交易者陷入震荡走势中频繁交易，那么每个月下来的交割单中除了大量的佣金和亏损之外，看不到任何显著盈利的单子。

震荡走势持续的时间从数周到数月不等，这个时候交易者应该离场观望，耐心等待变盘的信号，这才是赢家的做法。

在本章最后部分，我们介绍区分两种影响市场波动的因素，如果交易者能够很好地甄别它们，则可以避免成为输家。

我将影响市场的因素划分为两大类：外因和内因。

内因是驱动市场波动的直接因素，它们能够影响基本供求关系以及波动率。哪些因素属于内因呢？比如主力的观点和动向；股市大佬们的动向；筹码的集中程度；超卖和超买情况；活跃股带来的赚钱效应；质押股强平的概率；大机构的动向。内因是市场波动的直接因素，直接影响价格波动，因此，即便外因与内因相反，通常也是内因影响价格。

要研判众多的内因是一项极具挑战性的任务。一方面是因为因素众多，关系错综复杂，另一方面内因与价格的关系也并不简单。交易者只有通过长期实践和思考，才能积累起足够的经验，培养出相应的能力，进而胜任这项工作。

经济周期与股市大势的关系，参阅《股票短线交易的24堂精品课》的"跨市场分析：实体经济的圆运动和金融市场的联动序列"。

当大众预期高度一致的时候，就是行情转折或者停止的时候。

如何预判震荡走势？除了研判基本面/驱动面之外，波动率的周期性也是一个有用的工具。

内因属于心理分析的范畴。外因属于驱动分析的范畴。就我个人的分析体系而言，包括三个有机部分：驱动分析、心理分析和行为分析。

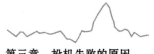

极少数交易者或许有一定天赋，能够快速发展出识别内因或者说市场情绪和主力动向的能力，他们擅长分析盘面资金的意图和轨迹，因此，不会过多关注外因。这类交易者擅长短线交易，把握市场风格和题材转换的能力很强，这是最出色的投机客，他们的能力可以说是一种天赋，普通人很难企及。

接着我们讲外因。外因具有很强的多样性，任何对宏观经济和行业板块，乃至公司经营有影响的因素都属于这个范畴。例如，农作物生长报告、制造业景气程度、国际贸易、交通运输行业景气程度、美国国债收益率、国际资本流动、贵金属进出口情况以及立法司法机构的重大举措、工会动向等。

即便你的信息渠道通畅，你也无法很好地驾驭这些市场的驱动因素。在某一阶段，市场的主导因素只有一到两个，但是具有主导地位的驱动因素是变化的，因此，交易者需要密切跟踪。**交易者要想准确把握市场的节奏，就需要及时获取相关信息，先知先觉才能在股市中立于不败之地。**即便不能领先所有人，但是如果能够领先大部分玩家，你也能够从股市中赚取丰厚的利润。

长年在股市中从事投机的人，多少会对资金和主力对象有一些心得，这也是非常了不起的成就。至于最终是否能够凭借这些东西去战胜对手盘和市场，我们无法判定。但是，这些信息本身是极具价值的，拥有这些信息的玩家处于更具优势的地位，他们更容易成功。

对于那些穷尽脑汁找出全部因素进行全面分析、做好好坏两手准备的玩家而言，他们最终会成为市场的赢家。

在不同阶段，不同的因素主导着市场的波动。交易者只有全面地研究它们，才能知道哪个因素是主导。获取信息是第一步，接着要从中得出恰当的结论，并将之用于投机操作之中。交易是一个过程，要成功就必须确保任何环节都是正确的。

题材投机的核心在于内因分析，也就是心理分析；价值投资的核心在于外因分析，也就是驱动分析。

"先知"在于信息获取能力；"先觉"在于信息处理能力。

找出行情的逻辑，抓住主要矛盾，一切迎刃而解。

扼要地讲，**一个交易者要想在投机这个行当成功，必然有某种普通人不具备的优势**。他要么能够把握住趋势，同时能够对市场发出的时机信号准确解读；要么能够预判未来，而且对突发事件应付自如。

你具备什么绝大多数人不具备的竞争优势?

如果他能够兼具那些最为重要的优点和品质，则必然最终被加冕"投机之王"（King of Speculators）的荣耀。那些暂时不能登顶的交易者，则根据具备优势的多寡和高低而居于相应层次。

第四章

战时的华尔街风云
Wall Street During the War

国家危难之际，华尔街不可能袖手旁观，任何一个爱国者都会挺身而出，捍卫祖国的荣耀与利益。战争打响了，沉重的债务负担压在美国政府身上。国债的利息支付变得异常艰难。当时的财政部长 S. P. 锲思（S. P. Chase）要求在纽约的财政部次长思科（Cisco）不惜一切代价筹集到足够的资金来挽救国家信用。

思科先生接到华盛顿的指示之后，立即前往华尔街召集金融家和财经大佬们。他指出了事态的严重性：如果数日之内无法筹措足够的资金来支付外债的利息，那么国债将违约。显然，必须马上找到充足的资金来避免形势的恶化，国家财政处于生死存亡的关键时刻。这是美国成立以来，最为危机的时刻，果决而有效的措施此时尤为重要。

这些华尔街精英们的荣辱沉浮与美国的财政和金融形势密切相关，一荣俱荣，一损俱损，如果国债违约，那么整个美国的政治经济体系将坍塌，没有任何人能够幸免。所有证券的估值都将遭到毁灭性的冲击，覆巢之下安有完卵。危机将蔓延开来，全部资产的价格都会暴跌。

前景堪忧，美利坚处于乌云密布之中，当时似乎看不到任何光明的一面，绝望情绪蔓延开来。欧洲的那些国家，无论是表面的朋友，还是实质的敌人，对于美国面临的危机都抱着坐观其变的态度。如果美国就此一蹶不振，那么他们将

"资产负债表传染"会让绝大多数资产的价格一起暴跌，因此，在危机初期阶段，黄金价格往往也不能幸免。

幸灾乐祸。那些美国的敌人，他们会趁火打劫，等着在背后补上一刀。

国运盛衰处于千钧一发之际，每个美国人都为此捏一把汗。形势十分紧急，以至于悲伤感慨的时间都挤不出来。整个国家的命运压在了华尔街的肩上，金融精英们准备为这个国家效力。他们纷纷献计献策，使出浑身解数，目的只有一个，那就是拯救美利坚的财政与国家信用。

他们按照 12% 的利息将手中的钱借给政府，要知道当时美国即便远高于这个水平的利息也无法从国际上获得贷款。在那些欧洲强国的眼里，当时的美国国债与美国内战时南部邦联发行的纸币（Confederate Paper Money）或者是乔治亚债券（Georgia Bonds）的风险一样高。因此，当时的华尔街收取 12% 的利率，看似较高，如果考虑了风险溢价的话，则实际上非常低。

全世界都不看好美国的前景，伦巴第街（Lombard Street）在与美国政府进行贷款谈判的时候显得非常谨慎，即便美国政府开出了优渥的条件，以罗斯柴尔德兄弟（Fraternity of the Rothschilds）为代表的金融家们仍旧拒绝贷款给美国政府。美利坚合众国就要走到财政破产的境地了。

财政处于危机之中，美国政府不得不从各种渠道筹集资金。大众的信心在逐步瓦解，保护自己的私有财产逐步变得更加重要，政府债券的信用程度越来越低。这种行为看起来并不爱国，不过也是人之常情。最终美国政府安然度过了这一危机时刻，而这得益于华尔街的鼎力相助。如果缺乏华尔街的融资能力，那么美国的历史将改写，奔牛战役（Battle of Bull Run）将拖垮美国联邦政府，这个国家将破产，从而陷入混乱的无政府主义，秩序重建之后，专制集权主义将控制这个国家。

政府与华尔街的贷款协议完成后，12% 的贷款利率被记录在财政部的档案之中。这批国债顺利发行后，利率逐渐下降了，先是降到了 11%，然后又进一步下降到了 10.75%。最

从 14 世纪起，来自意大利北部伦巴第地区的银行家和商人就在伦敦泰晤士河北岸的一条大街上设立字号，经营放款业务，为英格兰银行业奠定了基础，这条大街名为伦巴第街。英格兰银行、各大商业银行的总行、外国银行的分行、证券交易所、保险公司、专营海上保险的劳合社，以及黄金、外汇和商品市场，都集中开设在这条大街及其附近一带总面积不到 2.59 平方千米的地区内，形成了举世闻名的"伦敦金融城"。

后，中期国债的利率进一步降到了 7.3%。

国债的顺利发行，带动了企业债券的发行。例如，大名鼎鼎的杰伊·库克（Jay Cooke）发行了北太平洋铁路（Northern Pacific Railroad）债券，利率为 7.3%，这个利率也非常低。这只债券的购买者为大多数神职人员、教师和慈善机构，他们认为这家公司的偿债能力是可靠的。但是，这家铁路却成了新一轮危机的导火索，它引发了投机泡沫，许多参与其中的人最后都以破产收场。因此，这并非简单的商业危机，它引发了 1873 年金融和经济的大恐慌。

不过，铁路大开发确实对美国经济的大发展起到了重要的推动作用。太平洋沿岸的铁路修建便利了美国与远东地区的商业往来，它是西部铁路系统（Western Railroad System）的重要组成部分，促进了落基山脉（Rockies）广大毗邻地区的制造业和经济发展，整个美国的活力由此被激发出来了。

"要想富，先修路"。

通过回顾华尔街此前 28 年的历史，我发现了一条规律，正如拉丁诗歌（Latin Poet）描述的那般：大难不死，必有后福，守得云开见月明！1857 年危机之后如此，1873 年危机之后也如此，甚至更早的 1837 年危机之后也一样。**历史处于轮回之中**，这是华尔街的一句谚语，此言真实不虚。

历史之所以轮回，那是因为基本的结构并未出现显著变化。

随着对这一规律的深入思考，我的思路渐渐开阔起来，一个新的想法给了我勇气——我计划将战时华尔街的风云变化写进这本编年史中。**一旦将当时的大事件引入其中，则我对金融动荡的理解就有了更大的背景，而这使得思考变得更加准确有效。**随着我不断拓展和深化对宏观背景的了解，需要探究的因素越来越多，这使得我想起一个登上山巅的爱尔兰人的话：从未想象过世界会有这么雄壮！

在探究金融市场波谲云诡的发展之前，在我开始动笔之前，我从未想到华尔街的事务和宏观大背景有这么复杂。我的工作量远远超出了最初的估计。伴随着探索的深入，本书的内容也在不停修改和增加。

我想让这本书能够对至少一部分人有用，他们是一同在

华尔街工作的同事、我的朋友们、曾经被媒体和小道消息误导的人们以及被主力戏耍的散户们等。

华尔街过去的 30 年时间大踏步发展，社会的文明和物质的丰裕也随之而来。这里面有太多值得书写的大事件，我们可以进行与希罗多德（Herodotus）一样的工作，将华尔街那些或真或幻的事件写进编年史中。

倘若你愿意下更大的功夫去调查和研究，就会发现在这场历史大诗篇中，华尔街的作用远胜于我的描述。我只是简单地概述一下华尔街少数事件以及几个特别重要的投机巨擘，这些事和人是美国金融发展史中不可忽视的要素。

"事"是格局，"人"是玩家。任何关于博弈的分析，都要从格局和玩家两个基本要素出发。金融交易如此，经济事务如此，政治如此，军事如此，天下之大，莫不如此！这是我的心法所在。

第五章

我是内战债券的推销员
My Part in Marketing the United states Civil War Loans

1861 年到 1865 年的美国内战（Civil War），或者说南北战争对于现在的绝大多数人而言只不过是一段历史插曲而已。不过这场战争的重要意义却是非常突出的。在这场战争中，数百万人受伤，我直接参与了其中，那些鲜活的画面始终在脑海里挥之不去。

我在这场战争中为美国政府（United States Government）效力，为北方联邦最终击败南方邦联，维护美国统一和领土完整贡献了自己的一分力量。

从亚伯拉罕·林肯（Araham Lincoln）先生就任美国总统开始，南方各州就需要分裂出去。如果美国中央政府同意，他们就会和平独立，否则他们就准备以武力抗争。

1861 年 3 月 4 日，美国总统詹姆斯·布坎南（James Buchanan）卸任，林肯宣布接任。这意味着民主党失去执政地位，而共和党上台执政，这使得南方各邦的分离意愿加强了，这为后来的南北冲突埋下了伏笔。南方叛乱各州组成了邦联政府和军队，他们攻陷了查尔斯顿港（Charleston Harbor）摩尔特里要塞（Fort Moultrie），接着又进攻萨姆特尔要塞（Fort Sumter）。北方的联邦政府这才醒过来，开始进行动员，维护国家完整的口号被提了出来："国家统一毋庸置疑！"（The Union Must and Should be Preserved！）

从 1776 年建国到南北战争这段历史对于理解美国经济和

内战要么是由于阶级差异引发的，要么是因为地区差异引发的。差异既是发展动力，也是破坏力，如何利用是一门高超的学问。

社会的发展是非常关键的，不过许多人对这段历史的认知完全源自书本。因此，我觉得有必要结合自己的亲身经历，将财政与金融综合起来讲解。

1861 年 4 月 14 日，摩尔特里要塞被南方邦联军队夺取了，萨姆特尔要塞也危在旦夕。形势危如累卵，北方联邦军队的指挥官罗伯特·安德森（Robert Anderson）不得不接受南方邦联军队指挥官比瑞嘉德（Beauregard）开出的条件，选择撤退。

战局不利于北方，但是北方却充满了斗志。萨姆特尔要塞遭受了大规模的炮击，长达四年的内战正式拉开序幕。1861 年年末，黄金本位制中止了。在战事最为激烈的 1861 年 12 月 30 日，纸币贬值了 185%，也就是说，面值 1 美元纸币大概只能兑换面值 54.04 美分的黄金了。北方联邦发行的美国国债，面值 1 美元的话实际只能兑换 60 美分的黄金。

金融恐慌开始在全国蔓延，纽约票据结算所（New York Clearing House）宣布暂停票据贴现，而全美的大小银行纷纷效仿。这项举措直到 18 年后才废止。

英国也发生过类似的事件，具体来讲是 1797~1821 年，当时处于拿破仑战争（Napoleonic Wars）时期，黄金相对纸币升值了不到 51%。

1814 年，拿破仑战争还有一年就快要结束了，英国财政也处在艰难时刻。战时的首相为威廉·皮特（William Pitt），他和继任者并未滥发纸币来解决财政困难，他们通过征税和发行国债的方式筹措资金。相比之下，美国内战时期采取的财政解决方案存在显著差异。

当萨姆特尔要塞被炮击时，我名下的利弗摩尔-克卢斯公司（Livermore, Clews & Co.）已经有一定业界影响力了，在华尔街也算得上是声名鹊起。战争导致政府财政紧张，急需要我配合筹措资金，这是一个大机会。我立即帮助政府筹集所需要的资金。

北方各州非常团结，从缅因州（Maine）到印第安纳州（Indiana）大家踊跃参军，他们有农场主、有纺织工、有公司白领，还有商铺店主。

战争需要大量的军需品，从枪支弹药到医药品，这些意味着大额的财政支出。内战爆发前的总统是布坎南，他是民主党人，他的内阁有几个南方人（Southerners）。一旦南北出现矛盾，这些人就会辞职，回到南方争取支持者。当时的财政部长（Secretary of the Treasury）豪厄尔·科布（Howell Cobb）就是南方人，他离开了内阁，继任者是约翰·A.迪克斯（John A. Dix）。

科布辞职之前主动与华尔街的金融家们会面，基于现成法律协议将面值 105 美元的国债出售给他们，利率为 5%，总价值为 2000 万美元，因此市价为 100 美元。

此后，战争爆发，经济陷入严重衰退，证券价格暴跌，只有大约 25% 的债券被遵

守协议的金融家们购买了。对于那些违约的金融家，政府碍于形势并未追究他们的责任。

毁约行为导致政府国库空虚，一些债务即将到期，但是政府手里却没有充足的资金可以用来履约。形势紧迫，身处纽约的财政部次长约翰·J. 思科（John J. Cisco）临危受命。在接到华盛顿的命令之后，他立即召集金融大佬和银行家们在华尔街开会。他阐明了严峻的形势，希望通过发行一年期国债来筹集资金，利息则进行市场化定价。

华尔街当时的一年期贷款利率为 12%，包括我在内的金融家们向思科先生提出了这批国债发行的利率为 12%。这个利息放在和平繁荣时期肯定显得有点高，但是在当时却是非常合理的。由于财政紧张，而且这批债券也属于短期债券，因此思科先生接受了我们的意见。

我名下的公司大举买入这批国债，同时也促请同行们买入。除了能够获得不错的收益之外，也相当于是在为国分忧。为财政筹集足够的资金，就能够维护国家信用，而这种信用对于金融市场的稳定是至关重要的。

政府也充分地认识到了信用的重要性，如果国债利息违约，那么经济将陷入更深的衰退之中，而公共信用也将崩溃，战争所需要的资金将完全断流。因此，政府必然会全力避免国债违约的情况出现。

除非成功地发行这批新的国债，否则财政部不知道如何支付即将到期的利息。成功地促成这批国债售罄，是我的荣幸，挽救了财政危局。

不久之后，林肯总统委任锲思（Salmon P. Chase）为财政部长。锲思走马上任之后，立即着手发售 2000 万美元的国债，利率为 6%，到期日为 1884 年。这些都是符合法律要求的。他接受 94 美元的市价，高于这个价格也可以，但是绝不能低于这个价格。不过，市场显然并不买账，即便要到 1884 年这批债券还有大约 1/3 没能卖出去。这样的结果让人唏嘘不已，毕竟财政资金仍旧紧张。

豪厄尔·科布（1815 年 9 月 7 日至 1868 年 10 月 9 日），美国政治家，美国民主党人，曾任美国众议员、佐治亚州州长和美国财政部长。支持美国吞并得克萨斯和对墨西哥发动战争，并将奴隶制扩大至各领地。但他与最极端主张奴隶制的南方人决裂，拥护将密苏里妥协线延长到太平洋沿岸。

威信，威靠实力，信靠毅力。

于是，我马上组织了一批买家，将还未出售的债券买下来。参与这次购买的许多买家此前并未介入过这种债券，不过不久就认识到这笔买卖是划算的。

为了保证买卖过程顺利，我马上乘坐晚上的火车到财政部与锲思部长会面。部长早已等候在那里，我对他说自己组织了一个财团来买入国债，价格为他提出来的 94 美元。锲思坦诚而正直，他非常高兴我愿意买入这些债券，不过他认为应该先询问此前有类似报价的买家，在满足了他们的要求之后才能将剩下的债券卖给我们。因为此前有一些买家报出了 94 美元的价格，但锲思并未接受。

他让我第二天再去找他确认，我接受了他的建议。次日，在我再去赴约之前，我与一些来自南方的政要和官员进行了深入的意见交换，例如，来自弗吉尼亚华盛顿家族（Virginia Washingtons）的彼得·G. 华盛顿（Peter G. Washington）。另外，在华盛顿特区许多人都在为战争延长做准备。虽然锲思先生确定无疑地告诉我战争将在 60 天内结束，国务卿（Secretary of State）席华德（Seward）也做过类似的预判。不过，我的结论却相反，我认为内战将长期化，这是一场胶着的战争。彼得·G. 华盛顿向我袒露了南方的坚定立场，他们不愿意就此投降认输，无论战事持续多久，南方一定会建立自己的邦联国家（Confederacy）。

南方的想法并不现实，因为林肯及共和党都誓言要废除奴隶制，而南方想要建立维护奴隶制的独立国家，但实际上南方的实力要远逊于北方。

第二次与锲思会面时，我直言不讳地指出："财政部长先生，昨天与你会面之后我在酒店与一些南方政治家以及官员进行了促膝长谈，他们下定了决心要一决胜负，**战争延长不可避免，有价证券的价格将不可避免地显著下跌。**

我非常担心局势如此发展下去，如果我以 94 美元的报价买入国债，那就辜负了委托人的期许，没能维护好他们的利益。因此，我收回昨天的报价。毕竟，当时你并未接受我的

没有调查就没有发言权。

国债是一项大买卖，战争时交易国债，风险和收益都非常高，关键在于研判能力。

报价，因此我现在有权收回。"

"当然，先生，你有权利撤回昨天的报价，因为我并未当场同意。不过战争肯定会在 60 天内结束的，94 美元的成交价格是合理的。"

不过，**我并未听信锲思的一面之词。毕竟，我做了许多调研**，从华盛顿特区的许多人那里收集到了不少有价值的信息。最终，我终止了这次债券购买，委托我的财团股东们对此表示由衷的感谢，毕竟这批债券的价格很快就跌到了 84 美元。

1861 年 7 月 21 日，在马纳萨斯（Manassas）的奔牛战役中北方联邦军队失败。北方迅速意识到战争将会大大延长，但是北方绝不会就此妥协让南方独立，因此战争会持续很长时间，这证明了我先前的预判。

为了筹集到足够的钱来满足财政需要，锲思先生又提出了第二项方案，具体而言就是发行利息为 6% 的国债。经过与下属约翰·思科商讨后发现，直接让财政部销售这些债券存在难度，需要借助于华尔街的力量。

于是，思科先生找到了三家华尔街银行来作为承销商，它们是莫里斯·凯彻姆公司（Morris Ketchum & Co.）、瑞德·得克赛–范·弗莱克公司（Read，Drexel & Van Vleck）和利弗摩尔–克卢斯公司。这些公司是最早从事有价证券承销的机构，比较专业，政府因此将国债发行的重任委托给它们。这些公司精于业务，效率极高，很快便将这批国债销售完毕。

锲思先生在整个内战期间都奔波于财政，因为战争需要大量的资金支持。纽约商界和金融界都非常配合他的工作，因此他由衷地感谢我们做出的贡献。

1861 年夏天，财政部长锲思先生和次长思科先生举办了一个盛大的招待会，邀请金融界和商界的领袖人物聚在一起交流。锲思先生秉承了一贯的严谨作风，为参会人员安排好座位。

作为主持人，他说："各位先生，为了让战争期间的财政

国债往往与"发国难财"有关，但实际上罗斯柴尔德家族正是精于国债买卖的顶尖高手。

融资能力、资源动员能力、对于战争的成败非常关键。观察宏观大局的变化，可以从财政和国家金融的角度入手。

能够正常运转，政府需要筹集 5000 万美元的资金，我们急需要这笔钱。简单来讲就是财政部想要发行 5000 万美元的国债，这次发债取得了国会的授权，以 1861 年 7 月 17 日出台的法案为准，其中 2500 万美元的债券确定利息为 7.3%。金融并非我的强项，但却是在场各位的强项。因此，我希望大家能够帮助我们，为这个国家出力。现在财政需要 5000 万美元，至于如何达成这个目标需要在场各位的努力！"

锲思先生发言完毕后就立即坐下了，剩下的时间便交给了我们这些到场的金融界人士。在经过 20 多分钟的初步讨论后，摩西·泰勒（Moses Taylor）作为代表宣布了我们讨论的结果，他站起来对锲思先生说：

"部长先生，我们决定认购财政部发行的 5000 万美元国债。我们将很快把钱打进财政部的账户，您明天就能动用它了！"

顿时掌声响了起来。

锲思先生马上表示了自己的感谢：

"尊敬的各位先生！向你们的爱国精神表示崇高的敬意，感谢你们帮助我们的政府渡过难关！"

整个场面非常令人激动，这对于战局的发展非常重要。锲思部长仿佛是一出舞台剧的主角，他闪烁着领导者的光辉。当时的场景至今让我难忘。

第一批利息为 7.3%，价值为 2500 万美元的国债就这样上市发售了。另外，财政部还有权力在纽约、波士顿（Boston）和费城（Philadelphia）发行 500 万美元的特别国债。

在承销和发售的过程中，我带头认购了一笔国债。锲思部长主动与金融机构沟通，商量着如何将承销费用进一步降低。但是这样做存在极大的难度，于是他在最初三家承销商的基础上，又增加了几家承销商，它们是纽约的菲斯克-哈奇公司（Fisk & Hatch）、弗米利耶公司（Vermilye & Co.）和费城的杰伊·库克公司（Jay Cooke & Co.）。财政部在纽约的分支机构负责与这些承销商直接沟通，而杰伊·库克公司则负责牵头所有承销商，这批国债的营销工作由他来运作。简单来讲，杰伊·库克先生成了整个承销团的主席。

财政部与承销团签订了协议，内容包括佣金费率水平，以及避免同业竞争和承销商冲突的条款。锲思先生同意了这一协议的一些争议内容。协议正式签订后，承销机构们开始忙碌起来，努力把国债销售出去。

为什么杰伊·库克公司能够牵头？为什么杰伊·库克先生能够当选为承销团主席？其中一个重要原因是这家公司在纽约没有办事处，直到战后都是如此。如果某家纽约的公司担任这一职务，则很容易引起同在承销团的其他纽约公司的不满，进而引发利益冲突影响发行工作的顺利展开。

当利息为7.3%的国债销售完毕后，同一个承销团将负责利息为5.2%的国债发售。后面这批债券的销售也会顺利。

我很好奇哪一家承销公司的销售数量最多。应我的个人请求，财政部长助理芒森·B.菲尔德（Munson B.Field）查阅了相关账目。账目表明利弗摩尔-克卢斯公司的销量排名首位。事实上，排在前面的四家公司，销售能力不相上下，它们是杰伊·库克公司、弗米利耶公司、菲斯克-哈奇公司，以及利弗摩尔-克卢斯公司。

承销商成功地完成了财政部委托的任务，为联邦政府筹集到了足够的资金用于战争开支。这四家公司应该得到同等的荣誉，它们都为国家贡献出了自己的力量。这笔资金让华盛顿政府有了充足的粮饷和装备，奠定了战争的胜局。联邦政府和三权分立的制度得以保存下来，美利坚没有被分裂。

锲思部长当时是这样评价我们的——

"正是因为有了杰伊·库克和亨利·克卢斯的协助，我才能够将两批国债卖出去，从而为战争的胜利筹集到足够的资金！"

这句话当时出现在了各大报纸的头版位置。

当时总计售出了1.5亿美元的国债。锲思部长要求将国债销售得到的资金分三次从承销商的银行账户转入到财政部。三次转账的时间依次是8月19日、10月1日和11月2日。

协调利益与做大蛋糕，这是一个领导者面临的两大难题。如何将大家组织起来把蛋糕做大，这是千古难题。

这使得银行的信贷能力下降了，紧缩的预期开始蔓延开来，于是流通中的黄金被大众储藏了起来，这进一步加剧了通货紧缩。为了缓解通货紧缩，锲思先生提出发行一种无息票据，也就是美国即期票据（United States Demand Notes），作为一种货币来缓解流动性紧张。事实上，他的动机是想要通过票据募集更多的资金来充实财政和国库。

将资金从银行转到财政部会导致流动性紧张，同时也妨碍了承销团销售国债。因此，1861 年 8 月 5 日，美国国会废止了 1846 年 8 月 6 日发布的一项旧法案。此举的目的是为了避免因为财政收支而导致通货紧缩，因为财政资金被要求尽量储存在黄金储备良好的银行中，而不是转到财政部。锲思部长当然领会了国会的意图，他立即着手实施。此后，财政部的行为都受到了新法案的主导。财政部要努力将资金存在银行，而不是放在自己手里，这样可以避免信贷紧缩问题。

当承销团销售完毕利息为 7.3% 的国债后，银行界表达了不满，许多有影响力的媒体也站在银行一边，他们认为应该将接下来利息为 5.2% 的国债交给银行来承销，而不是让一些非银行金融机构垄断了这项利润丰厚的业务。

锲思部长当然承受不了公众的指责和社会的压力，于是他承诺进行改革，将 5.2% 利息率的国债交给银行来销售。然而，银行的销售能力让人大失所望，于是锲思先生不得不回过头来继续委托此前的承销商们，因为后者确实不负众望。这群承销商发挥了专业精神，凭着职业素养和爱国热情，克服了欧洲没有分支机构的障碍，成功将国债卖到了那里。

美国即期票据发行后的流动性并不好，因此锲思部长请求国会能够将这一票据确定为法定货币，可以用来支付公私债务。

于是，国会在 1862 年 2 月 25 日通过了《法定货币法案》（Legal Tender Act），将上述票据变成了法定货币。该法案还同时授权了财政部发行价值为 1.5 亿美元的无息法定货币票据（Non-Interest-Bearing Legal Tender Notes）。纸币的发行让财

信贷的松紧趋势是任何一个金融从业者都必须首先搞明白的，关系着许多业务的成败。无论你是做银行间拆借的，还是做票据贴现的，或者是做证券交易的，又或者是房地产投资的，都必须搞清楚所处的信贷周期阶段。

货币制度的变化对于资产价格的中长期趋势有明显影响，交易者不可不察。

政从束缚中解脱了出来，除了发行债券和征税之后，国家还可以通过发行纸币来获得资源，这是金属货币制度下无法做到的。

很快，承销商就将 2.5 亿美元利息为 7.3% 的国债销售一空。自此以后，国会不停授权给财政部发行大量国债。到了 1865 年 8 月，累计发行了 8.3 亿美元的国债，创出历史纪录。利息为 5.2% 的国债当时发行了 514880500 美元；利息为 10.4% 的国债当时发行了 172770100 美元。

这些国债的利息很高，加上爱国热情，使得这些美国公债的吸引力很大。加上承销商的出色工作，大量的国内外投资者纷纷买入。特别是利弗摩尔–克卢斯公司，它在英国等国家进行了大规模的推销，成绩斐然。事实上，这些国债最后也给投资者带来了符合预期的良好收益。

为了给战争融资，我们这些承销商与财政部长一样努力，在努力工作以便达成目标方面，我们无可匹敌。我们的爱国主义热情丝毫不亚于派翠克·亨利（Patrik Henry）。华尔街真正做到了为国分忧，因此再多的褒奖之词也不为过。

正如格兰特（Grant）将军很久之后对我吐露的那样，虽然我们没有上过战场，但是为战争融资也是同样了不起的壮举。在金融领域，我参与了救国运动，强大了联邦军队的实力，最终赢得了战争，为此我感到自豪。

在弗吉尼亚战役中，联邦军队遭受重创，战事吃紧。1862 年 7 月 11 日，国会授权财政部发行了无息票据作为法定货币，价值为 1.5 亿美元。

1863 年 1 月 17 日，财政部又发行了另外 1 亿美元的无息票据。到了当年 3 月 3 日，追加了 5000 万美元的无息票据。累计发行了 4.5 亿的法定货币，或者说绿背纸钞（Green-backs）。其中一半作为财政收入，另外一半用来偿还此前的国债本息。

这是截至当时美国历史上规模最大的一次法定货币发行。到了 1865 年 1 月 18 日，休·麦卡洛克（Hugh McCulloch）接

不要低估财政对战争的影响，投资者必须关注资产标的相关国家的财政状况，无论你是投资股票还是债券，实业投资更是如此。

任财政部长之前，国会通过法案将法币总量控制在 4 亿美元，保持了相当长一段时间。

锲思卸任财政部长后，就任美国最高法院首席大法官（Chief Justice of the United States Supreme Court）。最初的财政部长继任者为托马斯·费逊登（Thomas Fessenden），不过他很快辞职了。麦卡洛克当上了财政部长，上任不久他就着手减少法币数量，在国会干预之前，他已经减少了 4400 万美元的法币。

为什么国会要干预呢？因为大众反对紧缩流动性。从那个时候开始，直到 1873 年的大恐慌时期，法币数量稳定在 3.56 亿美元。这段时期有三位财长，先是麦卡洛克，接着是鲍特韦尔（Boutwell），最后是理查德森（Richardson）。

理查德森任职期间，包括关税在内的税收大幅下降，经济步入大恐慌。为了缓解经济压力，他重新投入了 2600 万美元来缓解流动性。因此，到了 1874 年 6 月 22 日，国会重新限定流通法币总额为 3.82 亿美元。

允许理查德森重新发行 2600 万美元法币的法案同时也废除了国家银行储备要求。以前，银行发行票据必须有相应的储备金，现在变成了银行必须将所发行票据或者发放贷款总额的 5%以法定货币的方式持有准备金，这部分准备金需要存到华盛顿政府金融机构那里。

银行以法定货币作为准备金，而位于华盛顿的财政部负责兑换这些法定货币。因此，法币兑换局（Redemption Bureau）在华盛顿建立了起来。由于银行每天都会发生与法币兑换局的业务往来，因此后者有必要在全国建立分支机构。这些分支机构肩负起来信贷收缩或者扩张的任务，在国会授权下这些法币兑换局通过买入或者卖出银行票据来控制信贷，进而维持经济所需要的流动性。

在战争期间，当局不仅发行了无息票据作为法币，同时还发行了大量的有息票据作为法币。1865 年 9 月 1 日，由于无息票据类法币发行过量，累计数额达到了惊人的 469505311

量化宽松的雏形已现。

悪性通胀来了，在什么情况下股市会涨？在什么情况下股市会跌？

美元，利息 6% 的三年期票据法币超过了 2.17 亿美元，利息 5% 的一年期和两年期票据法币接近 3400 万美元。财政部累计发行了 685236269 美元的法币。

另外还有 1.07 亿美元的短期公债未能清偿，银行将这类见票后 10 日内付款的票据也当作是绿背纸钞，认定它们也属于法定货币，由此可见流通中的法定货币增加了多少。同时，还有价值 1.7 亿美元的国家银行票据在新的国家银行法实施后进入到流通领域，此前已经有类似的票据大概 7000 万美元投入到流通中。

流通中的法币总额已经达到了 10.67 亿美元，这还不算还未兑付的一年期公债 8500 万美元，利息为 7.3% 的 8.3 亿美元票据。这些短期债券和票据当时都被作为货币广泛地使用和流通。

由此可以断定，官方公布的通胀水平远远低于实际水平。不过，在接下来的数年时间当中，由于大量债券和票据被兑付，因此流动性收缩显著，通胀水平很快下降了。因此，我们可以肯定地说，与 1865 年 9 月比较起来，1873 年大恐慌时期的货币流动性至少收缩了 60%~75%。这种货币和信贷的急剧收缩，导致了美国历史上最严重的一次大恐慌。比起 1837 年和 1857 年两次危机，程度要严重得多。而法德战争（Franco-German War）加剧了危机。危机发生之前，美国发行的证券是可以在欧美自由买卖的，但危机波及了这些证券的流动性，以至于无人问津。这对于牵涉其中的美国银行家们无异于是沉重打击，因为他们当时正在计划为美国大规模铁路建设筹集资金。具体来讲，他们寻求在国内外发行铁路债券。

1873 年的大恐慌使得经济步入长时间的萧条之中，直到 1879 年信贷重新宽松。杰伊·库克的公司承担了为北方太平洋铁路融资的项目，结果在 1873 年的恐慌中破产倒闭。为了挽救经济和金融体系，政府推行债务重组，特别是在铁路行业。

1860 年 6 月 30 日，美国国债存量为 6400 万美元。

不懂信贷，不可以做证券交易。

1861 年 6 月 30 日，美国国债存量为 88409387 美元。

1865 年 9 月 1 日，美国国债存量增加到了 2845907626 美元。

1873 年 9 月 1 日，美国国债存量下降到了 2140695365 美元。

由于国债存量不断减少，国家信用逐步恢复和提高，使得黄金价格逐步下降。

1865 年 4 月 9 日，南方邦联的罗伯特·李（Robert Lee）将军在阿波麦托克斯（Appomattox）投降五个月后，联邦政府发行了利息氛围为 7.3%、5.2% 和 10.4% 的不同期限国债。

当时需要用铸币支付的国债总额达到了 1116658100 美元，而可以用法币支付的国债总额高达 1874478100 美元。政府需要为前者每年支付价值 65001570 美元的黄金作为利息，需要为后者每年支付价值 72527646 美元的绿背纸钞作为利息。

格兰特将军战胜了李将军，内战结束了。格兰特先生名正言顺地开始了总统竞选之路，他成了当之无愧的美国英雄，其他的候选人只能说自不量力了，无论是共和党人还是民主党人。

胜利的喜悦刚刚来到不久，举国欢庆之时，一出悲剧却在华盛顿的福特剧场（Ford's Theater）上演了。1865 年 4 月 14 日，约翰·威尔克斯·布思（John Wilkes Booth）暗杀了林肯，次日副总统安德鲁·约翰逊（Andrew Johnson）接任总统。

举国悲痛，从东海岸到西海岸，处处都悬挂着哀悼的标志。

约翰逊的总统之路也充满坎坷，除了大众的抨击和责难之外，国会两院也相互倾轧。最终，他在 1869 年 3 月 4 日卸任，继任者为格兰特，副总统为斯凯勒·科尔法克斯（Schuyler Colfax）。

1868 年 11 月的总统大选，格兰特对着民主党候选人霍拉肖·西摩（Horatio Seymour）以及弗朗西斯·P.小布莱尔（Francis P. Blair Jr.），最终毫无悬念地当选，毕竟他的支持率

> 黄金的法币价格主要取决于法币发行主体的履约能力和毁约意愿。

遥遥领先。

在战争快要结束之前的那段时间内，各方对于战争还要持续多久都不确定。即便战争结束，大众也认为留下的阴影将持续很长一段时间，负面冲击将非常大。但是大众忽略了一点，那就是北方联邦政府拥有更加强大的资源支持，因此一定会战胜对方。当北方战事失利且恶性通胀高涨时，并未让北方联邦政府发行的货币崩溃。而南方邦联政府的货币却贬值厉害，最终一文不值，这一点与法国政府曾经的经历类似。

内战结束开启了美国发展的新篇章，联邦政府发行的货币开始进入到南部各州流通，这类似于通货紧缩，因为过多的货币追逐过少的货币。此前尽在北方流通的货币现在进入到了南方，金融市场在很长一段时间之内都能感受到资金从北向南的趋势。

当时的美国如同一位大病初愈的患者，有赖于货币和信贷政策的宽松提供滋养。但是，现在货币突然紧缩，导致整个经济和金融陷入危险的境地。国会中许多议员意识到了问题的严重性，他们举办了一场以此为主题的辩论会。不过，他们中的许多人认为正是因为战时发行了太多的纸币才留下了现在的祸患，因此现在应该顺其自然地紧缩。不过，这些人并未看到或者是不愿意承认，现在情况已经发生了逆转，困扰经济的最大问题不再是恶性通胀而是恶性通缩了。

最终，支持货币大幅紧缩的提案并未获得通过，即便如此工商界和金融界仍旧怨声载道，因为温和紧缩也让整个经济变得更加不景气。大众已经习惯了通胀时期的宽松信贷，现在要勒紧裤腰带过日子是非常困难的了。

战争时期和战争胜利结束后的几年时间，我和格兰特将军变得熟悉起来。在他首个总统任期快要结束的时候，媒体和新闻界许多人反对他连任，其中包括《纽约晚报》(*New York Evening Post*) 等知名报刊。不过，我却在为他争取连任绞尽脑汁。我专门在库珀研究院 (Cooper Institute) 组织了一

刻舟求剑的人一直都在误导大众的共识。趋势反转交易就是寻找那些严重错误的共识，然后反向操作。

华尔街教父 50 年

大金融家必然从国政变化中谋局。

次研讨会，并且邀请威廉·F.道奇（William F.Dodge）担任研讨会主席。这次研讨会的目的在于帮助格兰特连任，效果非常好，这次研讨会让格兰特聚集了较高的支持率。《纽约晚报》也发文指出这次影响力巨大的会议之后，公众对格兰特的支持率显著升高了。共和党也顺水推舟，提名格兰特连任。

于是，1873 年 3 月 4 日，格兰特开始了第二个总统任期。格兰特先生非常清楚我所做的努力，因为我扮演了扭转乾坤的角色。同时，他也知道我在内战中所扮演的重要角色，我牵头为财政筹集资金。他赞扬我对国家所做出的贡献，并且询问我是否想要就任财政部长。我回答他说自己更想要留在华尔街，因此他任命我为美国政府的财政代理人（Fiscal Agent for the United States Government），专门负责与外国银行打交道。此前这份工作是由巴林兄弟（Baring Brothers）这家投行承担的。

后来，当格兰特总统不久将离开人世时，我马不停蹄地见了他一面，希望他能够葬在纽约，这样就能够同时建造一座供后人瞻仰的纪念堂。我劝他不要选择葬在阿灵顿国家公墓（Arlington Cemetery）或者是西点军校（West Point）。俄亥俄州（Ohio）和伊利诺伊州（Illinois），以及圣路易斯市（City of St.Louis），也希望格兰特能够在那里下葬。上述地方的代表们都派专人前往麦格雷戈山（Mount McGregor），希望能够说服将军及其家属能够同意他们提出的方案。

我觉得有必要亲自动身前往阐明观点，于是赶去了格兰特将军所在的麦格雷戈山。我详细地说明了自己的建议和理由，格兰特先生本人虽然不能开口但是点头表示赞同，他的家属都表示同意。

随后，格兰特将军在医生道格拉斯（Douglas）的陪同下，坐着轮椅通过门廊前往山脚边享受美好的日光浴。他在一叠纸上写下了遗嘱，关于安葬的唯一要求是希望太太去世后能够葬在自己旁边。

对于格兰特将军和他妻子的感情，我十分了解，在那里

038

交谈了两个小时之后，将军和家人们终于做出了决定。我也完成了此行的目的，那就是格兰特选择在纽约下葬。三天之后，这位伟大的将军去世了，举国哀悼这位国家英雄的离开。

说到这里，我不得不提一下纽约 70 人委员会（Dr. Committee of Seventy），这是一个由我牵头建立的组织，旨在推翻权力寻租集团特威德（Tweed Ring）。这个腐败组织从纽约人民那里掠夺侵蚀了数亿美元的资产。

这个委员会的 70 个成员当中，有高达 65 名是我推荐的。通过我的努力，许多愿意献身公共事业的市民加入其中，本人也因此获得了不少赞誉。这个委员会将同流合污的权力寻租分子赶下了台，让所有参与者受到了起诉和法律的制裁，最重要的是将特威德这个大头目绳之以法，他在监狱中度过了余生。

同时，这个委员会还重新组织了纽约市政府（City Departments），选举安德鲁·H.格林（Andrew H.Green）为市政审计监督（Comptroller），保证了纽约市政府的廉洁运行。

总结我这一生做过的事情，最让我感到骄傲和满意的工作是南北战争时承销国债的一切经历。我不仅仅是一名资深的金融家，更是一名热忱的爱国者，全身心地致力于国家的统一与强大。

持续 4 年的内战结束了，国家被重塑，焕然一新。北方联邦成了内战赢家，一个有力的中央政府形成了，它奉行"民有"（Of the People）、"民享"（For the People）、"民治"（By the People）的三原则，使得它永葆生命，能够长存于世。

锲思部长与财政
Secretary Chase and the Treasury

当锲思先生执掌美国财政时，他意识到最为严重的问题是财政资金匮乏。实际上，财政几乎成了无米之炊。1861财年结束的时候，财政支出为6200万美元，而财政收入却只有4100万美元。加上国内对立和对抗，这点财政收入更显得杯水车薪。

当林肯总统提议国会授权征兵40万人时，财政支出迅速扩大到日均百万美元之巨。财政部将预算提交给了总统，统计表明未来一年的财政开支将高达3.18亿美元。财政部建议总统通过征税来解决其中的8000万美元，通过发行国债的方式来解决剩下的2.4亿美元。这2.4亿美元的国债当中，有5000万美元可以通过发行无息票据来完成。

最终，国会同意了锲思部长的提议，授权他以美国政府的名义发行数额不超过2.5亿美元的国债，其中5000万美元以无息票据的形式发行，在纽约、波士顿和费城等地可以将票据兑付为资金。无息票据可以作为纸币流通，用来兑换黄金、支付工资和支付政府购买等。

锲思部长于是着手发布第81期国债，面向公众接受不低于94美元出价的申购。

这是一次极好的机会，于是我牵头组织了一个财团，准备将剩下的国债以94美元的价格全部买入。我组建的这个财团许多成员都是纽约资本圈的银行家和金融界大佬。为此，我必须迅速赶到华盛顿与锲思部长见面。

当我赶到华盛顿后，立即拜见了锲思部长，将此行的目的和盘托出，希望能够按照以94美元的价格将剩下的国债全部购入。

他初步认可了我的提议，但是建议我先不要着急，让他进一步思考后再答复我。他承诺会在第二天给我最终结果。他告诉我需要询问一下此前给出同样出价的人是否愿意继续购买，这也是为了公平起见。

当日早晨，在华盛顿的所见所闻让我记忆深刻。透过列车的玻璃窗，一列列满载

火炮整装待发的货运列车停靠在车站里。每一节平板车厢都摆放了一门火炮，一列车至少装载了 12 门火炮。**战争一触即发，这是我的第一印象。**

当乘坐的列车抵达华盛顿特区，我立即起身下车，赶往威拉德（Willard）饭店。这是一家独一无二的酒店，古朴典雅。在前往华盛顿的旅客们眼中，它是当地的最佳酒店。入住酒店后，我快速地完成了洗漱，然后走向还未开灯的餐厅。

我急着赶往财政部，于是打听了一下相关情况。有人告诉我包括锼思先生在内的财政官员在 10 点时往往都待在财政部办公室。于是，我踏着这个时间点来到财政部，将名片递给秘书助理，马上就被引见给了锼思先生。他身材伟岸，气质不俗。我立即将自己此行的计划告诉了他。第一天会谈的结果我此前已经介绍了。

当时的华盛顿特区，78% 的人来自于美国南部各州，政府各个部门大多数人也来自南方，这使得局势更加诡秘。矛盾已如火山一般，一触即发。

在第二天获得正式答复之前，**我准备亲自调查一番，看看局势到底已经发展到什么样的程度，这关系着国债价格和收益率的未来走势。** 站台里停靠列车上的大炮是最让我触动的景象，即将开战的传言到处都是，群情激昂，大战似乎不可避免。

从街头巷尾的议论中，我逐渐意识到战争已经不可避免了，局势恶化到了极点，而且这场战争将持续很长时间，超乎预期。

我的结论是国债价格将在未来显著下跌，现在并非购买国债的最佳时机，除非以一个更低的价格买入。 我将自己的结论通知了处在纽约的财团成员，让他们按照战争即将爆发进行资产配置，立即出售手中持有的商业票据。此前，我为了购买国债而组织了一个财团，现在我建议成员们改变主意，因为一场大战不可避免，而这意味着国债价格将暴跌。

次日早上我见到了锼思先生，告知他由于战争即将爆发，

调查是最好的老师，失败也是最好的老师，对手更是最好的老师。

善战者，不立于危墙之下。

且将旷日持久，出于对财团成员的责任感必须撤回此前的报价。但是，锲思先生却坚定地认为战争将很快结束。

虽然我们的观点截然相反，不过后来的相处表明他是一位坦诚值得交往的朋友。正是在他的首肯和帮助下，我才得以在战时的华尔街游刃有余。

锲思先生认为这批国债的价格将会上涨，因为目前的困境只是暂时的，局面将朝着有利的方向发展，最终会在 60 天解决所有冲突。他认为南方坚持不了多长时间，这是一种当时比较普遍的看法。在那个年代，通信和媒体并不像现在这么发达，信息匮乏，锲思先生得出那样的结论也无可厚非。

虽然我们的观点有严重分歧，但这并不影响我们之间的良好关系。锲思先生谈吐高雅，给几乎所有人都留下了良好的印象，对我也是关怀备至。告别锲思先生之后，我返回纽约，虽然没有买入国债，但却结识了锲思先生，让我也算收获良多。

> 对于商人和金融家来说，重要的是懂得一组转换关系——金钱和关系，要及时把金钱转换成关系或者将关系转换成金钱。如此循环，则壮大可期。

如若当初我并未前往华盛顿，没有对局势恶化有真正的评估，那么我的公司以及牵头组建的财团就会大举买入当时的国债、商业票据、股票以及其他资产，结果肯定就是遭受巨大的亏损。这番好运气似乎值得我吹嘘庆祝，因为躲避了在华尔街发展早期阶段的最大风险。我回避掉了最差的资产买入时机，这让我得以在恰当的时机抄底。此后，在国债价格足够低的时候我通过财政部购入，而这为联邦军队获胜提供一臂之力。

在林肯先生当选为总统之前的一段时间，我首次涉足国债交易，当时的财政部长为科布（Cobb）。他对利息为 5% 的 20 年期国债进行了公开招标，我的公司出资 20 万美元参与了投标，希望能够从中分一杯羹。

这批国债的大部分购买者都认为潜在收益丰厚，最出名的参与者包括洛克伍德公司（Lockwood & Co.），它是华尔街上最炙手可热的证券交易公司。除此之外，还有一些知名公司也参与其中，它们是乔治·S. 罗宾斯公司（George S.

Robbins & Co.)、约翰·汤普森公司（John Thompson）、玛丽—考斯公司（Marie & Kaus）等。还有一些参与国债投标的公司，现在我已经记不得它们的名字了，反正参与的人很多。

不久之后，**政治动荡导致这批国债的价格下跌。由于我的公司操作比较保守，与其他激进狂热的买家存在较大区别，因此亏损不大。**我以不高于 95 美元的价格，认购了 20 万国债，并且在买入后迅速脱手。其他大部分参与者最后都遭受了较大的损失，因为他们未能认清形势，大举买入并且长时间持有。

此前的国债购买者处于尴尬境地之中，这使得锲思上任后的财政部很难发行国债。大家都认为科布先生应该为此承担责任，客观来讲确实如此。

我初次参与国债买卖，培养了我与政府之间的良好关系，这对公司此后的发展非常有帮助。

等我再次动身前往华盛顿的时候，自己公司的业务已经聚焦到了商业票据上。我踏入华尔街之后，便努力打造一个竞争优势体系，围绕商业票据构建自己的版图。我根据货币市场的即时利率加上一定的佣金来确定商业票据的贴现率。由于采用了恰当的方式进入，我的公司迅速成了这一领域的主导者。此前有两家公司至少已经主导了这一领域超过 25 年，随着我的公司介入，此前两家公司衰落了。

当时的商人们需要到商业票据贴现公司，将自己手中还未到期的商业票据出售，以便提前获得款项，为此他们需要支付一定的利息和佣金。我的方法更加便捷高效，只要简单票据就会立即兑付。这样的做法得到了市场的普遍赞赏，使我能够迅速地掌控局面，也让我的竞争对手们嫉妒不已，十分恼火。

通过恰当的运作，我的公司已经兑付了大约 50 万美元的票据，这些票据是由各大银行担保兑付的。

回到此前的话题。当我首度拜访锲思部长时，我意识到内战将持续很长时间，而这对于金融市场而言不是好事。于

所有生意到了某个规模都必然会与政府有交集，如何处理好这一关系体现出一个商人的眼光和手腕。

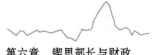
是，我立即将手中持有的大部分商业票据都清仓了，只剩下莱恩—博伊斯公司（Lane，Boyce & Co.）的 1 万美元短期票据以及爱德华·兰伯特公司（Edward Lambert & Co.）的 500 美元商业票据。我以更高的价格将票据卖出，在获得收益的同时降低了未来的风险敞口。

等我完成这一切工作时，刚刚从华盛顿返回不到一周时间，这时候萨姆特尔战役打响了，内战开始了。**战争的消息迅速在华尔街和商业中心发酵，举国陷入恐慌之中。股市暴跌，资产迅速缩水，大量的百万富翁一夜身家归零。**最稀缺的是现金，最不缺乏的是怀疑。

我还没有出售其票据的两家公司都破产了，而且属于最早一批倒闭的。后续的破产潮蜂拥而至。多亏我未雨绸缪，否则现在也会落得悲惨境地，从高处摔得粉身碎骨。

局势大变中我能侥幸逃脱，得益于我对时事骤变的敏锐感知。在华尔街风云变幻的几十年中，我能够屹立不倒，最大的功臣就是这种敏锐的洞察力。

我并非有神论者，也并非唯心主义者，但是我确实应该感谢上天赐予的这种能力和灵感。对于那些大众共识和传言，我总能不受影响，进而能够独善其身，安然无恙。我很同情那些盲从大流、听信谣言的交易者，他们因此遭受了巨大的损失和挫折。

我的洞察力不知道是先天的还是后天的，至少让我每年能够躲过三四次股市暴跌。我没有老范德比尔特（Elder Vanderbilt）宣称的通灵能力，但是每当市场危机来临之前，我确实能够窥探出其气味，进而避免大难临头。

当然，其他人或许对危险的征兆熟视无睹，最终遭受巨大的损失。**我们要愿意敞开心扉去调查分析，同时警惕那些大众共识和传言，共识和传言会引诱交易者步入歧途与陷阱之中。共识和传言带来的负面影响远远超过其他因素。**

> 不懂经济周期，人生容易吃大亏。什么时候应该持有现金？什么时候应该持有股票？什么时候应该持有房地产？这里面学问很大。

> 索罗斯吹嘘说背疼曾经拯救过自己许多次，让其得以安然避开危险行情。

庄家及其影响
Corners and Their Effect on Values

纽约证券交易所——按照同业行会或者曼哈顿联盟（Manhattan）的形式组织起来的，立法机构和议会是无法直接干涉它的。虽然不断有权力机构试图对它征税，进而干预金融交易，但这样的立法或者司法图谋基本上都以失败结束。

1881 年，汉尼拔（Hannibal）和圣约瑟（St.Jo.）的坐庄操纵案引发了广泛的关注，议会又一次试图将华尔街置于政客的控制之下。立法当局利用坐庄操纵案制造的民愤，对华尔街和证交所施压，试图以此挟持金融界听命于政客。

参议院专门设置了一个主力和期货管理委员会（A Senate Committee on Corners and Futures），将华尔街上的各种人士召集在一起，就这一主题发表看法和观点。我也有幸加入其中。

我必须加入这个委员会，对此我没有花费太多时间进行思考，如果不加入的话就会面临蔑视参议院的指控，导致停业甚至更严厉的处罚。会议在大都会饭店（Metropolitan Hotel）举行。面对质询和提问，我以资深金融家特有的镇定态度进行了回答。此外，我还现场进行了一个关于"坐庄和操纵"的主题演讲。

演讲十分精彩，以至于委员会后来还给我写了一封信，称赞我将这个主题阐释得非常透彻。因此，我可以说真正的赞美还是来自于休伯特（Hubert）爵士。我认为有必要将自己在委员会的发言在这里展示出来，并非是为了以成功演说家

政客最擅长利用重大事件来引导和煽动舆论，从而捞取自己的政治资本。

的身份留名后世，而是为了将我认为正确的见解记录下来，它们透彻地解读了庄家和操纵的问题。

委员会象征性的掌声过后，我的发言开始了：

尊敬的委员们，在场的嘉宾们：你们好！现在投机其实是基于未来价值预期进行了金融操作。相比以前，现在投机更加普遍了，因为现在科技进步迅速，能够及时地收集和处理相关信息，电报和电话的发明使得信息传播速度大大加快了。

在过去数年时间里面，农场主和农户们只有在自己的农产品进入到市场之后，才知道价格和收益。现在因为有了可用的期货合约，因此早在产品上市之前就已经能够估计价格和锁定收益了。这就是商品期货投机带来的正面利益，它提供了价格功能和套期保值功能。在此之前，是无法做到这些的。这是期货市场和投机者的巨大贡献。

如果产品供大于求，那么价格就会下跌，则投机者会选择做空。价格下跌会抑制生产者的积极性，供给会下降，最终会使得价格回升。投机对供求和价格进行了调节。相反，如果产品供不应求，那么价格就会上涨，则投机者会选择做多。价格上涨会刺激生产者的积极性，供给会上升，最终会使得价格下跌。投机者依据各种供求信息对价格进行调节，从而起到在中长期恢复供求平衡的作用。

过度投机会导致价格操纵的情况出现，这是主力和操纵出现的主要原因。期货交易者是保证金交易，操纵容易出现逼仓的情况。

过度投机会导致价格的季度变化，不过这只是暂时现象，对于全额保证金交易者并没有太大的影响。但是对高杠杆交易者却有非常大的影响。

我们不能因噎废食，不能因为投机带来的极端表现而否认它在大多数时间带来的好处。正如我们此前分析的那样，投机是供给关系的调节者。当供不应求时，投机使得价格迅速上涨，进而刺激产量扩大；当供过于求时，投机使得价格迅速下跌，进而导致产量减小。投机事实上抑制了供求极端不平衡导致的经济和金融危机。

投机不只给商品市场带来了福音，对于证券市场而言，投机更是不可或缺的。投机提供了证券市场存在所需要的足够流动性。全国大规模的铁路基建得益于铁路股票的发行募资，一个统一的全国市场加速形成了，进而促进了整个国家的经济发展和繁荣。

投机或导致操纵，但是操纵或者说垄断并非仅仅存在于金融市场之中，各行各业都有操纵和垄断。A.T. 斯图尔特（A.T. Stewart）先生在后半生里面进行商品垄断投机的操纵远胜于大多数企业。他针对特别商品签订排他性的买卖合同，只有在他的商店才能买到这种商品，因此他进行了垄断和操纵。

大多数商业公司都选择了类似的方法，全国的进口公司都在从事期货交易，他们同时控制现货市场，期现结合进行价格操纵。

如果现在经济不是出现在萧条期，那么需求就会比较旺盛，则谷物期货的价格很容易被欧洲的谷物大交易商所操纵。他们善于高抛低吸，以较低的价格从美国进口，然后再高价卖出。

但是，当我们向欧洲出口谷物的收获，肯定是为了赚取利润，否则这项生意并不会增加我国的财富。

操纵者或者庄家其实也承担了巨大的风险，也很可能成为最大的输家，这是关于坐庄或者操纵的奇怪之处。最为典型的案例就是汉尼拔和圣约瑟的操纵案。来自波士顿的约翰·达夫（John Duff）凭借着超乎常人的天赋和才华，将坐庄和操纵之术发挥到了极致，但最终却落得一个破产的境地。他在 280 美元的时候大举做空某只股票，意图操纵价格走势，但却最终不得不在股价涨至 350 美元时回补空头，损失惨重。

杰伊·古尔德（Jay Gould）于 1872 年在操纵西北铁路（Northwest Railway）股票也遭遇了相同的情况。当时他在大举做空，意图通过打压股价而获利。不过多头势力太过强大了，从 80 美元涨到了 280 美元。尽管此后又跌回到了 80 美元，但是古尔德仍旧损失惨重，他不得不在上涨过程中回补空头。在西北铁路上的操纵，我认为是古尔德一个人在运作。尽管他手段熟练，但是仍旧难以逃过逆势的厄运。

操纵近似于通过垄断来控制市场，而专利则相当于受到法律保护的垄断。专利持有者拥有 17 年的特许保护，与那些完全竞争市场相比，专利能够通过垄断而带来超额利润，往往高出正常利润一倍以上。

如果说本委员会想要让股票市场静止下来，那么确实能够做到。但如果那样的话，则整个股票市场的融资能力就下降了。同时，投机者和投资者都会面临灾难。"

企业和融资市场都需要竞争，通过法律来规避竞争不是正确的做法，同时也不认为竞争可以通过法律或者行政手段来消灭。如果法律和行政干预的话，则正常的经营获得也会陷入困境之中。

只有通过市场的供求关系来调整经营获得才是最有效的做法。在战争时期，国会试图压制黄金的价格，其实是徒劳的，结果导致黑市的金价飙升了一倍。政客们很快发现了自己的愚蠢和天真，立即废除了相关的法案。

为什么这项法案会失效呢？因为所有参与者都是灵活的、知道变通的。只要有相关的政策出台，则必然有相应的化解方法。

我们还可以拿高利贷方案来说明。规避高利贷管制的方法多种多样，而且利率其

实是无法确定上限的，除非放贷的人受到道德的约束，否则一切干预都是徒劳的。

丹尼尔·奥康奈尔（Daniel O'Connell）曾经说过，**任何一部法律都存在可以利用的漏洞**。杰克·夏普（Jake Sharp）也持有同样的看法，他说奥尔巴尼立法机关（Albany Legislature）制定的任何一部看似无懈可击的法律能够被自己找到漏洞。当然，杰克后来在事业上遭遇了极大的挫败，他自己的故事就表明了真正完美的法律是不存在的，正如完美的商人不存在一样。

回到操纵这个主题上。操纵者遭受的损失实际上远远大于普通交易者，这个事实表明大众得到了市场机制的保护。由此可以看出，如果立法机构想要市场高效运作的话，就不要画蛇添足，简单地遵从市场机制即可。

一些操纵股价走高获利的庄家往往忽略了市场本身的供求，而这会导致扭曲。汉尼拔和圣约瑟的失败就提醒了那些**操纵者一定要谨慎行事，借力乘势，而不是靠蛮力来运作股价**。

"黑色星期五"（Black Friday）在市场参与者眼里是一个糟糕的日子，古尔德几乎因此破产。因为古尔德是一个著名的庄家，因此大众经常将"黑色星期五"的暴跌看作是古尔德带来的灾难。

当然，我说上述这番话并非针对乔治·古尔德（George Gould）先生。虽然"黑色星期五"与他的父亲有关，但是他本人作为富二代则有另外一番需要努力的地方。

乔治·古尔德的父亲是杰伊·古尔德，他也从事金融行业。他受过良好的教育，因此弥补了身为纨绔子弟的陋习。他接受了学院式的教育，强调理性和纪律，当然也非常刻板机械。**如果他想成长为一名成功的华尔街精英，就必须从含着金汤匙出生的环境中走出来，敬畏市场和吸取父辈们的经验教训，善于独立思考**。如果他足够睿智的话，应该会从父亲的经历中汲取足够的养分成长，而非在纽约第五大道的豪宅以及游

无论你是否是股票操纵者，只要在这个市场中投机，那么就必须善于从大盘、题材、其他玩家等维度借力。

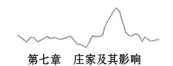
艇上消磨意志。

我希望乔治能够和其他富二代不一样，能够成长为金融界的巨擘和典范，这样我就能在不同场合引用这个正面的例子。

如果一个贸易集团将某种商品几乎全部买断，这就形成了垄断。

实体经济中的垄断和金融市场中的垄断存在很大的差别。**华尔街的垄断者们往往不会有好的下场，而实体经济中的商品垄断则并非如此。**正如斯图尔特操纵案一样，尽管操盘手倾尽全力运作，也很容易功败垂成。有时候庄家陷入了困境中，于是会有新的操盘手来接盘，但也未必能够扭转局面。在斯图尔特的这个个案中就有这种情况，他的继任者希尔顿（Hilton）就未能改变形势。尽管希尔顿在某些领域胜过斯图尔特，但是却拙于坐庄运作，他有法律背景，因此总是想着法律对坐庄的限制，而忽略了坐庄本身的要点。

从现实的角度来看，垄断是绝大多数超级富豪获利的法宝。无论批判家和道德卫士如何抨击垄断，它已经成了美国经济最大的特征之一。许多行业都已经形成了垄断或者正在形成垄断，企业生存不得不考虑这个现实。对于立法者而言，想要通过完美的法律来消灭垄断是无效的做法，徒劳无益。

尽管美国宪法（Constitution of the United States）得到了格莱斯顿（Gladstone）先生的高度评价——"这是一部伟大的法律经典，它经受住了智者们的考验，它相当完备，无懈可击"，但是我觉得即便如此也不可能通过法律来消除投机和操纵带来的问题。

反垄断和拆分垄断巨头相当于一场社会革命，这是在剥夺合法的产权，带有显著的歧视性，与美国宪法宣扬的平等原则相悖。因此，这是一种粗暴的做法。

除了与宪法相悖之外，通过具体法规来禁止垄断行为，同时避免任何负面，这是不可能的。操纵和投机是市场机制的一部分，它能自动调节，进而平衡供求关系，抑制它必然

金融市场上坐庄做到没有对手盘，就是最惨的下场了。

有强劲竞争优势的公司，有强大护城河的公司，其实都有某种垄断特征。

杰里米·边沁生于 1748 年 2 月 15 日，辛于 1832 年 6 月 6 日，他是英国著名的法理学家、功利主义哲学家、经济学家和社会改革者。他是功利主义哲学的创立者。功利主义思想的主旨是凡能将效用最大化的事，就是正确的、公正的。

导致经济紊乱。

我个人的观点是尽管投机会导致价格过度波动，但至少要比经济萧条强。我相信绝大多数资深的金融和经济人士都会赞同这一观点。从长远来看，投机是有益的，能够给经济带来正面的结果。当然，已故的杰里米·边沁（Jeremy Bentham）不可能活过来对我的市场价值论进行批判。

我认为投机促成了粮食和生活必需品的生产，与缺乏这种投机比较，消费者效应大大提高了。投机平缓了周期性的作物歉收，保护了消费者。

在结束操纵和垄断这个话题之前，我想谈一谈自己的真实经历，准确地讲是一次坐庄失败的经历。当然，这也是我多年运作证券经历中的唯一败笔。当时我正在运作佐治亚州（State of Georgia）的公债。

当时佐治亚州发行了价值 800 万美元的债券，这批债券是严格按照法律程序发行的，印装和签名都是正确无疑的。我投入了 200 万美元参与购买。

购入债券后不久，佐治亚州立法机构（Georgia Legislature）下的一个委员会公布一份与事实不符的报告，声称这笔债券的绝大部分持有者都非本州人士。该州议会于是通过了一项法令，禁止本州债券为外州资本所控制，这导致债券价格暴跌。这也意味着我的 200 万美元投资没法换成 200 万美元现金了。该州议会好像是在反对金融垄断，但实际上却是在利用手中的权力进行着法律上的垄断，侵害了其他州投资者的权益。

在本书中我曾提及哈莱姆（Harlem）股票操纵案。按照当时的合同约定的交易价格为 110 美元，但实际上却以 179 美元交易。

这种变故使得做空者一下子亏掉了 300 万美元，一些金融家族从此走向衰落。许多普通的做空者也因此破产，例如，某个自营经纪人以 150 美元价格做空，当股价涨到 150 美元时他不得不高价回补空头，亏损惨重。

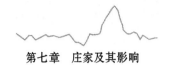

议会（Common Council）和立法机构（Legislature）是这起操纵案的"庄家"。

另外一起比较著名的操纵案涉及岩岛铁路股票（Rock Island）。当时庄家下单买入 2 万股，而实际流通数量并没有这么多，这导致股价从 110 美元跳升到了 150 美元。

伦敦证券交易所（London Stock Exchange）之所以不接受美国铁路股票上市，特别是那些大盘股，一个重要的原因是伦敦金融家们惧怕那些美国铁路股的庄家操纵，介入这样的股票要承担巨大的风险。

股票坐庄和操纵看似盈利巨大，但实际上大亏的可能性更大，操盘手是一个看似光鲜的名头，实际上却容易遭受巨大的挫败。即便他们控制了大多数筹码，要想全身而退仍旧难上加难，需要很长时间来出脱筹码。

哈德孙（Hudson）铁路股票的庄家就进行了一次精彩的运作，获利 12%，比岩岛铁路运作利润还高出 4.5%。

华尔街历史上第一个操纵案是莫里斯运河（Morris Canal）。现在大家只记得当时有坐庄操纵行为，其他的几乎都没有什么印象了。该股价格一路飙升，远远超过了内在价值，主力在高位出货。

有一个联合坐庄集团在运作该股，它们大举买入该股和关联个股的股份，将它们囤积起来，等到做空的人想要回补时却发现买不到用于交割的股票。许多空头变得无比恐慌和愤怒，进而想要通过法律起诉庄家。而庄家则理直气壮地反问做空者为什么会做空那些自己并不拥有的东西。

> 那也是一个庄股横行的年代，连题材投机的遮羞布都不要了，遑论价值投资。

交易所的仲裁委员会其实并非坐庄和操纵方面的专家，他们用看似公平的做法来裁断，判断庄家们获胜，因为他们并非单一实体，而仅仅是一群做多的人而已。

第八章

范德比尔特的操纵案
The Commodore's Corners

在哈德孙股票操纵案中，股价由 112 美元飙升到了 180 美元，其操盘者为大名鼎鼎的"船长"范德比尔特（Commodore Vanderbilt）。他的伟大之处并不仅仅在于他能够从股市中赚取大把的利润，还在于他能够获得大众的认可，并没有成为人人喊打的过街老鼠。在哈德孙股票操纵案中，他最初并未打算运作这只股票，只是为了反击对手他才不得不如此。

他的竞争对手们却因为鲁莽而遭受了巨大的亏损。即便他并不了解莎士比亚（Shakespeare）笔下的波洛涅斯（Polonius），不过后者对自己儿子的人生建议却非常适合作为范德比尔特的座右铭——"让对手无路可遁"（Pushing the Opposition to the Wall）。一般范德比尔特只要掌握了清楚的情况，他就会迅速展开反击行动。

> 什么情况下应该给对手留一条生路？什么情况下应该彻底摧毁对手？

哈德孙股票操纵案颇具传奇色彩，弥漫着罗曼蒂克的气息。哈德孙河流经新泽西州（New Jersey），范德比尔特躺在岸边一堆原木上晒太阳，他的游艇漂在河面上。在经历了投机的辛苦与市场的动荡之后，他现在有时间将一切置之脑后，好好享受一下当下的美好时光。

> 不去旅游的投机客不是好的投机客。旅游可以均衡投机客的工作和生活。

快乐的时光总是短暂的，正当他惬意地欣赏岸边的美景时，一封来自华尔街的信打破了平静。这则重要的消息表明有一个野蛮的坐庄集团正在计划做空哈德孙股票，这只股票

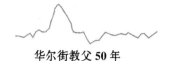

的价格现在如自由落体般下挫。

范德比尔特从原木上直起身来，好比一头雄狮从慵懒中站起来抖掉头上的露水，准备对猎物发起进攻。他迅速返回华尔街，指示经纪人买下哈德孙股票的所有卖方期权，同时快速地大举买进该股的所有流通股份。简单来讲，他基本控制了所有哈德孙的流通股。

老谋深算的范德比尔特正在进行着一个全新的博弈。部分主力空头要想离场的话，必须买入哈德孙的股票进行交割，这意味着他们成了范德比尔特的对手盘，必须从后者手中买入这些股票来回补空头。由于范德比尔特在囤积股票的同时买入了卖出期权，这意味着他有权利在 10~30 个交易日后将自己手中的股票卖给那些持有买入期权的交易者。

空头们非常自负，认为多头缺乏足够的资金来推升股价，于是他们继续加码做空，将借来的股票不断砸进市场中。范德比尔特的经纪人却在悄悄地不断吸纳这些抛出来的股票。

形势按照范德比尔特的预期发展着，那些不明就里的空头们成了瓮中之鳖，丝毫没有察觉自己的危险境地。随着价格上涨以及买入期权到期，空头们成了热锅上的蚂蚁，找不到足够的股票来回补和交割。

现在股价已经飙升到了 180 美元，而此前当范德比尔特得知空头阴谋时股价还在 112 美元附近。一手股票（100 股）一下子就亏掉了 6800 美元。按照合约，有 5 万股必须在 180 美元进行交割。

范德比尔特故布疑阵，请君入瓮，空头们陷入万劫不复的绝境。结果没有最坏，只有更坏，因为空头们得到通知必须进行买入股票进行回补。他们开始咒骂毫无良心的多头。

空头想要从一些持股者那里融得股票救济，但是这时候的融券利息高达每日 5%。这些空头认为股价上涨只是暂时的，如果能够借东家还西家，就能渡过难关。但是，股价继续上涨了两周，这些续借的空头们已经支付了两周的利息，这是一笔高昂的成本。最后没有办法只能在支付高价利息后

一旦股价上涨，空头被迫平仓，那么就部分地从范德比尔特手中高价买入回补空头。

下决心以更高的价格买入股票回补空头。

最有效的股票操纵之道就是同时在股票和期权市场上囤积，范德比尔特因这项策略而被冠以"金融战略大师"的头衔。这个策略最有效的办法就是可以用股票推升期权的价格，用期权锁定收益。

当一些空头在 170 美元附近买入股票回补时，范德比尔特的经纪人则大举卖出，这是股票操纵历史上最精彩的大手笔之一。

不过与哈德孙股票操纵案比较起来，哈莱姆股票操纵案的运作还要更加巧妙，只是复杂性要低很多。哈德孙股票的运作相对顺利，因此算得上是范德比尔特的天才杰作。在运作哈莱姆股票的时候，范德比尔特已经年近 69 岁了。

实际上哈德孙股票操纵案发生在哈莱姆股票操纵案之后，前者是最为重要的一个案例。不过两者有一个共同的特点，那就是范德比尔特并非一来就想要操纵股价，反而是对手盘逼他这样做的。听起来很奇怪，但事实确实如此。为了保护自己的资产价值，范德比尔特不得不背水一战。

哈莱姆是一只铁路股票，这是范德比尔特首次运作铁路股票，风险当然高于他熟悉的行业的股票，所以这算得上是一次冒险。

1863 年，范德比尔特以投资者身份买入哈莱姆这只股票。实际上，他在 30 年前就受邀投资，不过当时拒绝了，原因正如他曾经说的那样："我经营蒸汽船，但你们说强大的竞争者将出现在干旱的大陆上。你们就继续梦想吧，我只会祝福你们梦想成真，但绝不会投入哪怕一个铜板！"

他在 8~9 美元买入了哈莱姆，而我进入华尔街的时候股价已经跌到了 3 美元，他大举投资铁路行业，哈莱姆迅速飙升到了 30 美元。当时许多人并不看好，反而认为他会把此前在蒸汽船运输业上赚的钱全部赔在铁路运输业上。

不过，股价继续攀升，涨到了 50 美元。此时，市场参与者才意识到行业格局其实已经发生变化了。

技术导入期的投资实际上是风险投资，或者说是题材投机。行业洗牌后的投资才算得上是真正的价值投资。世纪之交的互联网泡沫破灭就是洗牌，当时抄底的人大部分都算得上是真正的价值投资者。行业洗牌是价值投资者抄底的最佳时机之一。

1863 年 4 月的某日，纽约市下议院批准由范德比尔特旗下的哈莱姆公司承建从百老汇（Broadway）到佰特瑞（Battery）的电车轨道，由此看来杰克·夏普（Jake Sharp）并非是第一个吃螃蟹的人，范德比尔特要比他早 20 年就进入有轨电车行业了。

当时纽约的下议院存在腐败行为，杰尼斯（Jaehnes）和维特斯（Waites）拿了范德比尔特的钱后却欺骗他。尽管并未受到法律的惩罚，不过却遭到了范德比尔特的有力反击。

当范德比尔特拿到铁路特许经营权之后，哈莱姆的股价涨到了 75 美元。此时，下议院的议员们却全部清仓卖出这只股票并且大举做空，为了成功他们甚至收买串通了范德比尔特的朋友，他们出卖了范德比尔特。

这些满怀诡计的空头们打算大举做空，让哈莱姆股票的价格跌至 50 美元以下，这样就可以赚取数百万美元的利润。其中有一个著名的大空头就是德鲁。

范德比尔特掌握了情报之后，大举买入哈莱姆的股票，并且要求那些靠得住的朋友们也加入进来，最终将所有被融券卖出的股份买了下来。空头们太过自信，以至于出现了裸做空，这就使得做空数量实际上超过了股票流通数量。

当时的法令规定不能在 50 美元以下继续做空，但当时的空头们却利用自己手中的权力废除了这一法令。另外，民事诉讼庭的法官布雷迪（Brady）下达了禁止在百老汇大街铺设轨道的法令，这对于哈莱姆的股价而言是重大利空。

当市场上所有参与者都认为范德比尔特这次要栽了的时候，哈莱姆股票仅仅跌了 3 美元，跌到 72 美元。包括市议员在内的大空头们都感到意外，因为他们认为股价至少会跌到 50 美元。

此后，股价开始逐步上涨，从 72 美元涨到了 100 美元，接下来涨到 150 美元、170 美元，最终涨到了 179 美元。在股价上涨过程中，空头们不得不回补，因为浮亏越来越大。最终许多空头，特别是那些市议员们不得不在 170 美元的高位回补。由于大量的股票控制在范德比尔特手中，因此他们必须从范德比尔特那里买入。议员们亏损了上百万美元，整个做空阵营亏损了几百万美元。

范德比尔特仅此一役就赚了 500 万~600 万美元。他又可以过优哉游哉的生活了，忙于铁路的建设，当上了哈莱姆公司的副总裁，入主董事会。

大众认为以后的投机者应该从这些空头议员身上吸取教训了，在股票交易中以范德比尔特为对手盘时要非常谨慎。话虽如此，但只有自己亲身经历才会真正学到教训和经验。

纽约市议员犯下的错误很快就被州议员们犯了。第二年，范德比尔特已经全面控

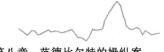

制了哈莱姆铁路公司。此后几年的时间里，他还逐步买入了哈德孙铁路公司，最后他决定合并两家铁路公司。在他的游说下，州议会初步批准了合并案。

1864 年初的这次并购推动了哈莱姆的股价从 75 美元上涨到了 150 美元。

这些州议员玩起了此前市议员们玩的把戏，他们先将范德比尔特套住，自己偷偷做空，然后否定合并案，打压股价。

范德比尔特在州立法院有自己的游说代表，同时也是眼线，他密切地关注着事态的发展。范德比尔特刚回到纽约没多久，就得到了这位眼线的密报——州议会准备采用同样的伎俩。"船长"让眼线继续留意新情况，然后自己在纽约股票市场上大举买入哈莱姆的股票。

合并案被最终否决了，哈莱姆股价从 150 美元跌到了 90 美元。这个时候如果空头们收手的话，则可以大赚而归，而"船长"也想不出立即扭转局势的办法。不过这些空头们想要赚取更多，他们认为可以将价格打压到 50 美元。这样的话他们可以赚取翻番的利润，而"船长"也就"翻船"了。

当时的范德比尔特已经陷入绝望之中，这是他人生的至暗时刻。事后，他多次描述当时的情景，称自己已经找不到应对策略了。

不过当时的一线希望在一个名叫约翰·托宾（John Tobin）的人身上。此君以前是（Staten Island）上轮渡等候厅的门卫，在上一波哈莱姆股价的飙升中大赚了一笔，现在身价超过了 100 万美元。当时他也在买入哈莱姆的股票。

"船长"找到约翰，告诉他州立法院的卑鄙伎俩："他们的下作手段也危及到了你的利益，你感到舒服吗？"

"当然难受了！"

"难道要纵容他们放干我们的血吗？"船长追问道。

约翰只是长叹一口气，不知道如何回答。

"约翰，难道这些背信弃义的人不应该受到惩罚吗？"

"当然！"不过约翰似乎并不知道如何对付这些强大的对手，这帮人似乎已经完全掌控了局势的发展。

"船长"接着陷入了沉思，随后他用斩钉截铁的语气说道："约翰，只要他们还在这个世界上存在着，我们就来教训一下他们学会怎样才能恪守信用，让我们重现在哈莱姆上的精彩操作！"

他们协商好了步骤，统一了计划，决定复制此前在哈莱姆上的成功运作。

约翰准备了 100 万美元，伦纳德·杰罗姆（Leonard Jerome）也加入到这个团体中。

大资金比小资金更容易意识到"对手盘"的重要性。

他们总共动用了 500 万美元来与对手较量。这似乎是一场没有硝烟的战争，"船长"精明无比，除了哈德孙案例之外，他从未如此全力以赴。哈德孙和哈莱姆两个案例充分展示了范德比尔特的天才思维。

现在轮到议员们着急了，他们现在变得被动了，命运似乎开始朝着不利于他们的方向发展了。**"上帝欲使人灭亡，先使人疯狂"**（Whom the gods devote to destruciton，they first make mad）。当初为了做空哈莱姆，他们甚至将自己的不动产都抵押出去了，同时还大力邀请自己的亲戚朋友加入其中，许多熟人牵连其中。

他们花费了数周时间来做空，做空总金额大概在数百万左右。他们计划在夏季回补空头，那时候哈莱姆的股价将会跌至非常低的水平，甚至达到 8~9 美元，那时候"船长"就会遭受灭顶之灾了。

另外，他们还预期"船长"最终会派代表到议会游说，不过事情并未如此发展。事实上，范德比尔特当时一直待在华尔街的经纪公司那里，指挥着经纪人持续买入哈莱姆。议员们认为他"廉颇老矣"，应该是糊涂了，竟然看不到任何行动，毕竟这是一位 70 岁的老头子，没有几天快活日子了。

"船长"继续买入哈莱姆的股票，一般人看不出其中的门道和意义。直到他控制了 2.7 万股时，许多人才明白怎么回事。

那些最初违背承诺的议员们马上就要喝下自己酿造的苦酒了。当他们想要买入股票回补空头时，已经买不到多少哈莱姆的流通股了。"船长"和经纪人将此前买入的股份存在坚实的铁盒子里面，现在轮到空头绝望了。

议员们自知理亏，"船长"不会宽恕他们。虽然范德比尔特是基督徒，但是议员们不能指望得到怜悯，因为他并不了解基督教的真实含义，当时的教义是"以德报怨"而非"以眼还眼，以牙还牙"。"船长"信奉更加实用的教义，那就是除了"罪孽需要清偿"。在哈莱姆上，"船长"就是恪守这样的原则。不过，他并不着急报复，因为他需要首先确定侵害的后果是否严重。忍耐和见惯不惊是他的良好品质。

在这次运作中，他受了约翰和杰罗姆两位朋友的重托。但是他并没有因此变得急躁，他会先耐心收集筹码，然后一击必中。

杰罗姆跟"船长"一样讨厌这些背信弃义的议员们，但是他热爱祖国，希望这次冲突不要殃及华尔街。因此，当"船长"有可能伤及无辜和破坏大局时，他便将一个优秀金融家的深邃洞察力发挥了出来。

杰罗姆告诉范德比尔特："如果你想要彻底摧毁敌人，那么华尔街将就此成为废墟！"

投机者不要斗气，要乘势当机借力！大智慧之人第一不要斗气，第二不要斗力。

他诚挚地请求"船长"理性地思考后果，最终范德比尔特许可议员们在 285 美元的水平上从自己手中购入哈莱姆的股票回补空头头寸。当日成交了 1.5 万股。

1857 年该股在 3 美元附近交易，1864 年涨到了 285 美元，如果不是范德比尔特听从杰罗姆的忠告及时收手，那么该股的价格可能涨到 1000 美元附近。投机和操纵带来的股价上涨幅度难道不让你吃惊吗？

对于投机者而言，股票就是筹码；对于投资者而言，股票就是资产。

更让人吃惊的是"船长"几乎是一个人运作了整个计划，打败了议员们和那些美国最聪明的律师们，这群人惯于轨迹，善于钻研法律条文。要知道，范德比尔特的文化程度并不高，但却给了对方致命一击。他堪称华尔街的一代教父，其在金融界的天赋普通人难以望其项背。每每有人提到这一笔精彩的操作时，他总是会说："我们击败了整个议会，议员们连底裤都输掉了！"就这样，范德比尔特在哈莱姆上再度获得了胜利。

投机要从筹码的角度去剖析，投资要从商业的角度去剖析。

许多经纪商因为这次操纵事件而倒闭，一些个人投机客也破产。丹尼尔·德鲁也差点破产，不过因为与法律界人士关系热络，他在亏损 100 万美元后全身而退。

在下面一章当中，我会详细介绍"伊利铁路操纵案"。

德鲁和伊利庄家的斗法
Drew and the Erie Corners

德鲁在 4 月中旬左右离开了泽西市（Jersey City）回到了华尔街，他当时惧怕被逮捕，毕竟其他"伊利帮"的成员都因为藐视法庭罪而被逮捕，不过这帮人都没有与"船长"范德比尔特和解，直到 7 月双方才达成了协议。

双方商定范德比尔特以 70 美元的价格出售 5 万股伊利铁路的股票给德鲁一帮人，前者将获得 250 万美元现金、价值 125 万美元的波士顿—哈特福德—伊利铁路债券（Bonds of Boston，Hartford & Erie）。同时他能够有权在未来 4 个月内将剩下的 5 万股伊利铁路股票以 70 美元的价格出售给德鲁的"伊利财团"。另外，"船长"可以任命董事会里面的两个席位。经过这些协议之后，两个曾经势同水火的财团现在达成了和解。

在这场著名的伊利铁路控制权争夺战中，最有意思的部分就是双方达成和解的过程了。德鲁与范德比尔特在周日晚上见面协商，在此之前德鲁对此前的行为表示后悔，这就为两方的协商奠定了基础。

不久之后的一天早上，古尔德和菲斯克（Fisk）前往范德比尔特在华盛顿的住所拜访他。菲斯克用他那惯有的寡廉鲜耻的方式描述了当时的情景：

"古尔德想等范德比尔特起床之后再进去，我可不想等那么久。我直接按了门铃，门一开我就冲到了他的房间。

范德比尔特坐在床沿上，一只脚穿着鞋，一只脚光着。我们到了后，他开始为光着的脚穿鞋。

我清楚地记得他的鞋子非常独特，有四个鞋扣。我此前从未见过这样的鞋子，我也想买一双这样的鞋。

他警告我们应该立即把他手里的那些不值钱的股票买走，否则他会让侦探跟踪我们，让律师起诉我们，否则就不是范德比尔特了。

　　我也强硬地回击他，如果可能的话，我不会从他那里购买任何股票，否则我就不是菲斯克了。接着，我说他是自讨苦吃，从此以后将变得更加成熟稳重。

　　我说他是一个强盗，他说撤诉的前提是我们需要达成他满意的协议。

　　当协议最终达成时，我认为他掠夺了我们，我和古尔德都感觉像是将自己的灵魂出卖给了魔鬼。"

　　此前当范德比尔特陷入困境时，他也得到了许多朋友的支持，除了前面提到的人之外，还有威廉·希思（William Heath）、鲁弗斯·哈齐（Rufus Hatch）、理查德·谢尔（Richard Schell）及其兄弟奥古斯都（Augustus）。

　　资深的理查德·谢尔主动帮助范德比尔特筹集资金。由于伊利股票发行量太大，以至于银行不愿意借钱给他介入这只股票，不过他毕竟是老江湖了，最终还是获得了贷款。

　　他首先向各家银行询问了一下贷款意愿，这些银行都持有纽约中央铁路的股票（New York Central Stock），因此他想到一个妙招为运作伊利铁路股票获得贷款。他是这样对这些银行说的："倘若你不在伊利股价跌到 50 美元的时候借给范德比尔特 50 万美元，那么纽约中央铁路的股价明早就会被他打压到 50 美元！结果你是清楚的，这条街上一半的银行都会受到冲击，贵行在不在其中你心里是有数的。"这种套路他成功地运用在各家银行身上，成效显著。

　　资金是有了，不过范德比尔特最初的运作并不理想，甚至可以说是竹篮打水。他持续买入伊利，想要取得完全控制权，不过并未实现这一目标。他的对手盘正源源不断地将股票卖出来，正如菲斯克所言："只要印刷机没有坏，我们可以持续不断地满足这个老蠢蛋的胃口。"

　　股票印刷机当然没有坏，范德比尔特濒临绝境。"船长"不屈服的意志力是值得钦佩的，重要的是法庭提供了一些支持，否则他早就功败垂成了。在华尔街大多数人看来，他能够绝地逢生完全是一个奇迹，就连他的对手古尔德和菲斯克

> 以利害迫使对方行动！主力运作个股无非也是通过各种似是而非的利好来动员其他玩家，题材也好，大盘走势也好，技术图形也好，莫不如是。

都感到意外，棋逢对手。

尽管范德比尔特已经花费了 700 万美元，到了弹尽粮绝的境地，不过他还是想办法撑到了最后。如果他撑不住了，那么整个金融市场都会垮掉，影响堪比黑色星期五。

神仙打仗，百姓遭殃。许多普通交易者在两个财团对垒时遭受了严重的亏损，他们得到了 429250 美元的赔偿。"波士顿帮"（The Boston Party）的埃尔德里奇（Eldridge）先生出售了价值 500 万美元的波士顿—哈特福德—伊利铁路债券（Boston，Hartford & Erie Bonds），获得了 400 万美元的伊利承兑汇票。为了结束这场大佬们之间的斗争，伊利公司花了 900 万美元，而这些成本最终都落到了伊利股票和债券持有者身上，这是对法律和公正的藐视。

对于伊利公司给出的和解方案，古尔德和菲斯克都表面上持反对态度，以便将公共道德责任推到范德比尔特和德鲁身上，认为他们之间存在不可告人的秘密交易。证据是范德比尔特留纸条给德鲁。实际上，这个方案能够将局势转向好的方向。

古尔德和菲斯克通过伪善赚取了不少实际好处，最终成了伊利铁路的拥有者。

德鲁通过接入伊利股票赚取了 700 万美元的利润，他需要将其中的 54 万美元支付给伊利公司财务办公室，以便偿还伊利公司的欠款和利息，否则就会吃官司。此后，德鲁离开了华尔街，功成身退。他如同后来的古尔德一样，想要远离华尔街，但实际上根本做不到。一个人只要在华尔街待上一天，那么可能这辈子都会留在华尔街了。一旦踏入华尔街，你将永无逃离之时。

或许德鲁可以怀揣《圣经》（Bible）和诗歌集（Hymn Book）到博南郡（Putnam County）享受世外桃源的生活，几百万美元足够撑起这样的美好时光。不过，金融市场的迷幻作用影响了他的大脑，正如狄更斯（Dickens）在《雾都孤儿》（Oliver Twist）塑造的南茜·塞克斯（Nancy Sykes）一样，他

《雾都孤儿》于 1838 年出版，以伦敦为背景，讲述了一个孤儿悲惨的身世及遭遇。主人公奥利弗在孤儿院长大，经历学徒生涯，艰苦逃难，误入贼窝，又被迫与狠毒的凶徒为伍，历尽无数辛酸，最后在善良人的帮助下，查明身世并获得了幸福。

想要杀人犯比尔（Bill）紧握手中的符咒。**华尔街正如一道符咒一样引诱着玩家们。**

德鲁最终返回了华尔街，这就是金融符咒的力量，他可不是凯撒（Caesar）。消失数月后，德鲁重新出现在华尔街，形势已经有了显著的变化。他的两个徒弟已经成了投机界的专家与翘楚，他们开始崭露头角，比他们的前辈更加雄心勃勃。

4 个月以来，在古尔德和菲斯克的运作之下，伊利的市值已经从 3400 万美元升到了 5700 万美元。毫无疑问，这让绰号"丹尼尔大叔"（Uncle Daniel）的德鲁大感意外。他觉得自己错过了行情最肥美的一段，与太多的财富失之交臂了。

他再度投机的欲望变得炙热起来，不过他的心智却并不那么敏锐了。正如瑞普·凡·温克（Rip Van Winkle）沉睡 20 年后，从断头谷（Sleepy Hollow）醒来一样，发现埃文顿（Irvington）周围的环境已经巨变，自己已经跟不上这种变化了。现实生活中，古尔德的家乡就在埃文顿。

德鲁认为继续跟空头站在一起是注定失败的，他需要改变投机的战略。他的老朋友邀请他一起坐庄，继续蜘蛛捉苍蝇的游戏。过去很长一段时间，德鲁一直是华尔街的蜘蛛，用自己的网诱捕四面八方飞来的苍蝇。现在，他的徒弟想要引诱他做苍蝇，而自己做蜘蛛。他的徒弟精心设计了一个陷阱，他受邀注入资金到一家"盲投基金"（Blind Pool），这种基金的投资者将不会清楚具体的投资标的和活动。他禁不住游说，将 400 万美元投入其中。

现在他没有了实际的运作权力，变成了一个任人宰割的玩偶，真正的幕后大佬是古尔德和菲斯克，这两个此前的徒弟现在成了真正的老板。他们随意欺骗德鲁，但是德鲁都从不怀疑。不过，最终纸包不住火，他们不仅欺骗德鲁，还侵犯了德鲁的尊严。最终，"丹尼尔大叔"决定与他们分庭抗礼。

他可不想当个出钱的冤大头。在亏损 100 万美元之后，他决定撤资，思考如何对付自己这两个不肖徒弟。这两个徒弟正是他当初培养的，现在反过来欺师灭祖了。德鲁的本性

《瑞普·凡·温克》是小说家及历史家华盛顿·欧文（Washington Irving, 1783 –1859）的名篇。故事情节主要讲述主人公瑞普·凡·温克喝醉之后在梦中的奇遇，然后顿悟过了一生。

是独立自主的，这种本性正如埃塞俄比亚人（Ethiopian）的肤色与美洲豹的纹路一样无法改变。

德鲁不想再继续被徒弟骗下去了，于是他决定亲自上阵操作，他认为做空者将是赢家。不过，市场并不给脸，当德鲁做空时，伊利股价却在飙升，这似乎敲响了德鲁的丧钟。

行情朝着不利的方向运动，德鲁在精神上被打垮了。这时候一位基督徒给出了忠告，建议德鲁向上帝祷告。他采纳了这一建议，虔诚地向上帝祈求，但又忍不住偷看报价机的行情纸条。显然，他无法全身心地进行祷告。此前，他从未怀疑祷告的作用，不过现在他很沮丧："兄弟，这根本就没有效果！股价还在继续上涨啊。"他彻底放弃了祷告，绝望地盯着行情报价。

> 永远记住一句话："上帝的归上帝，凯撒的归凯撒"，不要让高尚的神灵来背负自己的人世欲望。

11月的时候，德鲁签订了一份合同，约定以当时 38 美元的价格做空 7 万股伊利股票。他不断地做空，直到绝望地被逼空操作。他向法院申请了一道禁令来挽救局势，不过古尔德和菲斯克也通过沆瀣一气的法官巴纳德（Barnard）发布了一道反制的禁令。同时，这位法官还指定古尔德来管理伊利公司。古尔德则授权属下动用公司的资金来回购价值 20 万的公司股票。

古尔德和菲斯克在熊市的时候以 40 美元一股的价格增发了一些伊利的股票，然后将股价打压到了 35 美元。他们趁机低价回购，然后在牛市的时候大发一笔横财。尽管法律是不允许公司管理者直接参与本公司股票交易的，但是有了法官的特许，他们就明目张胆地干了起来。他们以合法的名义干出了违法的勾当，并且连自己做空的恩师也不放过。

在大举低价回购之后，伊利股票变得供不应求，涨到了 47 美元的水平。德鲁不得不在更高的价格上回补自己的空头。在此后的短短两天时间内，从周一到周三，股价很快涨到了 57 美元。

华尔街躁动了，正如报纸鼓动的那样，这是最令人热血沸腾的时刻。伊利股价继续上涨，涨到了 62 美元。上涨趋势

显著，大空头德鲁在劫难逃。德鲁不仅损失了金钱，也损失了荣誉。现在到了大决战的时刻了，他的对手准备彻底干掉他。

盘中斗争激烈，到了下午 3 点，古尔德和菲斯克决定干脆利落、毫不留情地彻底击败德鲁这头年迈的雄狮。

山穷水尽之时，德鲁绝处逢生了。伊利公司此前在美国之外增发了 3 万股，最初古尔德和菲斯克认为这些股票能够在伦敦或者阿姆斯特丹（Amsterdam）被长期持有，但是当股价达到 60 美元的时候，这些筹码被抛出。实际上，这些筹码大多数都被美国国内的人持有了，一些小商店老板、小银行家和经纪人，以及蓝领工人持有了这只股票。随着账面利润越来越丰厚，他们开始大举卖出。

此前，古尔德和菲斯克大举买入股票，使得后备资金越来越少。现在突然大量筹码涌出，使得可供投入的资金捉襟见肘。祸不单行的是银行家也不再提供信贷给古尔德和菲斯克了。

德鲁得到了一个脱身保命的机会，他在 47 美元处回补了自己的空头头寸。他以一个较低的价格离场，大幅减少了亏损。做多的古尔德和菲斯克也因此元气大伤。股价很快继续下跌到了 42 美元。先是空头被干掉了，接着是多头被干掉了。古尔德和菲斯克倒在了胜利曙光之前。**他们将股价拉升到了没有接盘者的高度，最终这些股票烂在他们自己手里抛不出去了。**

本来功成身退的德鲁因为贪婪和糊涂而回到了华尔街，而两个徒弟则利用学到的狡诈与诡计反过来加害他，这真的是咎由自取啊。德鲁没有资格去抨击自己的徒弟，首先，他发明了这套臭名昭著的坐庄策略，然后传授给了徒弟，徒弟稍加变化故技重施；其次，他自己的欲望过于膨胀，以至于看不见风险，看不见请君入瓮的阴谋。客观来讲，德鲁的坐庄方法可以排在华尔街操纵榜的前列。

在德鲁即将破产的前夜，他所遭受的最大伤害来自于弟

高效利用对手盘是投机和投资的重要原则之一。

子菲斯克的无情嘲讽："你将成为最后一个不满伊利公司的人！"菲斯克冷漠地说德鲁不曾怜悯过任何人，当然也就不值得任何人去怜悯他。德鲁现在变得多么悲催啊。

在菲斯克和古尔德彻底击败德鲁之前，三人在伊利办公室的这场秘密会谈着实让人吃惊。菲斯克和古尔德无论是在金融界还是政治法律界都缺乏足够的声誉，而德鲁自己则更有过之而无不及。

在反对菲斯克和古尔德为代表的"伊利帮"时，范德比尔特曾经在法庭和市场上支持过德鲁，希望联手对抗菲斯克和古尔德。而德鲁却直接找到古尔德，将范德比尔特出卖，以便获得古尔德和菲斯克的仁慈对待。

此刻的德鲁已经完全失去了理性分析的能力，他应该非常了解古尔德的本性。他恳求古尔德和菲斯克能够怜悯他，帮助他走出困境。他的弟子却并不以为然，因为正是凭借着他教导的冷漠无情才攫取了如此多的财富。

古尔德和菲斯克就像夏洛克（Shylock）和德罗米奥斯（Dromios）。德鲁现在孤身一人，没有像波西亚（Portia）一样的人能够为他辩护。即便有这样一位天使人物出现，那么也无法同时击败菲斯克和古尔德两人。

德鲁最终意识到两个弟子根本没有和解的意向，于是他不得不离开。次日早上他重新鼓起绝地反击的勇气，回到华尔街直面强大的对手盘。最终他亏损了差不多 200 万美元。

夏洛克是《威尼斯商人》当中的一个人物。《威尼斯商人》是英国戏剧家莎士比亚创作的戏剧，是一部具有讽刺性的喜剧。夏洛克是高利贷资本的代表，是一毛不拔的守财奴，是客居意大利威尼斯的犹太富翁。他心胸狭窄，复仇心极重，一遇机会便要疯狂报复对他不利的人，非要置对手于死地不可。

恐慌的起因和能够规避的程度
Panics–Their Causes–How Far Preventable

我们现在对经济和金融恐慌的研究非常不全面和不彻底，缺乏有效的理论体系。通常情况下都认为恐慌是金融市场偶然出现的异常现象，罪魁祸首是此前的过度投机。非理性的大众和银行行为直接造成了恐慌，因此要预防恐慌其实并不困难。

其实，恐慌并不如此简单，这样的认识太过于肤浅了。或许在国家，例如英国和法国，他们的历史较美国更为悠久，商业和金融的法规和制度都比较成熟了，已经将非理性因素限制在较小的程度，在这些国家引发恐慌的因素大多来自于政治干预。但是，美国的情况却是不同的，不能简单地归结为非理性因素。

虽然美国人口众多，而且各个行业也已经经过了大规模并购，但是我们仍旧处于大发展的开拓进取阶段。大约每隔10年，美国人口就会增加1500万，相当于一个发达欧洲国家人口总量，由此可见我国的体量有多大。

人口增加带来的巨大压力，一定导致激进的投机冒险活动，进而引发巨大的经济和金融风险。新增的人口要求新增的耕地、新的矿产和产业，以及新建的铁路、银行和公司等。这些新的事业在某种程度上都带有一定的试验性质。

这些尝试有些会走向失败，有些则会取得巨大的成功。如果想要成功就必须进行大量的先期投入。这些资金投入中

> 危机和恐慌是交易者绕不开的重要主题，因为危机中有重大的机会。

> 对新技术、新制度、新组织、新理论和新资源的投机从长远的角度来讲是一种良性的投机；对于纯粹资产的投机从长远的角度来讲则可能是负面影响较大的投机。

有相当大的部分属于借贷性质。而借贷往往需要一定的抵押物，因为其中存在显著的不确定性。

抵押物的价值会波动，特别是在恐慌时刻。这导致我们总是被金融市场、抵押股价值和违约等问题所困扰。债务压在我们肩上，而金融市场的剧烈波动则加剧了我们的负担。金融市场的波动刺激了人的冒险行为，更大规模的投机行为出现了。

美国是一个乐于创新的国家，历史包袱较少，因此与欧洲那些国家相比，我们更容易陷入投机带来的恐慌之中。我们的恐慌与危机带有鲜明的美国烙印。

当然，任何一个国家都不可避免地处在繁荣与萧条的周期盛衰之中。这种周期是一种客观规律，当然是不可避免和悖逆的。

经济和金融市场的运动也呈现出波浪式前进的特征。价格在经济增长时上涨，在经济整固时横盘整理，随着信贷收缩，经济增长下降，而价格水平也会下降。这反过来加速了信贷紧缩，物价水平下降得更快了。当然，金融市场的资产价格，特别是股票的价格是先于物价水平变化的。最后，随着债务猛增，许多个人和公司不得不选择破产清算。

任何一个国家都会周期性地发生这些事件。每个衰退阶段的影响程度是存在差异的，具体取决于牵涉的行业部门以及政府采取的应对措施。如果大量的新企业和新主导行业在衰退阶段遭受重创，那么衰退的程度就会非常严重，经济甚至会进入长期的大萧条。

经济发生危机时，那些垃圾债券是最让人头疼的资产。持有者会急于卖出，而参与其中的投资银行则想要马上收回贷款。实际上这些资产已经毫无价值了。以美国为例，**从铁路投机泡沫时代开始，每一次危机和恐慌发生时，垃圾债券都会因为流动性紧缩而崩盘，这类事件往往成为美国经济和金融大危机的导火索。**

要想彻底消灭这类垃圾债券和劣质债务是不可能的，因

抵押物价值的顺周期性，使得经济和金融市场的周期性特征更加明显。索罗斯的反身性理论的重要基础就是信贷和抵押物价值的反馈效应。

这句话很好地预言了 2008 年的美国次贷危机。

此我们要想完全规避经济周期性的恐慌也是不可能的。大量的创新尝试增加了不确定性和风险。我们只能寄希望于那些成熟的行业和谨慎的企业在危机发生时能够稳定整个经济，起到稳定和缓冲的作用。

现在，美国的金融中心聚集了大量的资本，这促进了实体经济的发展。企业数量逐年显著增加，我们逐步摆脱了对欧洲资本市场的依赖。现在大量的企业可以从国内资本市场获得贷款。充裕的资本增强了我们抵御风险和恐慌的能力。

美国逐渐建立起了自己的金融中心，为日后的美元霸权打下基础。

上述结论无疑得到了如下事实的支持。从 1873 年大恐慌开始，我已经经历过两轮明显的经济周期，衰退和金融恐慌，但是程度都非常轻微。其中只有一次金融恐慌的程度较为严重，那就是由格兰特-沃德投机破产（Grant & Ward Failure）引发的。但事实上，这次恐慌持续时间也不长，影响范围也不大。

现在，像我们这种欠发达国家几乎必然会遭受恐慌。尽管如此，当危机和恐慌降临时，我们也采取一些措施来阻止其扩大和恶化。**实际上，贷款人的谨慎引发了信贷收缩，进而在很大程度上决定了每一次恐慌的严重程度和持续时间。**如果贷款者，诸如银行等金融机构出现了集体恐慌，一刀切地收缩信贷，那么将会引发更广泛范围的恐慌和危机。相反，如果他们能够维持信贷，特别是对大型机构和安全借款人的信贷，那么恐慌和危机的程度和范围将被有力地限制住。一方面银行需要维持对信用良好者的信贷，另一方面又要抑制信用不良者的道德风险，这需要银行有足够的甄别能力。

银行对危机严重程度和影响范围的作用是直接而显著的，而这取决于它们的洞察力。尽管银行未能达到理想的风险管控水平，但是不得不承认的是过去 25 年，银行驾驭风险的能力显著提高了。它们成功地捍卫了客户和自己的利益，逐步建立起了一套完善的风险管控体制。

不过，有时候国家层面的干预却严重损害了银行应对危机的能力，这真是不幸。例如，当前法律规定银行法定存款

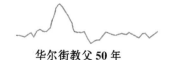
准备金率不能低于 25%。这意味着一旦银行逼近这个数字，则必须缩小贷款规模，而这会加剧经济中的流动性紧缩。在信贷本来就紧缩的情况下，这条规定会加剧信贷的进一步紧缩，从而直接导致危机和恐慌出现。**如果银行能够在流动性不足时获得更大的贷款额度，那么就能够弱化危机。**

就目前的体制来看，银行在危机中发挥作用的地位还微不足道，因为法律和制度限制了他们。类似的法律条款还很多，这些都限制了银行在危机中的弹性反应，我们应该永久地将这些条款去除。

无论采取什么政策和措施，我们都无法完全避免糟糕企业的倒闭，也无法避免不良债务人破产。从另外一个角度来看，如果完全避免了倒闭和破产，那么对于经济长远发展也未必是好事。因为经济也需要新陈代谢和优胜劣汰，这样才能维持健康肌体。但是，如果经济调整的阶段到来时，法律和立法者，以及执法者却徇私枉法，那么这就是对法制的严重亵渎。

在 1884 年的短暂恐慌中，备受瞩目的金融大佬是费迪南德·沃尔德（Ferdinand Ward）和詹姆斯·D. 费希（James D. Fish）。当然，除了他们之外还有一些次要的角色，他们制造的金融欺诈是这场危机的导火索。

不少人认为沃尔德能够将金融玩家愚弄，甚至连他的同伙也不例外。他在金融市场翻云覆雨，被称之为金融领域的青年拿破仑（The Young Napoleon of Finance）。看起来似乎他一个人掀起了华尔街的狂风暴雨，但实际上是夸大了他的影响力。

这两位金融大佬曾经把乔治·I. 希尼（George I. Seney）玩得团团转。希尼看错了方向，亏损了一大笔钱。希尼非常富有，是教会和教堂的慷慨捐助者。倘若他能够从丹尼尔·德鲁身上吸取教训，那么他会明白投机是非常困难的事情。

当希尼陷入危机时，他感到无助，因为没有朋友能够帮助他。他管理的两家公司、两家银行都破产了，一家当地的保险公司因为与希尼有担保关系也陷入倒闭风险之中。

在 1884 年危机中，希尼先生的遭遇是最为典型的。他出生在澳大利亚的长岛（Long Island），现在已经 60 岁了，其父是一位牧师。

希尼早年就读于纽约城市大学（University of the City of New York），22 岁毕业后在银行做柜员和出纳，当时的行长是威廉姆斯（Williams），副行长是雅克（Jacques）。几年前，威廉姆斯去世了，而雅克辞去了副行长的职务，这样希尼便当上了行长。

希尼能够在 60 岁这样的年龄段在事业上有新的发展，实属罕见。与其说是因为他在金融领域的才华超群，还不如归因于他在近些年在性情上的革故鼎新。

在金融危机和恐慌爆发之前，希尼先生给人的感觉是稳健的，当然也并没有展示出什么超凡金融家所具备的超凡洞察力。在 1879 年的华尔街投机泡沫中，他缔造出了一种标志性的手法，这种手法以他的名字命名，具有开创意义，甚至能够作为一种信用与能力的背书，通行于华尔街。希尼先生突然间在华尔街拥有了某种个人信用资产，能够与古尔德、范德比尔特以及威拉德（Villards）等大佬平起平坐，成为金融界的教父级人物。

当时希尼先生手中持有的主要股票头寸有俄亥俄中央铁路（Ohio Central）、罗切斯特—匹兹堡铁路（Rochester and Pittsburgh）、东田纳西铁路（East Tennessee）、弗吉尼亚—乔治亚铁路（Virginia & Georgia）、镍板铁路（Nickel Plate Road）等。大众都知道他持有这些资产。他运作这些资产的手段在华尔街历史上是独一无二的，其迅雷不及掩耳之势震撼了那些老资格的金融家们。

在希尼之前，大多数庄家都习惯于以逐步增加资金来运作股票，而他则在一开始就投入大笔的资金，大胆冒进的风格让人叹为观止。**股票价格快速上涨，迅速吸引了大众的注意力，他运作的股票很快就成了股市中的热门股。**

拉高建仓也有了类似的功效。基金重仓股与游资重仓股的运作风格存在很大的区别，你能够很好地区别两者吗？

希尼先生运作出的热门股表现出了极强的市场活力，如果想要揭露其中的奥秘只能通过查看其交易明细。前期是还能找到它，其中记录着交易指令执行者的每笔操作，包括交易手续费和佣金记录。

> 量价和题材是主力吸引大众的重要工具。

希尼是如何制造出市场人气的呢？华尔街的行话称之为"对倒交易"。他通过左右手买卖制造出了虚假的交易量，通过这种方式吸引大众上钩。可以说，他这个布鲁克林（Brooklyn）的穷小子几乎在一夜之间成了最富有的人。

然而，在希尼如日中天的时候，他在华尔街的绝大多数友人却走向了没落之路。最后，等到希尼也倒台的时候，这些人就什么都没有留下了，除了一堆交易凭证。

> 树倒猢狲散，人是靠着组织和系统（平台）而兴盛起来的，也是因为组织和系统而衰落的，不知道这个道理就会迷失在个人英雄主义之中。一个投资者或者投机客要想成功，并且维持这种成功，就必须善于利用组织和系统的力量，审时度势。永远不要以一己之力对抗组织和系统，组织只能以组织去战胜和降服，个人永远只能借用组织和系统。因此，交易者不能战胜市场，只能利用市场。

希尼在处理社会关系的时候持有独特的态度。首先，他并不同情那些因为自己的操纵和投机而在利益上受损的朋友；再者，他将自己赚到的钱财大量投入到了慈善事业当中，他大方捐赠的金额高达 200 多万美元。

当时的他似乎有志于成为一位显露着光辉人性的慈善家。倘若不是因为金融恐慌的冲击，他可能与皮博迪（Peabody）一样名利双收，不仅是一位伟大的金融家，而且也是一位伟大的慈善家。

希尼现在的境遇与当年巅峰时期相比，让人扼腕叹息。当年他在一个前途光明的行业中接任了银行行长，并且凭借异于常人的操作而登上了华尔街的巅峰，无人能够望其项背。

我们能够从希尼先生的个案中吸取经验与教训，不仅反思投机的风险，也应该反省以银行为主的金融机构的稳定性。这个国家应该从金融大恐慌中吸取足够的教训，思考如何提高金融机构和体系的整体稳定性。

> 金融创新带来了机会，也酝酿了风险。

就希尼先生而言，他所管理的城市银行的衰落并不能完全归咎于他本人，尽管他是核心管理者。不过，大众却认为希尼的投机是罪魁祸首，尽管希尼的行为受到了董事会的监督。

> 没有制衡就会导致疯狂，而疯狂最终只会招致灭亡。"一招不慎满盘皆输"就是历史上独裁者的最终下场。

虽然费希先生管理的海事银行遭受了同样的惨败，但与希尼先生的情况还是有显著差别的，前者属于家族企业，缺乏制衡机制。简单从现象来看，希尼先生似乎也应该对城市银行的悲惨结局负责，因为他似乎并没有将心思放在如何做好本职工作上。

在遭受投机的挫败之后，他更加迫切地想要把这项令人厌倦的工作交给他人。简而言之，他不想承担任何责任。

但是，在股票参与者们看来，希尼管理的这家银行已经走入了绝境，其持有的价值 10 多亿美元的资产已经严重缩水，因为整个股市处于熊市的恐慌下跌之中。一些具有预判能力的空头主力早已经料到了希尼和费希先生管理的金融机构会步入倒闭的境地。

> 熊市中的"资产负债表传染效应"会导致几乎所有资产价格出现暴跌，哪怕黄金和高等级国债也会出现短时间的下跌。

这一反面案例上的教训值得未来的交易者们认真吸取，通过记录在案的史料我们可以避免重蹈覆辙。不过，**人性易于遗忘重要的教训，特别是华尔街的人们，他们常常因为亢奋而忘乎所以，因此总是重走老路，多次踏入同样的陷阱之中。**

> 有理有据的历史书籍是世间最好的老师。

在 1884 年 5 月的金融恐慌之中，包括希尼在内有 4 位投机大佬的经历值得我们记录下来以供参考，当类似的情形发生时，我们可以从中吸取教训。具体而言，他们四位分别是沃尔德、费希、希尼和约翰·C. 埃诺（John C. Eno）。尽管他们的投机操作给所在的企业带来了灭顶之灾，但并未起到警示后人的作用，后起之秀纷纷效仿。许多晚辈认为这四个人是真正的投机天才，只不过因为运气不好而功败垂成。

正如他们最终的失败不是偶然的一样，他们在投机上的成功也不是偶然的，他们从平凡甚至贫困中崛起，在人生巅峰的时候拥有数百万美元的身家。他们的投机能力是无可置疑的。

他们的失败从反面证明了投机事业与其他行业并无二致，诚信是最为重要的原则。如果违背了诚信，即便能够一时成功，终究也是镜花水月。**凭着投机取巧和坑蒙拐骗或许能够让人狂妄一时，但终究会因为被揭穿而众叛亲离。**这些大佬们并未认清这一基本的事实，反而认为诚信是成功的绊脚石，投机的核心就是坑蒙拐骗，长此以往必然失败。

> 乐视的崛起与败北深刻地说明了诚信的重要性。

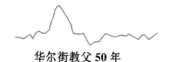
在 1884 年发生的危机中，上述 4 个人当中最为出名的是约翰·C. 埃诺，他的投机经历最为引人注目。他当时还不满 26 岁，是华尔街投机少壮派的领军人物。这类年轻人富有进取精神，积极投身于华尔街的各种题材和泡沫之中。他们热衷于名利场，埃诺就是他们的代表。

埃诺的华尔街生涯可谓风起云涌，从就任纽约第二国民银行（Second National Bank of New York）总裁到大恐慌爆发之前的这段时间内，一件有意思的事情发生了。

当时的他年轻有为，很少有人能够像他一样少年得志，在如此年轻的时候就在华尔街担任了重要的职务。当然，他的野心很大，因此利用自己的权力挪用了公款为自己谋私利。他挪用了大约 10 万美元的股本金以及 400 万美元的储蓄。

埃诺是如何挪用公款的呢？他向董事会宣称银行里的大多数储蓄都是家庭存入的，不会经常要求提现。如果银行仅仅将这些钱保存起来，那么就丧失了投资收益，应该将这些钱投到安全的地方赚取更多的收益。因此，董事会授权给他自由支配这些资金的权利，他可以将这些资金借给华尔街的证券经纪人。

此前，这些资金是存在远离市中心的第二十三大街的，因此埃诺无法完全控制这些资金，也无法逃避监督。为了避人耳目，埃诺进一步说服董事会将这些资金存放到离华尔街很近的地方，理由是可以避免因为路途遥远而中途被人打劫的风险。最终董事会同意了埃诺的意见，将金库移到了埃诺建议的地方，而且密码只有埃诺一人掌握。董事会对埃诺非常信任，相信他能够极大地增加股东的价值。

事实上，埃诺并未将这些资金借给华尔街经纪人们以便赚取稳定的利息。他将这些资金直接投入到了股市之中。每天他告诉出纳员向某证券经纪人提供了一定数额的贷款，最终银行账簿上累计了 400 万美元的短期贷款，但实际上这些资金都挪用去买卖股票了。

埃诺设局骗取了银行储蓄资金投入到股市投机之中，这

在社会中，年少得志往往意味着中年容易走大弯路。

在股票历史上可谓是少有的案例。

股市上的亏空越来越大，纸终究包不住火。事情败露后，他和一位天主教神父一同逃往加拿大避风头。埃诺的父亲阿莫斯·B. 埃诺（Amos B. Eno）非常富有，靠着勤劳和节俭，加上不俗的才能积累了巨额财富。他迅速出手，向银行注入了 350 万美元的资金，而其他董事则注入了另外 50 万美元的资金，这样就保障了每一位储户的利益。那些把钱存到这家银行的储蓄者并未损失哪怕一美元。

老埃诺并未受到太大的影响，他仍旧有 2500 万美元的个人资产，然而玩世不恭的儿子闯下的大祸却给这个家族的荣誉蒙羞，其消极影响花费了许多年才逐渐消退。

在 1884 年的危机中，银行界表现出了前所未有的勇气来承担风险。这次恐慌的起因并没有什么特别之处，**最初也是因为银行迅猛放贷埋下了祸根**。不过这次危机持续的时间较短，因为老练的银行家们从过往的历史中吸取了部分教训。另外，老埃诺先生与第二国民银行的董事们慷慨解囊及时提供了足够的资金，也限制了这次恐慌的蔓延。如果不是各方的积极介入，那么这次危机的冲击力将变得巨大。

流动性大幅过剩带来泡沫，流动性大幅收缩带来危机。

银行界在这次危机中的出色表现证明了倘若措施妥当，那么危机的影响是可以被最小化的，恐慌的蔓延是可以被有效抑制的。在危机爆发时刻，如果采取了果决而及时的行动，那么恐慌是可以被避免的，甚至可以将其扼杀在摇篮状态。

弗里德曼和伯南克持有类似的观点。但是，奥地利学派却并不这么认为。

如果银行家们能够在危机显露苗头的初期阶段及时采取大胆的行动，与工商界携手共渡难关，那么经济危机的影响程度将被削减至最低水平。大众仍旧对危机心有余悸，因此金融界的带头作用尤为重要。

此前的经济危机和恐慌之中，银行界缺乏采取果断措施的勇气，也缺乏系统性处理危机的能力和计划。它们对于要采取何种步骤和措施感到茫然，以至于在行动时非常犹豫，显得非常不专业。

倘若 1873 年的经济危机能够采取 1884 年的应对方式，

奥地利学派认为危机是正面价值，有利于经济长期的健康发展，而且危机也是必然的。"危机有益论"和"危机必然论"是奥地利学派的基本观点。

1873 年的经济恐慌就不会达到惨重的地步。那么，1873 年这次危机在初期阶段就会得到有效控制，而不会导致整个美国经济的严重衰退。这场衰退持续了数年时间，社会和经济都停滞不前，是美国经济发展史上的耻辱。

1884 年的时候，银行家们主导的票据清算交易所（Clearing House）果断地为市场提供充足的流动性，他们大胆地接受了名画作为抵押品，老希尼先生提供了自己的部分藏画作为抵押品。此前没有任何一家金融机构接受艺术品作为融资抵押品，这是一项伟大的创举。事实证明票据交易所的做法是完全正确的。在当时的美国有大量的艺术品藏家，他们富有，因此收藏了符合自身品位的油画等艺术作品。**票据清算交易所打破常规，宣布接受这些艺术品作为抵押，有两方面的积极作用：第一，极大地扩大了抵押品的范围，让收藏品成了市场上优质的抵押品，为危机中的金融市场和国民经济提供了充足的流动性；第二，提升了全社会对艺术品价值的认可，导致对艺术品的总需求增加。**

伯南克在应对次贷危机时也显著地扩大了抵押品的种类。抵押品种类和范围的变化对金融市场整体的流动性有显著的影响，要把握大行情必须注意相关信号。

危机缓解后，当老希尼开始拍卖自己的藏画时，买家踊跃竞购，其激烈程度超过了数月内华尔街所有铁路证券的申购热度。老希尼的艺术鉴赏力堪比最近去世的摩根夫人（Mrs Morgan），不过比起后者，他更为克制。摩根夫人因为自己的痴迷而支付了过高的价格，以至于濒临破产。而老希尼却非常明了艺术品的市场价值，任何一幅名作都需要按照市场的供求来定价，不要因为自己的兴趣爱好而失去了客观定价的能力。在买卖油画上，他是一位精明的商人，其艺术投资能力不逊于金融领域的专长。

这次危机能够及时化解，多亏了以老希尼为代表的银行家们的努力，幸亏城市银行和第二国民银行迅速补充了资本金，并且增加了流动性的供给。这样避免了那些别有用心或者自私的人通过挤兑来制造恐慌。此前，每当危机显露，这些人就会去挤兑，以至于让更多的存款人变得恐慌起来。在本次危机中，这两家银行有效化解了存款人的疑虑，避免了

挤兑的发生。

　　恐慌的制造者和散布者们，往往利用了人们的猜忌心理。经济显露疲态，步入萧条时，唯恐天下不乱的人就会利用人们的猜疑和恐惧散布谣言。当杰伊·古尔德破产时，谣言带来了更大的恐慌和危机。北太平洋铁路债券（Northern Pacific Bonds）的持有者们突然发现资产价值大幅缩水，手中债券并不像此前宣称的那样与公债具有一样的信用等级。最终，他们成了恐慌的最初受害者。很快他们开始散布传闻，将猜忌和恐慌传播给遇见的每一个人，整个国家陷入到恐惧之中。

　　情绪和杠杆都是行情发展的加速器，行情的基本驱动因素还是基本面。

第十一章

回顾过去的恐慌
Old Time Panics

在本章我将回顾历史上那些重要的金融和经济恐慌。第一次具有重大历史意义的恐慌发生在 1837 年。这次恐慌是总部位于费城的合众国银行（United States Bank）与总统杰克逊（Jackson）之间的矛盾激化引起的。银行官员们反对杰克逊当选美国总统。

1791 年，第一合众国银行成立，后来到期了。

1816 年，新的合众国银行取得了营业许可证，有效期为 20 年，这就是所谓的第二合众国银行（Second United States Bank）。1817 年，银行开始招聘人员。最初一段时期，这家银行经营绩效不佳，直到 1830 年才获得了社会的普遍认可。

当时的美国参议院金融委员会（Finace Committee of the United States Senate）高度评价了新合众国银行的贡献和效率："美国有了统一的货币，它完全能够满足政府和公众的需要。与其他国家的货币比较起来，我们的货币制度更加完善和统一。我们非常满意这样的货币制度。"

1832 年，美国国会接到了合众国银行的申请，要求将特许经营权的有效期延长到 1836 年。尽管国会批注了这一申请，但是却被杰克逊总统否决了。

在接下来的一年当中，美国财政部依据总统的命令从该行撤资。总计 1000 万美元的政府存款从该行撤出，理由是安

> 美国中央银行的形成过程中充满了各种博弈，其中不乏阴谋论。美国从产业垄断资本到金融寡头资本的历史进程中，血腥味是少不了的。

全问题。政府将这 1000 万美元的存款转移到了州立银行，这相当于是在帮助州立银行发展，**极大地提高了州立银行的贷款能力，社会信贷十分充裕，土地投机盛行。政府借机卖出了大量的土地，而购买者则利用州立银行发行的银行券来支付。**政界和金融界都因为政府将存款从合众国银行转移到州立银行而受到了深远的影响。

土地财政的影子。

政府通过大卖土地很快就偿还清了此前发售的国债，财政部还有了 5000 万美元的财政盈余。信贷充裕引发了大规模的投机行为，通胀也恶化起来。

繁荣持续了一两年时间，危机接踵而至。1837 年危机之前，杰克逊总统推动了《铸币流通法案》（Specie Circular）出台，一下子流动性陷入紧缩之中，投机泡沫被刺破了。这项法案是在 1836 年 7 月由财政部颁布的，要求公众只接受金银铸币作为支付手段。这个法案的直接目标是抑制土地投机行为，但是却导致银行券为代表的纸币迅速贬值，引发了工商界和金融界的大震动。

这个法案遭到了大多数人的强烈反对，以至于参众两院通过了一项提议要求废除《铸币流通法案》。但是，"老顽固"杰克逊（Old Hickory）并未就此妥协，他等到国会休会时以行政命令的方式颁布了它，尽管未能最终成为法律，但仍旧得到了落实。

州立银行希望能够规避这种行政命令的限制，但无济于事。到了 1837 年春天，仅仅纽约市就有高达 1 亿美元的破产规模。危机蔓延到了整个国家，经济大萧条来了。

同时，合众国银行于 1836 年特许经营到期后仍在继续营业，因为它从宾夕法尼亚州（Pennsylvania）获得了另外一项特许经营权，允许一家州立银行成为合众国银行的分支。另外，该州还通过一项法案废除对不动产和个人财产征收地方税，同时加大对铁路和运河的基建投资。这一法案增加了该行的业务量。

合众国银行其实早在 1837 年绕过了铸币流通行政令，避

免了马上破产，在续命两年后仍旧避免不了关门的命运。合众国银行的总股本是 3500 万美元，其中 700 万美元是政府认购的，2800 万美元是银行家们持股的。在充分兑付存款和票据后，银行家股东们的 2800 万美元就完全打水漂了，本金没了，更谈不上股息收入了。杰克逊和继任者马丁·范·布伦（Martin van Buren）主政期间，银行大佬们的日子并不好过。

为什么合众国银行会破产呢？根本原因在于它将信贷业务与投行业务混在了一起，同时还成了地方政府的借贷方。避免风险同时取得成功的要诀在于确保上述三个业务相互独立。

> 金融机构永远摇摆在分业经营和混业经营两端。

1837 年的恐慌因为英格兰银行（The Bank of England）的不当举措而进一步加剧了。英格兰银行在一日之内大举抛售与合众国银行相关的所有票据。而合众国银行则拒绝为这些票据贴现。商人和投机客们开始从合众国银行挤兑，形势进一步恶化。储户和银行家们陷入了恶性循环之中，理性和宽容被抛之脑后。

1837 年 5 月 10 日，纽约银行歇业。接下来的一周时间内，全美的银行都关门停业了。这是美国历史上从未发生过的危机，国家面临崩溃。要想在短期内阻止这一危机，当时谁也办不到。

在长达两年多的休整后，金融体系恢复了阶段性稳定。不过不久之后，银行业进入了新一轮大洗牌之中，有 1/3 的银行因为绩效低下而被淘汰了。全国 850 家银行中，有 343 家倒闭了。

> 行业洗牌正是价值投资的良辰美景。白色家电行业大洗牌成就了格力和美的股价的飙升。

到了 1840 年，纽约依据国会的一项法案建立了财政部分支。该法案同时规定，政府官员应该管理好公共财政基金，而财政部只接受铸币支付，不再接受各类银行券。

由于这次恐慌发生的时间早在我踏足华尔街之前 28 年，缺乏亲身经历，因此我撰写的这一章篇幅较短。不过，因为 1837 年恐慌是第一次重要危机，对华尔街产生了深远的影响，与本书主旨一致，因此有必要将其收入到本书中。

最有味道的故事来自于真实的历史进程。读史使人明志，此言不虚。想要在金融界跻身于顶尖水平，离不开对金融史和经济史的熟稔。

许多老一辈的金融界和商界人士对这一事件仍旧印象深刻，而我有幸在入行后不久就结识了他们。现在他们中的许多人已经离世了，在此我向那些提供了素材的前辈们表示由衷的敬意。当然，我也为自己能够努力保存华尔街重要的历史感到高兴和骄傲，毕竟我们都会离去，而这些有价值的故事值得传递下去。

接下来的恐慌发生在 1857 年。

首度披露黑色星期五的真相
The Ture Story of Black Friday Told for the First Time

1869 年是美国农业的一个大丰收年，直接导致供过于求。在这种情况下，如果能够刺激农产品出口，则绝对是一件有利于美国经济和社会的一件事情。这一点被许多银行家、商人看到了，他们将自己的观点和理由写信寄到了华盛顿，这样的信件成千上万。他们督促财政部（Treasury Department）不要继续抛售黄金了，因为这样做降低了美国商品在国际市场上的竞争力。如果停止抛售黄金，那么美国境内的黄金价格将回升，而美国商品的价格就会下降，这有利于美国农产品的出口。当时的黄金价格处于较低水平，这使得美国实际汇率更高，不利于出口，最终政府接受了这些建议决定暂停抛售黄金。

政府政策的重大变化让杰伊·古尔德（Jay Gould）等金融大佬们嗅到了重大的机会。他们立即打着爱国主义的旗号，以推动农产品出口为口号，大举买入黄金。他们持续加码做多了三个月时间，成本在 135~140 美元一线，积累了大量的黄金多头头寸。这就是"黑色星期五"发生的真实大背景。

那么什么是导致"黑色星期五"爆发的直接导火索呢？一般认为是小詹姆斯·菲斯克（James Fisk Jr）的鲁莽行为直接引发了这次恐慌。他在"黑色星期五"之前的那个星期四疯狂地追高买入黄金，到了"黑色星期五"早上，他继续要求经纪人威廉·贝尔登（William Belden）和阿尔伯特·斯派尔

金本位制度下的汇率波动与现在的有些区别，大家可以参考相关读物，比如金德尔伯格的《汇率制度变迁》。

政策重大的变化往往意味着大行情的到来，那么你应该采取什么交易策略呢？是趋势跟踪顺势加码还是其他什么策略？

（Albert Speyer）大举买入黄金，金价因此飙升。

在菲斯克入场之前，已经存在一个黄金多头的联合坐庄组织，他们是杰伊·古尔德、亚瑟·金伯（Arthur Kimber）以及 W.S.伍德沃德（W.S.Woodward）。亚瑟·金伯代表英国伦敦的斯特恩兄弟公司（Stern Brothers），而伍德沃德此前则参与了臭名昭著的"岩岛铁路股票操纵事件"。后面两个人将手中的黄金多头头寸卖给了古尔德，古尔德在几个得力手下的帮助下继续持有多头头寸到多头行情最后阶段。这个组织的办公室位于百老汇大街，也就是现在的德雷塞尔大厦（Drexel Building）所处的地方。

当黄金价格处于疯狂之中时，我给时任财政部长布特威尔（Boutwell）以及总统格兰特先生发去了电报，说服他们应该尽快卖出黄金。同时，我也给直接负责政府黄金储备交易的丹尼尔·巴特费尔德（Daniel Butterfield）和摩西·H. 格林内尔（Moses H.Grinnell）发去了电报，敦促他们赶快采取行动。巴特费尔德先生是常驻纽约的财政次长（New York Sub Treasurer），而格林内尔则是关税征收官员（Collector of the Port）。他们及时在高位将 500 万美元的黄金卖出了。

对于那些恶炒黄金的投机客而言，这是道德和财务上的双重打击。两个小时之内，金价从 160 美元暴跌到了 132 美元，市场情绪仍旧处于高度沸腾之中，正如此前暴涨一样。

菲斯克在金价亢奋时，全权委托斯派尔大举买入报价在 160 美元的抛盘。在菲斯克不顾行情挺价买入的同时，金价正在暴跌，报价逐渐下滑：150 美元、147 美元、145 美元、140 美元……当价格马上要跌至 130 美元时，斯派尔还在 160 美元的位置挂上买单。他的这些举动罕见而又古怪，就算不是傻瓜，也是一个投机的大笨蛋。

接下来，菲斯克开始耍赖，他不承认自己曾经全权委托斯派尔和贝尔登操作自己的账户。而这两个经纪人也确实拿不出书面协议来，最终他们被迫承担了损失，陷入了破产的窘境。事实上，还有许多人因为他们的愚蠢行为而蒙受巨额

行情在舆情高度一致造成的亢奋中结束！

损失。

比如有一家知名的投资公司，它们先是在高位做空黄金，数额高达几百万美元，然后又逢低在 140 美元附近回补了空头头寸，取得了差不多 20% 的利润。接下来他们又做多，金价却继续下跌，跌到了 132 美元。当日，斯派尔宣布破产，这家公司也牵涉其中不得不宣布倒闭。整个黄金交易所（Gold Room）当中的一半会员单位都破产了。

整个黄金市场一片混乱，恐慌和危机在蔓延之中，黄金交易所无法正常履行其撮合和结算职能。黄金交易所监督管理委员会（Governing Committee of the Gold Room）不得不立即召开紧急会议。会后颁布了一条决议，宣布暂停黄金交易一周，以便让会员之间能够解决分歧，达成协议。黄金银行（Gold Bank）也宣布歇业了。

实际上，在斯派尔以 160 美元大举买进黄金时，就要许多人折价 10% 急于抛售。很多多头迫切希望离场，以至于在场外寻求私人协议交割。

尽管许多人认为金融市场是虚拟的，玩家们的损失不过是数字而已。但实际上华尔街的契约精神要求交易双方务必对结果负责。古尔德在这场投机盛宴中损失了超过 400 万美元，菲斯克的损失则更大，不过他选择了拒绝承认，以至于让斯派尔和贝尔登背了黑锅。那些大举进口黄金的商人也遭受了重创，他们最终被迫割肉。

黄金交易所歇业也知道了许多大公司破产倒闭。此后 60 日之内，许多私人协议性质的交易大量进行，很多情况其实是买卖双方不得已的妥协。

菲斯克在得知布特威尔曾命令在高位出售黄金，扼腕叹息，因为这严重打击了黄金多头的气焰，让包括自己在内的许多人一夜赤贫。

黄金交易所和黄金银行暂停交易之后，一批大公司倒闭了，危机在蔓延。这时大众才完全意识到事态的严重性，金融市场一片乱象，无法理出头绪。在那一段艰难时期，任何与黄金市场有关系的人都想不起自己当初是如何坚持下来的，盈亏已经变成了模糊不清的东西。暂停交易的最后一个交易日，交易所的沉闷氛围让人窒息，许多蒙受巨大亏损的会员聚集在斯密斯-古尔德-马丁公司（Simth，Gould & Martin）的办公室闹事，直到警察出现才避免了事态进一步恶化。

黄金投机热潮也吸引了一批犹太人的到来，他们聪明异常，是华尔街的精英人群，一股不可忽略的重要力量。他们中的某个成员热衷于黄金投机，当时大举买入黄金做多。当金价由 160 美元下跌到了 140 美元时，他晕厥过去了。周围的人拿来一盆冷水浇在他脸上。等他完全醒过来时，第一句就是关心最新的金价。当他睁开眼睛仔细看了一下报价后发现金价还在下跌时，他再度昏厥了过去。最终，绝望的他退出了黄金

华尔街教父 50 年

金融交易，无论是投资还是投机都是世界上最难的行当，没有之一。

市场，转而从事其他行当，现在在美国东部做着更适合他的好生意。

这些有关"黑色星期五"的历史片段非常有价值。尽管我对这个事件的个人兴趣不大，但是我仍旧需要将一些重要的史料搜集起来，因为这是写作本书必需的，这些材料为后来者提供了丰厚的养料，帮助他们成长。

黄金价格的整个题材炒作过程隐藏着各种阴谋和计划。多头们利用了支持出口的政策变化以及爱国热情，题材投机的脉络跃然于纸上，当然某些人也企图利用这一投机事件将格兰特总统及其家人牵涉其中。

小詹姆斯·菲斯克是整个黄金炒作的灵魂人物，人们也习惯称呼他为"快乐吉姆"（Jim Jubilee Junior）。黄金多头庄家们一方面跟随他，另一方面也能利用他。

菲斯克最初继承了父亲的职业选择，在新英格兰当一名小商人。在运作金价之前的数年时间里，菲斯克是丹尼尔·德鲁信任的手下之一，在华尔街替后者打理事务。不过，德鲁总部办公室里的许多人并不喜欢菲斯克，认为他精于算计。菲斯克识趣地离开了德鲁，与贝尔登合伙创办了一家新公司名为菲斯克–贝尔登公司（Fisk & Belden）。不过，这家公司经营的时间并不太长。显然，他们很难找到能够符合自己期望的投资银行家，因此这家公司停业了。虽然菲斯克并非一个成功的证券经纪人，但是他还有其他一些才能值得利用。毕竟，在德鲁先生看来，菲斯克有许多才华可以用得上，因此非常支持他开展工作。

由于他与德鲁的关系非常好，加上他的聪明才智，因此很快就成了伊利铁路公司（Erie Railroad Company）的董事会成员。当德鲁表示想要加入伊利董事会的时候，菲斯克并未回应他，这表明菲斯克善于利用但是并不愿意回报朋友。

在菲斯克进入伊利董事会（Erie Board）之后，这家公司增发了 4 万股。伊利董事会大胆地采用同样的方式将其他铁路公司兼并掉，相关的并购过程我将在本书其他几章内容中描述，其中涉及德鲁、古尔德和范德比尔特的相互争斗。

在那个时代，大众都认为菲斯克是一个金融界无所不能的巨星，称他为"伊利王子"（Prince of Erie）。当他最初踏足华尔街的时候，只是一个一文不名的穷小子。在参与运作伊利股票增发之后，他很快就成了一位颇具气场的大富豪。当时疯传他拥有数条铁路、几艘汽船、一间歌剧院，同时与许多法官还有律师关系甚佳，当然还有一群芭蕾舞女演员环绕着他。

古尔德也是这场黄金大行情的重要参与者，不过我在这里并不想过度评论他，因为我在其他章节中已经中肯地评价了他。菲斯克在人前招摇的时候，古尔德则在暗处按部就班地操作。古尔德与法官以及律师的关系密切，他在幕后操纵着一切，菲斯克夺走了他本应该享有的荣誉和光环。

除了司法系统之外，古尔德还想方设法地将立法机构掌控在自己手中，以便更加彻底地控制伊利。通过掌握伊利，古尔德能够更好地实现自己的野心，同时最大化自己的商业利益。

当时，伊利实力雄厚，融资和并购很强。如果想要并购另外一家铁路公司，那么最好就是购买几十万股伊利的可转换债券（Convertible Bonds），并将其转换为伊利股票，通过掌控伊利，你就能很好地完成并购计划。控股伊利，就能在并购中很好地利用立法和司法机构的力量。

当古尔德在伊利董事会担任要职时，他可以随时找到各种融资途径和手段，这就是他强大实力所在。特别是在"黑色星期五"那段时期，这种融资能力尤为重要。

在黄金多头炒作的坐庄计划中，大佬们想要推选一个善于把握格局和时机，同时又具备领导力的人去担任领袖，而古尔德正是这样一个不二人选。他具有超乎众人的才智，同时手段圆滑，因此是坐庄集团的最佳领袖。

这里应该回顾一下黄金多头操纵行情中的一些重要背景。当时纽约黄金市场流通的黄金总值不到 2500 万美元，而政府

流通盘子小，同时有政策大变化这个题材，这就是主力们操纵黄金价格的最大背景。

091

掌控的黄金价值也不到 1 亿美元，况且其中 1/4 的黄金是特别储备，不能随便动用。

当时的美国政府为了刺激经济，推出了一些不错的金融政策，其中一条就是打压金价，推动物价水平上涨，摆脱通缩。财政部以每月 100 万美元的速度抛售黄金。整体结果就是金价显著下跌了。这导致美国产品价格上涨，不利于出口，这就是本章开头叙述的背景。出售黄金已经不利于国家整体利益。财政官员们开始反思银行家和商人们关于贸易出口的建议。

在金融界和商界的不懈努力下，美国政府已经就停止官方售金达成了一致意见，这对于黄金多头庄家们非常有利。不过老谋深算的古尔德觉得光凭这一点还不够，还需要制造另外一个有利条件——将流通中的黄金垄断在自己手里。这样就极大地增加了胜算的筹码，这就是古尔德完美的布局。

如何实现这一阴谋呢？古尔德认为必须首先骗取总统格兰特的信任，需要说服格兰特让他相信面对经济衰退，唯一解决之道是停止官方售金。只要格兰特总统赞同这一见解，那么就会给财政部长一道禁售官方黄金储备的命令。最为重要的一点是总统不能在黄金多头庄家们全身而退之前解除禁售令，如果这条不满足的话，整个计划就会功亏一篑了。

从爱国者的角度来看，这个计划是卖国的。不过，在这些庄家们看来要实现整个计划并不需要采用下作和卑鄙的手段。要想实现整个计划，格兰特总统是个关键棋子。幸运的是他们不需要采用血腥和暴力的阴谋手段去驱使总统。

在叙述整个计划如何实现之前，可以简单地描绘一下其初始阶段。6 月中旬某个美好的晚上，格兰特总统按照日程与一群人见面，共同参加在波士顿举行的帕特里克·萨尔斯菲尔德·吉尔莫和平欢呼会（Peace Jubilee of Patric Sarsfield Gilmore）的 50 周年庆典。

香槟晚宴在一艘航行于波士顿河流上的游艇上举行。有好几位金融界大佬出席了这场香槟晚宴，他们熟悉金融事务，

计利以听，乃为其势，以佐其外。势者，因利制权也。布局即造势。

最大的利润在于国家层面。

华尔街教父 50 年

同时也对国政有自己的独特见解。菲斯克也出席了晚宴，他意在说服总统。宴会期间，大家就贸易问题以及停止官方售金进行了彻底的讨论。一些蒙在鼓里的参会者完全没有预料到氛围会如此紧张，他们原本预期这是一场欢快轻松的晚宴。

这次晚宴的发起者其实是古尔德和菲斯克。格兰特总统善于倾听，他听取了多方面的观点和逻辑，最初格兰特总统似乎并不相信停止官方售金是促进国家繁荣的最佳政策。他对此还有一些怀疑，需要更加有力的证据来说服他。古尔德很快就意识到了这一问题，他明白接下来应该采取什么样的举动。关于古尔德用来说服总统的理由，他在加菲尔德调查委员会（Garfield Investigating Committee）上回顾了当时的情况："总统在耐心地听取意见，而其他先生则在相互交流。财政出售官方黄金的政策有人赞同，也有人反对。**正反双方相互交流了观点**，他们当然更关心总统的观点。总统认为有些观点存在幻想的成分，因此在实际讨论中剔除这些不切实际的东西。总统接着询问了我的想法，我认为继续执行官方售金政策将会导致巨大的经济和社会灾难，罢工将增加，许多工厂破产倒闭，制造业陷入萧条之中，甚至引发内部冲突和战争。因此，我认为政府不应该继续抛售黄金干预市场，而应该听任黄金市场自发调节。按照市场规律，黄金价格在今年秋天应该会涨上去了。这个秋天和冬天，金价出现多头行情的希望较大。这就是经济规律的作用。"

需要补充的一点是，我只是引用了古尔德的一些说辞，但并不意味着我赞同他的观点和逻辑。事实上，他的许多观点是经不起推敲的，在逻辑上是混乱的。

古尔德试图让总统的思路陷入自己的引导之中，以便符合自己的计划。古尔德的诡辩能力和手腕在这件事情上完全显露了出来。

古尔德斩钉截铁地说："我的观点是政府不应该干预黄金市场，而应该听任市场机制自我调节。"

什么是市场机制呢？这些密谋者提出了这一似是而非的

凡事听取正反两面的意见，你的判断和决策能力会超越90%的人。

概念，他们盘算着如何将金价推升到 200 美元，并从中大获其利。

接着，古尔德继续推销他的观点："政府应该让金价在秋季涨上去！"

这个建议简单明了！他们打着国家利益的幌子来推销自己的观点。古尔德巧妙地将自己的计划包装成了爱国主义。许多人并没有看穿古尔德的意图，他多次利用了自己这一才能，将一己私利包装成爱国主义的良药。这让我想起了萨缪尔·约翰逊（Samuel Johnson）的警示之语："先生们，爱国口号经常成为坏蛋的保护伞和遮羞布！"

或许上天青睐古尔德，此时反对停止官方售金的财政部次长范·迪克（H.H.Van Dyck）辞职了。现在，古尔德有机会可以将自己人安插在这一职位上了，这样就可以间接掌控财政部了。

帮助古尔德布局的最佳人选之一阿贝尔·B. 科尔宾（Abel B.Corbin）恰如其时地出现了。他博才多学，精通金融事务，无论是在政界还是商界都颇有资历。此前，他在华盛顿当了多年的游说人士，是一个出色的作家，语言表达能力优秀。总统夫人是他妻子的姐姐，这就是古尔德雇用他的最大理由。

为了获得财政部次长的职位，古尔德和科尔宾力推罗伯特·B. 卡舍伍德（Robert B. Catherwood）去竞争。卡舍伍德是科尔宾继女的丈夫。如果卡舍伍德能够进入财政部，那么古尔德和科尔宾就可以从中渔利。

在调查委员会展开任职调查之前，卡舍伍德放弃了这一职位，他说："在合法性方面存在疑问，因此我并没有担任这一职务。"

由于女婿不配合，因此科尔宾和古尔德转而寻求其他适合的人选，丹尼尔·巴特费尔德成了目标。此君与卡舍伍德的心态存在显著差别，他并未拒绝科尔宾和古尔德的帮助，反而宣称自己完全能够胜任这一职务。巴特费尔德专门给科尔宾写了一封感谢信，感谢对方提供如此好的机会，同时强调自己是一个有责任感的人，定会在这一职位上做出一番成就。

巴特费尔德按照预定日期就任财政部次长。一切如古尔德预期那般，完美布局完成了。因为这样的安排，科尔宾和古尔德的关系也更加密切了，这也是双方想要的有利结果。古尔德对科尔宾大加赞赏："他是一位干练而颇具绅士风度的老人。他对整个国家经济的洞察力无可比拟，他深知政府应该放弃干预市场，这样可以促进出口。这样做不仅对美国经济，对整个西方经济都有巨大的好处，因此政府不应该拒绝良好的建议。他强烈建议我跟总统见面聊一聊，直到财政部长保证不再卖出官方储备黄金。"

古尔德和科尔宾一起参加了格兰特总统在家中举行的闭门会议。总统在会上说："在听到财政部长下令卖出黄金后，我阻止了这一做法。"

　　在得到了总统的口头承诺后，古尔德长舒了一口气，整个布局如预期一般完成了。所有环节都打通了，总统和财政部都站在自己这边，大多数银行家和商人也支持金价上涨。即便格兰特反悔，那么法令仍旧对财政部有效，因此不太可能影响整个布局。实际上，总统在形势恶化的紧急情况下是可能改弦易辙的，他不惧诋毁，事实上他并未参与古尔德的阴谋，只是被欺骗而已，因此他可以调整自己的立场是可以理解的。

> 政治是经济的延伸，也是商业的延伸。生意做到一定规模，不可能不牵涉政治。

　　为了确保整个计划万无一失，必须确保格兰特总统不能成为障碍，这也是这些阴谋家们必须付出最大努力的地方。在波士顿的晚宴之后，这些金融大佬们在夏天剩下来的时间里面都在不断思考可能存在的漏洞。毕竟，这样大手笔的交易需要付出足够的精力和耐心，待机而动和趋势而起都是非常重要的成大事品质。据说银行大盗比利·波特（Billy Porter）和希尼·迈克（Sheeny Mike）等会花费半年到一年来踩点，认真研究目标金融机构的全部进出通道，然后才会采取行动打开保险箱或者是迷倒看守。

　　在这个庄家联盟当中，大家都知道格兰特的初衷是为了国家经济的稳定和发展，他对财政部长下达的命令是从这一初衷出发的。因此，总统也完全可能因为同样的目的而采取相反的做法，这是古尔德等人所忌惮的。

　　为了保险起见，8 月中旬时，菲斯克受坐庄联盟的委托前往纽波特（Newport）与格兰特总统会面。期间，尽管总统已经命令财政部长暂停出售官方黄金，但是仍旧存在许多的不确定性，因为总统看起来仍旧处于狐疑之中。总统毕竟是一个干练的人，他当然会怀疑古尔德和科尔宾是不是在谋取私利。所以，金融大佬们想要事情发展顺利，就必须对总统继续施加更大的压力。

　　菲斯克是这样评价纽波特会面的："至此之前我预判格兰特总统将会在 8 月的某日前往纽波特，而我需要抓住这个时机与他会面，当然具体目标并不完全明确。

我将古尔德先生亲笔写的介绍信揣在身上。信中表达了过高金价对美国农产品出口的巨大压力：有 300 条轮船装着农产品从黑海出发，途径地中海前往利物浦（Liverpool），这是我们竞争对手的商品，他们在与我们争夺欧洲市场。如果当时的黄金价格稳定在 34 美元，那么美国秋季的农产品出口数量较非常少。我对此深表忧虑。

我同总统先生就这个关键话题进行了深入的探讨，让他确信所有人都会因为金价的高企而受到极大的损失。总统先生显然受到了打动，他询问什么时候方便进一步讨论，他会把财政部长叫来参与。"

总统是个非常谨慎的人，他在欢迎探讨的同时也开始警惕那些怀着私心的金融界大佬们的游说，特别是那些对财政和贸易问题高谈阔论、以爱国情怀为幌子要求推升金价的专业人士。既然格兰特总统开始独立自主地认真思考这些问题，那么外人的观点便难以主导他的思维。

> 反面意见未必值得采纳，但都值得认真考虑其理由和逻辑。

9 月 1 日，这帮密谋大佬们认为总统的态度已经到了关键节点了，古尔德便在 132.5 美元替科尔宾买入了价值 150 万美元的黄金。古尔德起初有些担心，因为他听说有些还没有建仓的主力资金正在安排同财政部长共进晚餐。不过科尔宾保证说总统已经下令财政部长不经过自己的同意就不能出售任何黄金。古尔德获得保证后继续展开金价操纵计划。

到了目前这个阶段，很多重要细节都已经安排到位了。只要总统没有醒悟过来，那么操纵计划就能完美收官。这些密谋让总统处于声誉严重受损的境地，然而他却并未及时发现。

接下来，总统在古尔德的劝说下去了宾夕法尼亚一个名叫"小华盛顿"的地方。总统去那里是出于探望重要老友的目的，这个小镇缺乏基本的电报电话通信设施。总统舒服地在那里待了差不多一周时间，而密谋大佬们则准备在这一周时间内实现对金价的完美操纵。

在总统前往小镇之前不久，菲斯克买入了七八百万美元的黄金。古尔德对菲斯克吐露："尘埃已经落定了。巴特费尔德站在我们这边，科尔宾已经搞定他了。而格兰特也被科尔宾搞定了。我认为大家的利益都是一致的。"

看看吧，这就是所谓的"爱国主义"！这简直就是胆大包天的卖国行为。古尔德酝酿出整个阴谋，让总统毫不知情地予以配合，等待危机来临他马上转身指着总统其实也参与其中，进而让其声誉严重受损。

好些更为卑鄙的手段出现在整件事情中。古尔德和菲斯克串通科尔宾准备将总统的家人及霍勒斯·波特（Horace Porter）拖下水，后者是总统的私人秘书。在菲斯克和科尔宾的谈话中可以找到相关的证据，菲斯克直白地指出："当我和科尔宾最初谈到这件事情的时候，他还是遮遮掩掩的，直到最后他才坦白总统夫人也对投资黄金感兴趣。最初科尔宾在31~32美元附近买了50万美元的黄金，很快又在37美元卖出。不久之后，他又大举买入，一共持有200万美元的黄金。不过其中50万美元是为总统夫人代持的，还有50万美元是为波特代持的。我不知道这个波特是不是总统秘书，只记得这个名字。"

当科尔宾发现古尔德已经将事情的来龙去脉告诉我时，他才开始敞开心扉吐露一些更加重要的东西。

"我告诉他：'我们两个之间已经没有太多利害关系了。现在，我与其他人正在启动一项关键计划，但现在的情况是古尔德先生不识时务。不过，这并不重要，在真相水落石出之前，决定成败的关键因素是政府是否会中途跳出来干预。'

"科尔宾说：'你用不着担心太多！'

"我接着追问道：'我想确定古尔德先生是否对我说了实话？也想知道你是否如他说的那样给总统夫人25000美元的好处。'

"科尔宾则回答说：'古尔德先生帮助总统夫人买卖了价值50万美元的黄金，价差是5美元，利润大概是25000美元左右。'

"于是，我接着说：'科尔宾先生，你不过是嘴上跑火车而已！你能够拿出什么证据来吗？'

"这个老奸巨猾的家伙回答说：'既然如此，那我也没什么好跟你讲的了，我所说的一切都是实话，都是实话……'

"他反复强调了几次。

"因此，在他离开的时候，我已经确信他说的话是真实的。"

这帮串通一气的金融大佬们在接受加菲尔德调查委员会的咨询时竭力地为自己辩解。他们曾经通过亚当斯快递公司（Adams Express Company）给总统夫人寄出了一个

包裹，里面是美元现金，专家也无法确定当初里面是 250 美元还是 25000 美元。

显然，这些大佬们一开始就企图将总统一家拉下水，这样就能操控财政部的行为，进而操纵金价走势。不过，加菲尔德调查委员会的最终报告却给出了客观的结论："那些图谋不轨的阴谋，想要陷害总统及其家人，最终注定是失败的！"

回过头来看，如果菲斯克与同伴一样，是一个客观冷静且富有眼光的人，那么这个操纵阴谋也可能已经成功了。正是因为菲斯克的焦虑和不安，导致阴谋败露，最终功亏一篑。

菲斯克急不可耐地想要确认总统是否已经被搞定，以至于过多地干涉。他不停地催促科尔宾给总统写信，希望无论在什么情况下都能维持原有立场，制止官方售金。

急不可耐的结果一目了然。格兰特总统刚开始并不知道自己被利用，但是菲斯克的鲁莽行为却导致总统发现了异常。当时，心急的菲斯克派了一名专门的信使来递送科尔宾的亲笔信。信使急匆匆地骑着马跑了 28 英里，将信亲自交给了总统。总统看完信后，立即怀疑写信人的动机来，他简单地对信使说："我知道了，暂时没有其他的要回复。"

总统已经意识到了背后的阴谋，他立即让自己的夫人写信给科尔宾夫人，要求她的账户远离古尔德和菲斯克那帮人。总统夫人在信中写道："总统已经知晓了你的丈夫在华尔街的投机活动，你这样做使他陷入到了难堪和窘境之中，你应该劝你的丈夫马上远离那个拖总统下水的团伙。"

科尔宾不得不按照总统夫人的指示去做，他需要尽快收手。他有些犹豫，贪婪一度占据他的心智。在与坐庄团伙决裂之前，他向主脑古尔德索要自己那份利益。

古尔德是这样处理这件事情的："我告诉他，会先付给他 10 万美元，而他此后可以选择将手里的黄金全部卖给我，我会按照一个可观的均价来结算。我其实并不想从他手上接货，只不过是拖延之词而已。"

总统发现被骗之后，立即返回华盛顿。

> 异常行为是重要信号。价量异常是金融市场的重要信号；言行异常是社会博弈的重要信号。

现在，我们回到"黑色星期五"那天。

这帮大佬究竟是如何操控财政次长巴特费尔德，没人能够知道背后的全部真相，这是一个敏感的话题。不过，从事后的结果来看，他的实际影响力有限，并没有预期的那样大。尽管菲斯克曾经炫耀与巴特费尔德这层关系，但实际上吹嘘的成分更多一些。

9 月 22 日，星期三，距离"黑色星期五"还有两天时间。黄金坐庄集团当时已经掌控了纽约除官方储备之外的几乎所有黄金，据说前者比官方储备还要多几百万盎司。贝尔登公司（Belden & Co.）在当天大举买入了 800 万美元的黄金，而斯密斯–古尔德–马丁公司（Smith，Gould & Martin）也在大规模买入黄金。

庄家联盟在位于百老汇大街的威廉·希思（William Heath）公司办公室里面展开了一次重要会议。当时，他们认为已经控制了足够多的黄金，能够将金价拉升到 200 美元，进行逼空操纵，迫使空头们高价回补。不过，**随着市场总市值显著增加，要找到 3000 万美元黄金的接盘力量是非常困难的，这会危及整个计划的实施。**

星期四上午，庄家联盟也召开了一次会议。古尔德、菲斯克、亨利·N. 斯密斯（Henry N.Smith）以及威廉·贝尔登（William Belden）都出席了这次会议。会议记录是保密的，不过还是有些风声走漏出来：贝尔登命令手下将黄金拉升到 144 美元，然后保持在这一水平。当天贝尔登买入了 2000 万美元的黄金，开盘价为 141.5 美元，收盘价为 143.5 美元。

星期四晚上，一些关键人物又在城外召开了另外一次秘密会议。会上主要讨论了"逼空"的问题。庄家联盟持有的多头合约价值超过 1 亿美元。古尔德认为那些持有空头的对手盘却持有 2.5 亿美元总价值的合约，但是整个城市能够交割的黄金总价值也不过 2500 万美元，这意味着空头根本找不到这么多黄金来交割，中间存在巨大的缺口，逼空行情一触即发。

无论是投资还是投机都需要"对手盘思维"。对于主力和庄家而言，你要培养起足够规模的非理性对手盘才能最终取胜。

菲斯克建议庄家联盟与空头摊牌，以 150 美元协议价完成交割，不过这显然满足不了大家的胃口，于是其他人都表示反对。

"黑色星期五"来了。当天早上，贝尔登和希思早早来到第五大道的酒店吃了早餐，然后赶到办公室。贝尔登在华尔街宣布金价将涨到 200 美元，这是能够空头全身而退的最后一个交易日。许多做空的交易者在恐慌中进场平仓。亨利·N. 斯密斯形容当时的情形称："他们逃命般地赶过来平仓或者要求协议交割！"许多空头在 145~150 美元离场，而前面提到的那个鲁莽的斯派尔则在 160 美元附近还在大举抢购黄金，总价值高达 2600 万美元，后来当价格暴跌到了 133 美元，他才发现自己有多么愚蠢可笑。

物极必反，庄家们的贪婪终于引发了危机。面对疯狂而恐慌的人群，贝尔登来到了希思的办公室，包括古尔德在内的所有共谋者开始商讨如何控制局势，避免引火烧身。遭受巨大亏损的空头们变得无比愤怒。

有位现场目击者是这样形容当时的情况的："我从希思的办公室刚刚走出来，贝尔登先生就走了进去。我在过道里面踱步等着他。过了一会儿，一个警长样子的人出现了，在希思办公室里面布置安保任务，将所有造访者都赶了出去。我等了好一会儿，感到事态恶化了。此时，古尔德从后门悄悄溜走了。他警惕地扫描了一下周围，然后从一条私人通道离开了。

接着，菲斯克也出来了，似乎非常生气，他一开始走错了方向，走到百老汇方向去了，后来也走了古尔德离开的私人通道。最后，贝尔登也出来了，一头乱发，眼睛还是红的，他问我：'他们往哪里走了？'

我给他指了指方向，他马上朝着那个方向跑去。他们在出口处跳上了马车，想要逃离华尔街。"

事实上，这些人并未离开华尔街，他们去了百老汇大街的斯密斯-古尔德-马丁公司的办公室。始料不及的是这里也

空头全死，多头即止！

把对手盘完全逼到绝路的话，自己也无法全身而退了。

挤满了愤怒的人群，他们希望在场的林奇法官（Judge Lynch）能够主持公道。这些对未来绝望的人们现在唯一能做的就是将这栋建筑包围起来。

为了维持秩序，保护相关人士，一队警察在外围搭建了障碍物。这群共谋者在这个地方度过了那天早上的几个小时，他们也急切地想要搞清楚为什么事情会恶化到如此地步。他们越是反思，就越怀疑自己当初的决策是否理智。

这次"黑色星期五"危机，在华尔街的历史长河中只是一朵小小的浪花，但我们从中可以得到许多有益的教训与经验。在前面的章节中，我已经提出了可供借鉴的几点建议来规避风险与危机。

回顾历史上那些著名的金融泡沫与危机，可以让我们在判断大行情上更有优势。技术指标无法预测出重大的行情，但是基本面分析，特别是基于历史大数据的基本面分析可以做到这一点。伟大的交易者必然是一个足够专业的金融史学者，如果能够有一些马克思政治经济学和奥地利学派的理论基础则更好。

细数美国发生的大恐慌
Our Great American Panics from First to Last

发生在 1907 年的大恐慌重新点燃了公众对于历史上相同危机的兴趣。因此，重新对这些历史进行简要的回顾和探讨是必要的，这是一个恰逢其时的做法。

在乔治三世（George Ⅲ）时期，也就是波士顿倾茶事件之后出现一次小规模恐慌，由此拉开了独立战争的序幕。由于当时的商业和贸易并不发达，而以银行为主的金融业仍旧处于萌芽阶段，因此这次恐慌并未造成严重的后果。

美国经济和金融历史上真正意义的首次大恐慌发生在 1812 年，恶性通胀引发了危机。当然，英美之间的战争加剧了这场危机。当时美国银行业的总股本只有大概 7000 万美元，战争赤字急剧扩大，政府财政面临很大的问题，90 多家银行面临挤兑危机。开战之前，贸易和制造业原本非常发达，但是突然间却陷入停滞状态。

现在经济陷入过度紧缩的萧条状态，市场价值和信贷机制处于严重受损状态。不过，政府通过证券市场逐步恢复了融资能力，那些濒临绝境的产业开始复苏起来，过剩的劳动力被逐步吸收到工作岗位上。

接下来的 1823 年恐慌缺乏足够的史料。这次恐慌引发的贸易萧条直到 1825 年才基本结束。这次恐慌的程度显然比较轻微，并没有 1812 年危机那么严重。导致这次恐慌的主要原因是信用过度宽松导致商业和贸易过度发展，而非是因为战

> 战争对金融市场有强大的刺激作用，但是如果战争远远超过国家的负担能力，则可能导致金融市场被取缔甚至倒闭。

争等大事件刺激。

不过，1837 年大恐慌的影响程度非常大。当时的美国与之前相比，无论是在发展程度，还是人口数量，以及财富总量方面都有显著的提高了。所以，这次危机导致的损失更大，影响也更为深远。正如此前数次危机的起因一样，信贷过度宽松导致商业和贸易过度扩张引发了经济的自我调整。不过，美国银行业存在的根本问题以及杰克逊总统对金融机构的高压态势加剧了危机和恐慌。

在危机爆发之前的信贷超级宽松阶段，社会上投机风气越来越猛烈，许多人投入到了新英格兰的土地和铁路泡沫中。乔治·史蒂芬森（George Stephenson）研究出了第一个火车引擎，激发了美国铁路投资热潮，许多铁路项目都在通过金融市场募集资金，沿线的土地也成了热门投机标的。

1857 年危机的影响要比 1837 年更甚，其发展速度也比 1812 年更快。危机发生之前，美国国土面积和人口数量进一步增长，社会财富总额也进一步增加了。伴随着 1849 年加利福尼亚金矿大发现，铁路基建的热情高涨，许多投机项目围绕铁路展开。这次大恐慌的导火索是俄亥俄人寿信托公司（Ohio Life and Trust Company）的破产。

这家大型金融机构位于拿骚大街（Nassau Street），它是美国金融体系的重要支柱，其公众信用是深厚的。当这家机构破产的时候，一则重磅利空产生了，击垮了大众的信心，整个美国经济和金融的信用基础处于崩塌之中。

大恐慌一触即发，银行支票不再被广泛认可，许多人要求兑换为现金。只有纽约化工银行（Chemical Bank of New York）仍旧勉强维持兑换现金，所有银行不再提供铸币。此后，美国经济陷入彻底衰退之中。从缅因州到加利福尼亚州，大量企业破产倒闭，大多数铁路公司陷入债务危机，不得不进行资产重组和委托管理。最佳的铁路公司也不能幸免，比如密西根南部铁路公司（Michigan Southern）的股票也跌到了 3~5 美元的极端低位。那些抵押了资产的公司无法偿还贷款，

标志性金融公司的破产和倒闭往往是危机开始的标志。

不得不进行债券重组。这就是当时百业萧条的悲惨景象。

1861 年 3 月 4 日，美国经济和社会仍旧处于大恐慌的阴影之中，时任总统是林肯先生，内战开始了。当时，战争引发了社会动荡，但是恐慌并不十分严重。实际上，这次恐慌是从 1860 年 11 月林肯当选总统时就萌芽了，当时美国社会已经隐约预见到了南北冲突一触即发。1861 年发行战时纸币取代铸币也加剧了社会恐慌。

1857 年与 1837 年也深受纸币的困扰，当时到处都在流通所谓的小额纸币，其实就是一种小额票据，大部分是私人签下的欠条。这样的票据可能签发自各种各样的公司和行业的小企业主甚至个人。在纽约，许多这样的票据最后被银行拒绝承兑。

黄金恐慌引发的"黑色星期五"距离我写作本书的时间不算远，开始于 1869 年 9 月 24 日星期五，杰伊·古尔德是其中的关键人物之一，他与几位大佬联手操纵黄金价格，迫使空头回补。古尔德一帮人还企图对拿骚街的第十国民银行（Tenth National Bank）进行控制，为自己操纵融资。这家过度借贷超过 750 万美元给金价操纵者们，因此被卷入到这起事件中。政府派驻核查人员进入该行，查出了与黄金操纵案相关的几起丑闻，这直接导致了财政部次长辞职，也导致两家经纪公司倒闭，最终这家银行也关门了。

金价在这伙人的操纵和运作下，从 119.5 美元涨到了 162.25 美元。不过，政府抛售 500 万美元黄金的重磅利空一经出现，金价立即暴跌了 30%。黄金交易所不得不暂停营业，股票交易所也暂停营业，避免事态恶化。尽管"黑色星期五"并未引发经济危机，但是对于华尔街许多公司而言却是一场灭顶之灾。

接下来的恐慌发生在 1873 年，准确来说开始于 9 月 13 日。许多知名投行和券商倒闭了，例如浩维斯-美西公司（Howes & Macy）、肯永-柯克思公司（Kenyon Cox & Co.）、菲斯克-哈奇公司（Fisk & Hatch）以及杰伊-库克公司（Jay Cooke & Co.）等。整个恐慌迅速在全美范围内蔓延开来，公司破产数量每日暴增，华尔街成了大众焦灼关注的地方。

证券交易所为了避免恐慌性抛售，连续关闭了十个交易日。9 月 19 日，有 22 家证券经纪公司暂停结束，由此可见恐慌程度有多么严重。银行和信托公司集体陷入困境的谣言被广泛散布，由此导致了全民挤兑的风潮。为了筹集足够的资金来应付储户的提取，金融机构不得不停业。

纽约票据交易所于 9 月 20 日晚决定发行 1000 万美元的贷款凭证来解决资金问题，到了 9 月 24 日又发行了 1000 万美元的贷款凭证。三天之后，恐慌情绪加剧了。到了 10 月 20 日，票据交易所的贷款凭证总额已经达到了 2240 万美元，创出历史新高。

纽约证券交易所于 9 月 30 日再度开门营业。在纽交所关门期间，百老汇大街的一个股票和债券场外市场继续运营着。

1873 年这场危机的严重程度要远远超过 1907 年，花了很长时间才缓过劲来。1884 年的恐慌不仅影响到了华尔街，也扩散到更广阔的范围，不过华尔街受灾是最严重的。

1890 年，伦敦的巴林兄弟公司（Baring Bros & Co.）破产倒闭了。为了遏制危机的扩散，美国向英国出口了大量的黄金，以缓解后者的流动性紧缩状况。不过这一事件的影响范围并不大，并未冲击到华尔街之外的领域。这次危机持续的时间也不长，很快就结束了。

> 信贷的急剧扩张，累积到一定程度，再遇到外部冲击迫使信贷突然收缩，最容易引发猛烈的危机。

接下来的 1893 年，市场则非常恐慌。当时有超过 15000 家企业破产倒闭，造成危机的直接原因是此前信贷和商业，以及贸易的过度扩张。然而，这次危机的导火索是传言政府将金银比价定在 16：1 的高位，引发了抢购黄金的热潮。美国财政部持有的 2000 万美元自由黄金储备被挤兑一空，而纽约财政部分局的黄金持有量也大幅下降到了 870 万美元。为了稳定货币市场和经济，1893 年 2 月时任总统克利夫兰（Cleveland）开展了著名的黄金采购国债行动，从摩根–贝尔蒙特财团（Morgan Belmont Syndicate）手上购入合众国的国债。具体而言，财政部动用了 350 万盎司的黄金购买了价值 62312500 美元的国债，这批国债的利率为 4%。这样就打压了金价，避免了通货进一步紧缩的预期，恢复了信贷和经济的稳定。挤兑黄金热潮冷却下来了。政府开始大幅提升关税，这样就补充了政府的黄金持有量，超出了历史最高水平。

> 奥地利学派强调了信贷上的物极必反效应。

接下来要谈的是 1907 年恐慌。是什么原因导致了这场危机呢？与前几次一样，此前信贷和债务的过度扩张累积到一定程度就会出现"雪崩效应"。**危机爆发前的很长一段时间当中，商业贸易和投机行为都变得非常活跃，经济开始变得过度膨胀，以至于在宏观经济和社会的稳定方面埋下了祸根。**

事实上，我在危机爆发之前数月就已经发出了警告。倘若我们在提前降低信贷和经济发展的速度，那么一场严重的危机就会爆发。

为什么我能够预判出这次危机呢？我利用了自己熟稔的银行业知识，基于从 1857 年以来发生的几次危机，进而预测出信贷量的这种夸张增加会导致经济最终出现大调整。信贷与实体经济之间的失调持续时间越长，则后面的危机越大。华尔街那些富豪和投机客们沉浸在投机的盛宴当中，不断扩大失调的程度。当这种失调难以维系时，现金变得短缺，危机一触即发。

到了 1907 年 10 月 21 日，大众才开始瞬间意识危机存在。当天，商业银行（Bank of Commerce）通知纽约票据交易所，从次日起不再为尼克博克信托公司（Knickerbocker Trust Company）的票据提供交割了。与此同时，纽约票据交易所开始对商业国民银行（Mercantile National Bank）展开调查，要求所有董事和雇员立即辞职，为接管和筹集资金做准备。

重磅利空一出，大众变得恐慌起来，开始挤兑在尼克博克信托公司的存款，以至于这家公司不得不歇业。恐慌开始蔓延起来，美国信托公司（Trust Company of America）及其殖民地分部（Colonial Branch），还有林肯信托公司（Lincoln Trust Company）都遭到了挤兑。次日，位于布鲁克林的六家银行和一家信托公司也被迫停业，位于哈莱姆的汉密尔顿银行（Hamilton Bank）也同样停业了。

恐慌进一步加剧了，几乎所有的银行和信托公司都在遭受严重的挤兑。民众把挤兑出来的钱存了起来，并未储蓄到其他金融机构，这导致恶性通货紧缩出现了，金融机构同业短期拆借利率飙升到了 40%~50%，直到年末仍旧维持在 15%~25% 的高位。

纽约票据交易所开始协调会员银行采取行动，阻止存款挤兑行为的进一步恶化。到了 10 月 26 日，纽约票据交易所决定基于优质资产发行票据交易所凭证，可以代替现金使用，用来支付交易所日常结算差额。这项举措立竿见影，极大地缓解了银行的流动性压力，其他大城市的票据交易所和银行

如何识别危机爆发的临界点？从微观主体的资产负债表转折点上甄别信贷市场的转折点！

也纷纷效仿。此外，许多银行业开始发行自己的银行券，最小面值是 1 美元，相当于是存款支票。

我在本书的其他部分将进一步介绍这次恐慌的其他特征和细节，在这里需要再度强调的一点是恐惧情绪恶化了这次危机，恐惧与怀疑交互强化，信用陷入下跌螺旋，挤兑潮袭来，造成了信贷的严重收缩。为了缓解信贷压力，弥补公众囤积货币造成的缺口，政府竭尽全力，进口了大约 1 亿美元的黄金来缓解流动性压力。

引发通货紧缩的凭证不仅是那有问题的 8100 万美元票据，而且还有后续的挤兑潮。国内黄金相对国际市场黄金的溢价一度升至了 4%~5%。部分银行通过票据交易所结算的大额支付不得不暂停，只允许针对存户的小额支付继续进行。不幸中的万幸是到了 12 月 31 日，金价升水开始显著下降，到了 1908 年则不再有升水了。

跨市场升贴水、期限升贴水、信用升贴水都是非常有价值的市场信号。

在整个危机期间，雇主和企业主们很难有足够的资金来支付劳动力薪酬。在匹兹堡（Pittsburgh）等劳动力聚集中心，工资只能以银行凭证或者公司白条的方式支付。这些支付手段在当时非常盛行，以至于匹兹堡的公交线路接受其作为车费。

货币紧缩和信用混乱毫无疑问地阻碍了贸易发展，企业主和雇员都对未来忧心忡忡，商业和制造业处于艰难挣扎的境地。大量的工厂关门倒闭，使得几十万工人失业。

虚拟经济和实体经济交互作用的状态。

危机持续，1908 年 1 月 3 日，银行储备赤字为 11509550 美元。直到 1 月 11 日，票据交易所的报告才表明银行储备赤字消失了，变为盈余 6084050 美元，此后盈余最高的时候达到了 8100 万美元。

通过出口拉动，美国走出了危机。

为了缓解国内流动性紧张，我们在危机期间从欧洲大量进口黄金，进口总额估计在 1 亿美元左右，直到我们停止进口，英格兰银行（Bank of England）的利率才下降到了 6%。这表明美国对银行和信贷体系的影响力远远超过了欧洲对美国的影响力。美国重整自己的经济靠的是自力，没有寄希望于得到帮助，事实上也没有得到帮助。美国通过出口自己的资源获得了这些黄金，这些资源包括棉花、谷物、油气和铜等。这些资源对于欧洲经济和社会的发展非常重要，不亚于黄金对美国的重要程度。因此，双方的贸易是平等互惠的，遵守了契约精神。

不过，英国和法国政府事实上都在努力阻挠我们获得黄金，英格兰银行更是将利率升高到了7%来阻止黄金外流，直到我们停止输入黄金，利率都维持在如此高位。显然，它们想要保护自己的优势地位和银行体系，如果设身处地的话是能够理解的，不过对于美国的发展而言这是不利的。

英国阻挡不了美国，这是经济发展大势决定了的。

我们能够渡过这一难关表明美国的商业和经济体系是强健的，根基深厚，枝繁叶茂。我们对危机的承受能力，以及快速复原的能力，都表明美国是一个伟大的国家，无论是资源储备还是增长速度都是所有国家之中最为伟大的。

当然，我们也同世界其他国家一起分享了自己的发展优势和繁荣程度。我们通过对外贸易来发展与其他国家的良好关系，同时美国游客们每年在欧洲消费了大笔金钱，这也促进了它们经济的繁荣。倘若1907年美国游客在欧洲消费的1.5亿美元能够留在国内的话，那么美国就无须进口这么多的黄金来消除信贷紧缩危机了。

因此，欧洲理所当然地应该感谢美国提供的资源，在这个繁荣发展的年代，倘若缺少了美国的支持，欧洲的商业和贸易会变成什么样呢？

整体而言，整个国家在历经1907年危机时所表现出来的勇气与实力都是令人震撼的，恢复速度远远超出了预期和历史上的表现，经济复苏速度超过了1812年、1837年、1857年、1873年、1884年和1893年等历次危机。毕竟，当时美国的资源储备、财富总量和人口数量都超过了此前任何一个时期。

从1873年以来，美国银行金融业取得了长足的进步，从纽约票据交易所在危机时发行的票据数量就可以看出：

1873 年危机，发行了 1600 万美元票据；

1884 年危机，发行了 2100 万美元票据；

1893 年危机，发行了 4100 万美元票据；

1907 年危机，发行了 8100 万美元票据。

危机带来了负面的社会效应，但是也对经济健康发展起了积极作用。繁荣和过度扩张在美国银行业、铁路行业以及工业集团当中制造了大量投机泡沫和道德风险，而危机则清除了这些问题。因此，我们可以引用莎士比亚（Shakespeare）的话来讲就是"皆大欢喜"（All's well that ends well），也正如《圣经》所说"善有善报"（Out of evil cometh good）。无论如何，至少我们已经安然无恙地度过了险境。

来自欧洲银行界的声音对美国当下的宏观形势持有较为中肯的观点，它们也认为罗斯福总统无须为当下的危机承担任何责任。其中一位具有代表性的伦敦银行家是 H. H.拉斐尔（H. H. Raphael），他也是英国议会议员，具有很大的社会影响力，颇受社会各界的爱戴。他在 12 月的演讲中指出：

"我们认为美国总统罗斯福先生是勇敢的典范，是美国历史上最伟大的总统，我们钦佩他的勇气和独立谨慎。他无疑受到了美国人民衷心的拥戴。美国现在正在遭受金融和经济危机，他很好地处理了问题，正在带领美国人民走出困境。美国将很快恢复活力，继续高速发展，变得更加强大。"

他的观点非常客观，因此值得我在这里引用。在伟大的美利坚，倘若有一个人对国家的贡献超过了其他人，那么一定是罗斯福先生，他最有资格获得大众的拥护和爱戴。

第十四章

华尔街的喧嚣与繁荣
Booms in Wall Street

华尔街最近一段非常时期已经持续了很长时间，与历史时期比较起来呈现出一些差异。这段繁荣期并没有什么特别重大的事件发生，这是独特之处。大部分股票的价格已经创出了历史新高，当然它们的内在价值也在提升。华尔街时常吸引整个国家的关注，金融市场的波动总是会挑动公众的神经。

无论华尔街如何刺激大众的情绪，它只是一如既往地波动而已。那些习惯于依赖报纸的大多数人是很难意识到经济的本质与金融的趋势。我认为现在这次繁荣的基础是非常扎实的，并非人为刺激的牛市，也并非庄家联手操纵的原因。

华尔街与股市只不过是国民经济的中心之一，除了金融行业之外，其他行业也呈现出繁荣状态。无论是农场主、商人还是工人，他们都在各自行业努力打拼，根本无暇顾及华尔街的那些逸闻趣事。经济的整体繁荣一方面为股市上涨奠定了基础，另一方面也是实业领域发展的表现。华尔街并未与实体经济背离，并非例外，因此，无须国民额外的关注。

当然，还有另外一个因素促成这波稳健的牛市，那就是庄家力量的淡化。以往的牛市总是会出现某个标志性的庄家来带动市场，一种新奇的股价操纵手法会成为时髦。历史上那些牛市往往伴随着庄家的大量涌现，即便是观察力一般的人也能发现这一现象。每一波牛市的坐庄方法诞生于极少数天才人物或者财团，而其他人则是学生。例如标准石油财团（Standard Oil Combination），这个庄家秉承了从事实业时的低调，采用一种新颖的方式运作股价，在华尔街产生了深远的影响。

这个财团实力雄厚，其他组织都相形见绌，其操盘手也是冠绝当时，无人能及，他们超越了那些耳熟能详的庄家大佬们。例如，杰伊·古尔德尽管也经历过巅峰生涯，最终却难逃破产的命运。范德比尔特一度雄霸华尔街，在屡屡受困后以至于终生破落。

在标准石油财团崛起之前，多少投机大佬崛起了又陨落了。从标准石油财团开始，华尔街的面貌焕然一新，无论是坐庄还是大笔投机的思路都出现了根本变化。况且标准石油财团的资本异常雄厚，在运作时不必动用所有资金，这样使得它们操作起来更加有底气，也有更多回旋余地。在一些门外汉看来，标准石油财团只关注股票市场，实际上它们还参与许多不同的领域。

这帮人算得上是最伟大的操盘手，他们低调而严谨，操纵手法完美流畅。他们试图掩藏自己的才华和成就，冷静地对待大众的赞美，不愿意在媒体上抛头露面。他们的运作井然有序，从容淡定。他们究竟赚了多少钱，没有人知道。即便是华尔街历史上名声最大的人也无法望其项背。

这帮人反对鲁莽的操纵，提倡乘势借力的温和操纵，这与华尔街先前的主流是截然不同的。华尔街在这帮人的掌控之下，许多大名鼎鼎的金融机构都在为他们服务。他们的做法助推了牛市的发展，许多人因此而赚了一大笔钱。当然，即便在这样稳健发展的大牛市中仍旧能够听到亏损的传闻，不过这种亏损相对于整体的盈利而言仍旧是不值一提的。

这次牛市与上一次牛市的差别是显著的，上一轮牛市的驱动因素与这次是显然不同的。上一轮牛市似乎是人为的，一个华尔街明星人物引领了牛市的风潮，喧嚣的牛市让整个华尔街处于躁动之中。报纸杂志充满了令人血脉贲张的暴富股市，股市相关从业者高达百万人。股市在数月时间波浪式上涨，市场热情高涨。

引领上一轮牛市的明星人物是罗斯威尔·P.弗劳尔（Roswell P. Flower），他进入金融界之前曾任美国纽约州州长。他看起来就是一个普通人，但却是华尔街历史上最具传奇色彩者之一。他的言辞与其说优雅，不如说言简意赅。他走起来稳健有力，像一个健壮的农夫。他总是叼着一根巨大的雪茄，塞满了半边嘴，穿的衣服总是显得过于宽松，像口袋一样挂在身上。痰盂是他办公室必不可少的装备。他很少打理

思路才是出路。一切跃升，都是思路的根本性变异。

会不会借用大盘和题材，以及业绩的力量来运作个股是鉴别"莽庄"的要点。

和清洁自己的帽子，也经常忘记刮胡子。

弗劳尔没有接受过大学教育。从他身上似乎找不到任何优点，但是他的坦率和坚强却成了他广受选民和大众拥戴的优势。他善于思考，能够绕开那些困扰普通人的障碍，简而言之他善于创造性地思考。

大约二十多年前，弗劳尔作为其姐夫亨利·吉普（Henry Keep）的财产管理者进入华尔街。他掌控了大量的资金，并且稳健地增值。当他卸任纽约州州长之后踏足了金融界，此前他从未想过要在这一领域有何建树。也正因为他没有典型投机大佬的习气，因此在华尔街颇受尊重。另外，他还有一批忠实的粉丝，这帮人是纽约州两大党派的政客，他们也想要在华尔街一展身手。弗劳尔还同许多资本家有紧密联系，这都是他在华尔街上呼风唤雨的资本。

弃官从商之后，弗劳尔精心选择了几只股票进行资本运作，包括芝加哥燃气（Chicago Gas）、联邦钢铁（Federal Steel）和岩岛铁路（Rock Island）等。通过虚实结合，他将这几家公司的市值大幅提升。空头们开始时总是信心满满地狙击他，虽然偶尔会将其逼到绝境，但他总能峰回路转，赢得最后的胜利。

他在布鲁克林捷运（Brooklyn Rapid Transit）上的大手笔操作至今仍旧为人所称道。当时他突然大量买入这只股票，此前他已经蛰伏了数月。最初他在 6 美元的点位买入，股价很快在极短时间内飙升到了 138 美元以上。当时，纽约州几乎所有的政客都参与其中，赚得盆满钵满。

弗劳尔先生变成了华尔街炙手可热的人物，媒体争相报道，进一步增强了他影响市场舆论情绪与资金流向的个人魅力。运输板块成了龙头板块，带动了美国股市的整体上涨，狂热情绪不可一世。做空者屡屡受挫，每次做空之后都不得不在更高的位置回补。弗劳尔以美国精神作为旗帜，刮起了大牛市的旋风，大众坚信在任何价格买入美国资产都是安全的，美国资本市场前途远大。

如何展开创造性思考？如何跳出大众和自己思考的窠臼？

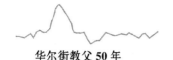

这次繁荣并没有在弗劳尔活着的时候终结。直到他去世后 30 多天,股市的泡沫才破灭。如果他能够多活一些日子,那么就能目睹这一灾难性的结果。

去世之前他身体本来并无异样。他按照计划去了乡村俱乐部度假,在狼吞虎咽了大量火腿与萝卜之后,饮用了大量冰水,引发消化道急症,最终救治无效而身故。

他的死亡冲击了华尔街的金融市场。洛克菲勒财团、范德比尔特财团以及其他大财团开始进场救市,总额投入了数百万美元。他们认为因为一个人的死亡而导致一个市场崩盘是非理性而可笑的。事实上他们忽略了一点:股价早已经上涨得离谱了,弗劳尔的死亡仅仅是导火索。股市的调整并未立即引发崩盘,原因之一是众多金融大佬进场护盘。那些杠杆过高的中小投机者在剧烈波动中破产了,不过实力雄厚的大玩家们却全身而退。等到股市真正下跌之前,大玩家们离场了,而普通玩家却因为持股而被套牢,最终惨遭大幅亏损甚至破产。

> 大佬护盘是因为事发突然,因此需要为自己离场创造时间。

回过头来看,这波牛市并非仅仅因为弗劳尔一个人促成的,还需要注意到资金面的情况。谈到这里,不得不提年轻的乔·莱特(Joe Leiter)。他主导了小麦期货的操纵。在他大举入市买入小麦时,小麦已经跌至了 60 美分/蒲式耳的低位。种植小麦的农场主背负着沉重的债务,大概有两三亿美元,债权人则是东部的资本家们。莱特将小麦价格推升到了 1 美元之上,数千农场主得以在高位卖出小麦,不仅偿还了债务还大赚一笔。**东部的资本家们也一下回笼了大笔资金,这笔资金开始盯上弗劳尔开启的牛市。**

> 社会资本的流向分析对大类资产配置非常重要。

J. P. 摩根(J. Pierpont Morgan)现在声名鹊起,他年轻时曾经在邓肯-谢尔曼公司(Duncan,Sherman & Co.)实习锻炼。后来,他与美国顶级银行家安东尼·J.德雷塞尔(Anthony J.Drexel)的关系亲密,合伙成立了德雷塞尔-摩根公司(Drexel,Morgan & Co.)。摩根先生负责该公司在纽约的分支机构。

德雷塞尔去世后，他取得了纽约公司的全部股权，过几年他父亲去世后又成了摩根伦敦大厦（London House of J.S. Morgan & Co.）的负责人。这样他就正式开启了摩根财团的传奇历史。

不久之后，他快速重组了里士满—西点铁路和仓储公司（Richmond & West Point Terminal Railway & Warehouse Co.），更名为南方铁路公司（Southern Raiway Co.）。此后，他又并购了几家小铁路公司，这些公司当时处于财务困境之中，管理存在严重问题。摩根将这些铁路公司合并为一家公司，成了全国规模最大的铁路公司之一。但他并不满足于此，他仅需重组雷丁和伊利铁路公司（Reading and Erie Roads），并且很快厘清了问题，提升了这些公司的市值。

在这个过程中，摩根与其他大股东有过几次交锋，因为他们认为摩根的想法过于鲁莽。期间，摩根频繁策略性地打压公司价值，逼迫股价下跌，然后他再低价买入，获得绝对控制权。**那些跟随摩根先生动向的交易者，基本上都赚了钱。**

另一个值得一提的人物是 S. V. 怀特（S. V. White），因为他是普利茅斯教堂（Plymouth Church）的执事（Deacon），因此也被称为怀特执事。他在数年前进行了一次精彩的另类操盘。在华尔街的知名操盘手当中，他是年龄最大的一个，也是备受关注的一个。因为他的投机生涯跌宕起伏，在获得大笔财富之后又全部失去。尽管如此，他仍旧积极进取，一往无前，一个 70 多岁的老人还在市场上天天拼杀，实属不易。

在华尔街上有一笔精彩的大交易，知道的人却并不多，而参与其中的约瑟夫·班尼根（Joseph Bannigan）也非常有个性。他当时是橡胶信托（Rubber Trust）的总裁，这笔交易曾经让相关公司受到热捧，不过真正知道来龙去脉的人大多是失败的对手盘。

班尼根是爱尔兰裔，文化程度不高。严格来说他是一个文盲，认不了几个字，更不会写字。最初他在新英格兰地区的一家橡胶厂打工，日薪为 1.5 美元。等到他去世的时候已经

> 做投机不能不重视主力动向。龙虎榜和成交明细，以及股东结构等指标都是洞察主力动向的工具。深入了解这类工具可以参阅《题材投机（2）：对手盘思维》一书。

> 商业制胜的核心是什么？是学历还是创意？还是对人性的把握？或者是对大势的把握？把握了商业制胜的核心就把握了价值投资的精髓！

坐拥 500 万美元的巨额财产了。他洞察力敏锐，颇具商业头脑，深谙商业价值和金钱之道。他非常节俭，在创立橡胶信托之后想要成为普罗维登斯（Providence）地区最大企业的领导者。

班尼根熟悉商业贸易方面的知识，尽管他在撰写商业信函的时候经常弄错数字的大小写，但这并不妨碍他爬上橡胶信托的总裁大位。同时，他还持有这家公司 5 万股份，这是一个不小的持股数额。

后来，这家公司的另一个大股东对他很有意见，想要排挤他。他深思熟虑之后发现最后的做法是退出。于是他将自己的股权证明塞进手提袋，乘坐晚上的轮船从普罗维登斯离开，一大早就来到了纽约。吃过早餐之后，他通过小巷子快步来到了证券经纪人的办公室。

在确信经纪人可靠之后，他说明了自己的来意：

"我想将手头的股份全部卖出去。5 万股全部卖光，一股也不要留。我委托给你，把它们抛到市场中去！"

经纪人回答说这是不可能的，因为这样会打压市价，当然也就不可能卖出好价钱。班尼根让经纪人继续说下去，并且询问有什么解决办法。

"首先你应该买入！"经纪人老到地说。

"不！我想要卖出啊，手头已经有这么多股份了，为什么还要买入呢？"

"这你就不用管了！**无论如何，你要先买入，为这只股票创造一个流动性最高大的市场，制造参与热情，等待抛售良机。那么，最终的高价卖出就是水到渠成的事情了。**"

"那么，我需要先买入多少呢？"

"大概 25 万美元吧。"

"但我没有 25 万美元现金啊！"

"班尼根先生，你可以的！以你的身份融资 25 万美元并非难事。"

当然，最后他还是被经纪人说服了。大约两周之后，经

反其道行之是为了借力和乘势！引出对手的反应，利用对手的反应，这就是利用对手盘的非理性！

纪人发了一封电报给他，要求他再加码 20 万美元买入。最初，他仍旧拒绝，不过最终还是听从了经纪人的建议。

他将借来的 20 万美元交给了经纪人。有了充裕的资本，经纪人就有充足的弹药继续运作股价了。一些善于解读盘口的交易者发现有大资金正在买入橡胶信托，当然他们不知道是班尼根的钱在进场。

班尼根的经纪人熟练地运作股价上涨，第一天买入，第二天卖出，增加成交量，提升活跃度，吸引场外资金参与，制造人气。随着人气高涨，一些游资开始介入其中，空头面临逼仓的危险。多头力量越来越强，他们想要把价格推升到 61 美元，而班尼根抓住时机在情绪高涨时卖出了手中的股票。

对倒成交量，造势造人气。

现在他成了一个手握巨资的大富豪。他把筹码倒给了那些毫无觉察的对手盘。当班尼根正式离场时，股价有所回落，他们却认为逢低买入机会。股价从 61 美元持续下跌到了 16 美元才企稳。

这笔交易颇具戏剧性，如果哪位编剧能够重视这些素材，加以恰当处理，那么会炮制出一出好戏来，以此获得大笔财富并且奠定业界地位。

当然，我对此事件的描述非常简单，实际上过程要复杂得多。一个刚刚踏入华尔街的新手很难有班尼根先生这么好的运气。A. B. 斯托克韦尔（A. B. Stockwell）就是一个明证。他现在还在华尔街不起眼的角落里混，不过他以前可是大红人一个。华尔街的明星很多，却没有几个寿星，他曾经快速崛起，似乎很快就会登顶。他一度非常富有，现在却寒酸至极。

年轻的时候，他在伊利湖汽船公司（Lake Erie Steamboat）里面干事。据说他的父亲在克利夫兰创办了一家车马租赁公司。当然，帮助他在华尔街上位的人并非其父，而是其岳父。在某次旅行当中，他碰到了商界大佬埃利亚斯·豪（Elias Howe），得到了后者的赏识。这位大佬的千金也相伴左右，并且看上了他。两人很快喜结连理。豪先生去世后，斯托克韦

117

尔夫人继承了家产，她把巨额资金交给了自己的丈夫。这样，一个名不见经传的人登上了华尔街的舞台。

斯托克韦尔将妻子的百万家产全部买入了太平洋邮政（Pacific Mail），并最终取得了这家公司的控制权。慢慢地，他从一个华尔街新人变成了大名鼎鼎的斯托克韦尔先生，他的雄厚财力和慷慨促成了关系网的快速形成。

当他完全掌控太平洋邮政之后，大家都称他为斯托克韦尔船长。他现在高居众人之上，大权在握，唯我独尊。他刚入主这家公司的时候，股价在 40 美元附近，后来股价涨到了 107 美元。他的账面财富飙升到了 1500 万美元。不过，好景不长，纸上富贵还没有来得及变现就成了南柯一梦。

当他想要离场时，股价已经跌了许多。**他被套牢了，想要抛售，但却找不到足够多的对手盘。**由于当初他买入的时候借贷了部分资金，现在一些债主开始上门讨债了。为了偿还债务，他不得不割肉卖出。这导致股价进一步下跌，最终跌到了买入价之下。在市场的恐慌中，他不仅亏掉了妻子继承的所有财富，而且还赔上了自己的声誉和地位。现在，他不再被人尊敬了，许多人甚至嘲讽他为"红头发的蠢蛋"。太平洋邮政这只股票从此辉煌不再，最光辉的时期也就过去了。此前，大名鼎鼎的伦纳德·杰罗姆（Leonard Jerome）也曾经在这只股票上大起大落。

伦纳德·杰罗姆和艾迪生·杰罗姆（Addison Jerome）也曾经在太平洋邮政这只股票上风光过。他们数次将该股价格推升到新高，不过最终还是功亏一篑，落得跟斯托克韦尔一样的结局。兄弟俩曾经是华尔街最杰出的操盘手，最后的落魄结局让人唏嘘不已。伦纳德·杰罗姆还有一个女儿名叫雷·伦道夫·丘吉尔（Lay Randolph Churchill），不过后者却并未得到什么遗产，之后有一处位于麦迪逊大街（Madison Avenue）曼哈顿俱乐部（Manhattan Club）的房屋产权。这项资产每年可以带来 15000 美元的租金收入，丘吉尔可以获得其中 1 万美元。

没有过足够非理性对手盘的交易是"过度拥挤的交易"，也是"愚蠢的交易"。

华尔街曾经有几波大行情，例如基恩（Keene）、古尔德和范德比尔特等引领的牛市，这些行情具有很大的泡沫成分，泡沫破灭后华尔街一片狼藉。

最近数年大众开始对托拉斯（Trust）等垄断组织表示关注。其中，最引人注目的商业寡头是约翰·D.洛克菲勒（John D.Rockefeller），他肯定会被未来的史学家定义为19世纪商业史中的伟大人物。我所说的历史指的是经济和商业史，并不牵涉政治，不涉及君王、总统或者政治集团。诸如麦考利勋爵（Lord Macaulay）和约翰·巴赫·麦克马斯特（John Bach McMaster）等史学家就是如此看待和撰写历史的。

从这个角度出发，那么洛克菲勒就是当前时期最具实力的商业人士，他与丹尼尔·布恩（Daniel Boone）一样，进入到了一个此前无人涉足的领域，承担着巨大的风险，最终功业彪炳。

丹尼尔·布恩是美国历史上最著名的拓荒者之一。他的名声源于在肯塔基州勘探殖民期间的业绩。

洛克菲勒的事迹可以从商业史中获得，从纽约州泰奥加县（Tioga County）的一介布衣，到现在缔造其庞大的商业帝国，他的人生堪称一段脍炙人口的传奇。他生于1838年，从小受到严格的教育，家庭环境富有宗教氛围，经常出入教堂。他生性正直，可靠，值得信赖，积极进取。在年轻时，他就兼具了成功需要的要素，堪称青年人的典范。据说洛克菲勒进入石油行业是受到了学校校长的指点。

最初人们使用鲸鱼的油脂来点灯，这种油脂的价格为每加仑1.5美元。后来人们在宾夕法尼亚的河道里发现了黏稠难闻的石油。再后来，洛克菲勒思考出了提炼石油的方法，最终将石油的制成品卖到了全世界，并因此获得了巨额的财富，这让人想起迈达斯（Midas）的寓言。

一切还要从头说起，洛克菲勒在21岁的时候认识了休伊特（Hewitt），两人合伙从事仓储和农产品行业。后来，宾夕法尼亚州发现了石油，进而导致了勘探石油的热潮。一些贫穷的农夫因为田产下面蕴藏石油而一夜暴富。人们蜂拥而至，都想要从油田上发财。

洛克菲勒并没有被人群的亢奋所蛊惑。最初克利夫兰的朋友邀请他去投资油田时，他认为还不是时机，因为狂热情绪表明这并非好事。他等待了一段时间，然后与熟悉精炼工艺的塞缪尔·安德鲁斯（Samuel Andrews）一同进入了石油精炼行业，这家公司后来被命名为洛克菲勒-弗拉格-安德鲁斯公司（Rockefeller, Flager & Andrews）。这家公司发展迅速，不断拓展业务领域，到了 1870 年，投资百万美元组建了标准石油公司（Standard Oil Company）。这家公司进行了一系列创新，例如通过管道向海港城市输送原油等，原本没有经济价值的炼油副产品被利用起来，创造出了数百万美元的利润。

标准石油公司的客户遍布全世界，规模优势大大降低了成本，将竞争对手抛在了身后。强大的竞争优势带来了丰厚的利润，光是 1899 年一年的额外红利就超过了 2300 万美元。

洛克菲勒先生将自己的成功归因于年少时的严格教育，他是虔诚的宗教信徒，深信一分耕耘一分收获。他坚信努力和意志力可以征服整个世界，从人类社会到自然界莫不如此。他身上颇有古代哲学家的气质，尽管他是一个现代的商人。

他不仅在实业领域影响甚广，同时也在金融领域呼风唤雨。他和合伙人持有大量的铁路证券，华尔街也要敬畏几分。他应该是美国最富有的人，也应该是人类有史以来最有钱的人，他创造了个人财富积累规模的纪录。当然，他也是一个对社会和人类有责任的伟大人物，他慷慨地向教堂和慈善机构捐助了大量的资金，除此之外还对学校进行了大量捐赠，其金额超过了另外一位商界巨子安德鲁·卡内基（Andrew Carnegie）。他们都坚定地认为最大的慈善在于助人实现自我价值。

20 世纪初的华尔街投机狂潮
Wall Street's Wild Speculation，1900~1904

　　山重水复疑无路，柳暗花明又一村。谁也想不到，当鼓吹白银政策的布莱恩（Bryan）没落，而麦金利（Mckinley）连任总统成功时，华尔街从恐慌与衰退之中瞬间满血复活。大量资金迅速涌入资本市场大举买入各类有价证券，资产价格飙升，好似吉尔德罗伊的风筝（Gilderoy's Kite）一样。

　　不久之后，散户们开始蜂拥而至，股票市场成了他们的乐园，一波大牛市完全展开了。许多人将口袋里面的最后一块钱也压在了股票上。

　　投机热潮是操纵股价谋取大利的好时候，许多资本大佬都参与其中，例如一些詹姆斯·R.基恩（James R. Keene）代理的石油系财阀们。他们逢低吸纳一些筹码，然后拉升股价，期间还要洗盘提升对手盘的平均持仓成本。

　　股市疯狂的同时，企业大规模并购也开始了。资产重组和并购的大戏不断上演，涉及的行业很多，有工业、铁路运输以及资产信托行业等。这段时期的资本市场经常出现"蛇吞象"的并购。**并购成了操纵股价上涨的噱头与题材。**一些并购重组的企业上市交易后，大股东开始操纵股价，大众一拥而上疯狂买入，股价飙升。许多人买在了最高价附近，而大股东们则趁机减持，高潮过后一地鸡毛。

　　当时，一些谨慎而有责任感的人士和银行机构发出了警告之声，我也在此列，不过市场不为所动，直到 1902 年 9 月这场资产价格膨胀的投机盛宴才停止。如果泡沫继续吹大，再延续半年时间，那么后果不堪设想，经济将崩盘，那时所有行业和领域都会受到毁灭性的打击，如同 1857 年、1873 年一样。

　　我是最早发出警告之声的人士。早在 1902 年 9 月 13 日的每周信札当中，我就提醒大众要在投机盛宴结束前及时离场，不要继续疯狂下去：

　　"倘若一个人完全不顾后果或者看不到后果，那么他就是一个醉汉。醉汉在酒精的

作用下毫无理智，完全不顾法规和命令。他无视客观事实和征兆，随波逐流。现在的股市和大多数股民就处在这种状态之中。

很长一段时间之内，股市持续上涨，因此他们认为股市一直涨下去，所以不断买入。他们忽略了一切不利因素，他们不惧怕高价，漠视流动性紧缩和利率提高。经济陷入衰退的警告和罢工都会影响他们的乐观情绪。他们不断买入，固执己见地持有，但是信贷和流动性紧缩已经迫在眉睫了，他们却视而不见。

我建议那些想要买进股票的人应该冷静一下，不要再追高了。**我认为如果黄金进口减少，那么货币市场的流动性将处于困境。全国的经济活动以及农产品收成导致利率走高，而这不利于证券市场的表现。因此，我奉劝那些持股者应该尽早离场，否则将承受股价下跌带来的资本损失。"**

浮华褪去，市场的热情被下跌浇了冷水。股价大幅下跌，不过这对于经济是好事。如果任由泡沫继续吹大，那么后果会变得更加严重，股价下跌幅度会更大，恐慌持续的时间会更长，几十万散户的钱将全部打水漂，大部分资本大佬们也难逃一劫。现在泡沫更早破灭了，虽然许多投机客仍旧遭受了巨大的亏损，但是美国经济却幸免于难，没有陷入大萧条之中。1903 年的华尔街陷入到了危机之中，不过对于美国社会和经济而言却是幸运的。华尔街的谨慎人士促成了经济软着陆，否则一场大风暴将跨越大西洋和太平洋，波及全球经济的繁荣和社会的稳定。

1901 年在美国金融史上是非常重要的一年，华尔街是焦点所在，它受到了全球的瞩目。南北战争时期的华尔街也没有受到这样的关注。股票市场处于极度亢奋之中，各种资本游戏上演，资产价格空前膨胀。需要大量的篇幅才能准确描述当时的历史，进而提供借鉴，不过这已经超出了本书的体量。

当时资产价格的飙升，震惊朝野，谨慎的商人们根本看

影响股市大盘走势的几个关键因素是业绩预期、基本利率水平和风险溢价，以及股票供给量和新增入市资金等，建议参阅《股票短线交易的 24 堂精品课》一书。

不懂到底是怎么回事。为什么证券市场会如此亢奋呢？

第一，铁路和工业公司的大规模资产的高价并购，例如北太平洋铁路公司的并购与股价操纵。

第二，股票投机风潮全民扩散，不劳而获赚快钱的投行思潮泛滥。

第三，美国从欧洲的债务人变成了债权人，激发了资本市场的信心和想象。

第四，玉米等粮食作物歉收，提供了相关板块的炒作题材。

为什么证券市场最后又暴跌呢？

第一，除了粮食和铁矿之外，大宗商品价格下跌。

第二，许多并购重组后的大企业收入和利润大幅下降，股息也跟随下降。

股市暴跌哀鸿遍野。以联合铜矿公司（Amalgamated Copper Company）为例，其股价迅速下挫，几千股民亏掉了全部身家。股价最初涨到了130美元的高位，庄家逢高出货，并且反手做空，股价很快又跌到了60美元。据说庄家从一涨一跌中总共赚取了5000多万美元的利润。不过，这只股票跌到60美元后并没有见底，此后继续下跌，再度腰斩，得到了32.5美元才企稳。

对华尔街情况有基本常识的人而言，对历史事件的简要描述也与长篇故事一样提供有滋有味的感触。对于那些股票市场的参与者而言，同样的讲述则能引发更深的共鸣和更大的情感波动。毕竟，股市的跌宕起伏对于交易者而言意味着酸甜苦辣，报价机每天都在讲述扣人心弦的故事。报价机如同丁尼生的小溪（Tennyson's Brook）一样，在交易期间持续地发出扣人心弦的声响。股票市场和投机对于交易者而言如同呼吸一样，不可或缺。

1901年的纽约证券交易所的成交量出现井喷，彰显了投机的精神，也是那个时期大众信心满满的象征。上半年的股票总成交量为175800600股，债券总成交金额为637100800美元。股票成交量同比增长了109906300股，债券成交金额同比增长了346900700美元。

成交量随着价格上涨而增加。

1月7日的成交量为2116500股。

4月30日的成交量为3271000股。

接着，北太平洋铁路操纵事件发生。

5月9日市场出现恐慌，股价暴跌，恐慌蔓延，记录下来的成交量只有3073300股。

整个市场处于恐惧之中，融资机构只敢观望，股民如惊弓之鸟，不计成本地抛售。许多参与者破产，华尔街如同剧震一般，慌张和愤怒情绪扩散。

在大跌之前，投机氛围高涨，无论是小散户还是大佬基本都沉浸在乐观情绪之中，这让我想起一首英国诗人拜伦（Byron）的诗，描述了滑铁卢战役（Battle of Waterloo）之前礼炮声与音乐交织的场面：

诗歌就不翻译了，原汁原味去读吧。

"On with the dance! Let joy be unconfined;

No sleep till morn when Youth and Pleasure meet

To chase the glowing hours with flying feet.

The lamps shone o'er fair women and brave men;

A thousand hearts beat happily;

And when music arose with its voluptuous swell,

Soft eyes looked love to eyes that spake again,

And all went merry as a marriage bell;

But hush! hark! a deep sound strikes like a rising knell,

Arm! arm! it is-it is-the cannon's opening roar!"

幸运的是，在北太平洋铁路控制权争夺战中，原本对立的双方最终携手合作避免了事态恶化。最初，双方都不顾一切地在市场上抢购股份，以至于价格涨到了令人恐惧的高位，但卖盘却消失了。当北太的普通股涨到 1000 美元的高位时，证交所其他的股票遭殃了，下跌了 15%~50% 不等。

由于持有北太股票空头头寸的交易者不得不卖出其他股票来获取资金，这导致其他股票普遍下跌。

整个股票市场都变得岌岌可危了。于是，争夺北太控制权的大佬们不得不从大局出发，携手恢复市场的信心。摩根财团、希尔-伯灵顿-大北方铁路财团（Hill-Burlington-Great Northern Party）、库恩-勒布公司（Kuhn, Loeb & Co）和哈里曼—联合太平洋财团（Harriman-Union Pacific Party）就北太的股权达成协议。

协议宣告的次日，股市大盘快速回升。尽管如此，前日仍旧有许多人破产了。不过，股市报复性反弹后又遭遇新的抛压，进而创出新低。

经济步入到了衰退之中，信贷紧随，企业破产。

衰退之后就是复苏了。

北太控制权之中导致了两大财团派系的和解，摩根财团和库恩–勒布公司共同组建了北方证券公司（Northern Securities Company），而摩根先生出任董事长。希尔—伯灵顿—大北方铁路财团与哈里曼–联合太平洋财团则将自己持有的股份交给了这一合资证券公司管理。北方证券公司则发行了自己的股票，来交换两大财团持有的北太股份。

但是，事情进展并不顺利。1901 年，最高法院裁定北方证券公司违反了反垄断法，因此必须拆分，这样就引起了新一轮的股权冲突。公司董事会提议按照此前股权投入比例进行拆分。不过占比最大的联合太平洋公司总裁哈里曼则要求拥有北方太平洋铁路的控股权，因为此前他入股了 7800 万美元。希尔方面当然表示反对了。双方的矛盾引发了一系列的法律诉讼，由于争议较大，因此当时很难预测最后的结果。

1901 年当中证券交易所交投最为活跃的一个月份是 4 月，总成交量高达 41689200 股，日均成交量为 1812600 股。4 月 24 日，联合太平洋铁路的股票总共成交了 652900 股，成交量火爆，投机氛围浓重。

次年，资本市场急剧膨胀，显著超过了上一年，甚至远远超过了 1899 年。证券市场牛气冲天，大型资产信托如雨后春笋般生长起来。美国钢铁公司（United States Steel Corporation）的大型融资活动对整个股市的冲击很大，这次公开发行涉及 508478000 美元的普通股、510277300 美元的优先股以及 304000000 美元的债券。

在火热的牛市氛围中，资产重组热潮在全美各州掀起来了，特别是在制造业领域。大家都想在资本领域大捞一笔，股民成了它们捞金的对象。最终被欺骗的是这些可怜的散户，他们遭受了大部分亏损。许多上市不久的股票破发了，甚至一文不值，因为许多上市公司其实根本没有价值，就是一个骗钱的把戏而已。整个市场的热情被浇了一盆冷水，股市谋生实属不易。

如何观察和度量市场情绪？巴菲特有一些老道的方法，大家可以从他的历年报告中归纳一下。

125

全美各州冒出来许多新企业。例如，1901 年仅新泽西州就出现了 2346 家新企业，股本高达 4773702000 美元。该州此前一年则成立了 2818 家新公司，股本总额为 1350208400 美元。这种情况在整个美国都非常普遍，比如纽约、俄亥俄州和得克萨斯州就热衷于利用资本市场缔造新的大型公司。

实际上直到 1850 年，商业和制造业领域的企业还没有出现大规模的股份制，不过此后也开始像铁路运输行业一样出现普遍的股份制。1848 年，纽约首次通过了制造业法案（Manufacturing Act），制造业企业可以基于这一普通法案创建自己的公司组织形式。这部法案不仅对股份作了要求，也设置了其他一些条件，比如并购要件等。

1850 年之后，美国在人口规模、工农商业、金融业和铁路运输业等方面都有了飞速的发展。就金融业来讲，三大产业和经济社会的整体发展催生了信托业的大跃进。当然，这种发展是在法律许可的范围之内展开的，在美国这种法律许可是很宽松的，以至于英法等欧洲国家的公司和资本家很难找到像美国这样的国家对金融资本如此友善和宽容。在欧洲大陆，法律特别对金融类公司的权利进行了严格限制。因此，信托公司这种形势在美国遍地开花。

信托行业的大发展离不开银行界的努力。1882 年，美国信托公司的存款总额是 144841000 美元。十年之后的 1892 年，信托公司的存款总额是 411659000 美元。到了 1897 年，随着制造业公司并购潮来临，信托公司的数量和规模暴增，无论是大城市还是小城镇都出现了大量的信托公司。

信托业的迅猛发展，逐渐成了银行业的强大对手，因为前者逐渐抢了后者的部分客户和业务，以至于威胁到了银行业的生存和发展。为了应对挑战，银行业也进行了洗牌和并购。

1902 年 6 月底，信托业的存款总额是 1525887000 美元。十年的时间里，信托资金增加了 1114228 美元，接近全国银行储蓄总额的 1/2。事实上，截至 1902 年 7 月 16 日，全国银行储蓄总额为 3098875772 美元。

场外新资金入市是牛市的特征之一。

此外，在纽约市，信托公司的总资金超过了银行的储蓄金。我们来看具体的数据：

1902 年 9 月 15 日，纽约市所有银行的储蓄金累计为603565374 美元；而信托公司递交的监管报告显示当年 6 月30 日，信托资金高达 760776124 美元。**通过这一对比数据，可以看出社会的资金大动向。信托业兴起了，银行业衰落了，资金从银行储蓄流向了证券市场。**

银行存款大搬家！

同样是在 1902 年，有几个重要的因素在影响着美国金融业的大格局。第一，上一年玉米等作物歉收，当年转而丰收；第二，美国银行业面临资金短缺的局面，新的信托大量涌现，企业的融资发债需求从传统的银行业转向证券为主的资本市场；第三，进口增速上涨，而出口则出现了恶化，大幅下降；第四，制造业上游的原材料成本激增，同时劳动力成本也大幅上涨；第五，资本市场的大佬们正在如火如荼地进行铁路和工矿企业的大型并购；第六，证券市场上活跃着若干派系，它们从银行以较高利息融得资金，在铁路等板块上进行投机。比较出名的派息有"芝加哥帮"（Chicago Crowd）和"匹兹堡帮"（Pittsburgh Crowd）。

当市场投机情绪持续高亢，能够进场的资金都已经进场，再也没有新资金和新股民能够进入市场了，这时候牛市的终点就来临了。这场投机泡沫的盛宴在当年 9 月达到高潮，在此之前我与一些谨慎睿智的银行金融家们一起发出了警告。

1902 年，约翰·W. 盖茨（John W. Gates）联手其他资金雄厚的投机大佬大举买入路易斯维尔–纳什维尔铁路公司（Louisville & Nashville Railway）的股票。这是他最后一笔精彩的操作，他从中赚取了数百万美元的利润，在华尔街如日中天。此后，他就开始走下坡路了。

我们回到盖茨在路易斯维尔—纳什维尔铁路的股价运作上。他凭借在这次运作从摩根财团手上获得了 1000 万美元的收益。在盖茨大举买入这只股票，并且获得了这家公司的控制权时，摩根财团的一个高级合伙人帕金斯（Perkins）先生

在凌晨三点的时候紧急约见他。他们在华道夫–阿斯多里亚酒店（Waldorf–Astoria Hotel）进行谈判。

显然，帕金斯到达酒店的时候发现盖茨已经睡着了。为什么摩根财团会开出这么丰厚的条件呢？因为如果让盖茨来控制这条铁路线，按照他大胆莽撞的个性很容易让整个南部铁路系统的运营陷入混乱之中。盖茨先生在摩根财团看来就是一头闯入瓷器店的公牛，所有瓷器都处在危险之中。帕金斯先生需要给出丰厚的诱饵把这头疯牛哄出瓷器店。

盖茨当然也揣摩出了对方的动机，于是他对帕金斯说道："既然你们对这只股票如此感兴趣，想要进一步控制贝尔蒙特董事会（Belmont Board），捍卫你们在南方铁路公司（Southern Railway）的利益，那么我就忍痛割爱吧。不过，我有一个条件那就是开价要比我的成本价高出 1000 万美元。"帕金斯先生非常高兴地同意了这个条件，他们很快达成了交易。最终出面与盖茨达成交易的是摩根财团旗下的大西洋海岸航空公司（Atlantic Seaboard Air Line）。

盖茨在路易斯维尔—纳什维尔铁路公司的运作属于投机行为，当然会承担不小的风险。他在这笔冒险投机中的胆量远远超过了希尔通过大北方铁路并购伯灵顿—昆西铁路（Burlington & Quincy）的胆量，也超过了摩尔兄弟（Moore Brothers）操纵岩岛铁路股价的胆量。

盖茨买入这只股票纯粹是投机性质的，并未想要管理这家公司。不过，他运气很好，最终能够以高价将筹码卖给那些有所忌惮的人。

如果我们能够将 1901 年、1902 年和 1903 年股市的主要因素进行对比分析，会得到许多有意义的结论。1903 年的股市成交量远远逊色于 1902 年，不过两者的差值没有 1902 年和 1901 年的差值大。1901 年是成交量最大的一年，当年投机活跃度非常高，让所有市场参与者都激动不已。

具体的年度成交量数据如下：1903 年股市总成交量为 161099800 股；1902 年股市总成交量为 188497600 股；1901 年股市总成交量为 265945700 股。

1903 年成交量最大的月份是 1 月，成交量为 16002300 股。1902 年成交量最大的月份是 4 月，成交量为 2625800 股。1903 年成交量最小的月份是 11 月，成交量为 10731000 股。1902 年成交量最小的月份是 6 月，成交量为 7884900 股。

1903 年初，钢铁的贸易指标仍旧处于上升状态；农业增收；铁路运输公司收入增长，铁路公司扩大了资本支出，投入大笔资金来购买设备；商业和制造业整体呈现繁荣景象。当时，美国经济对钢铁的需求量强劲，以至于国内的钢铁生产处于供不应求

的状态。资本市场上的各路资金也热捧钢铁股票，大举买入。

但是，形势在 6 月急转直下。钢铁行业的景气指标突然拐头下跌，需求骤减。各个行业都受到了负面冲击。到了 11 月，许多商品的价格腰斩。**从当时的经济表现来看，这波开始于 1899 年景气周期似乎就此结束，其主导行业是钢铁。**

到了 1903 年年末，钢铁贸易又有了好转迹象。美国钢铁公司的财务报表也发出了积极的信号。此前不久，这家公司因为业绩显著下降，不得不暂停支付普通股红利，但是企稳后继续支付 7% 的优先股股息。不过，这点股息只是杯水车薪而已，因为那些在高价大举买入的交易者在股价大幅下跌后承受着巨大的亏损。1904 年，钢铁贸易恢复了缓慢但是稳健的增长。

资本市场上，1903 年年末股票阶段性抛售结束了，市场又重回到了稳定的状态。1904 年贸易前景不明朗使得许多资金在场外保持观望。铁路运输和工业制造行业的利润大幅下降，商业也在走下坡路。由于此前数年信贷过度刺激导致了经济的过度扩张，现在进入了调整瘦身阶段，工业制造步入收缩阶段。

回过头来看，1901 年是通货膨胀最为严重的一年。1902 年，出现了短期调整。1903 年，经济的波动变得剧烈起来。1903 年和 1904 年初期的棉花市场出现了一波疯狂的牛市，参与其中的大玩家包括纽约的丹尼尔·J. 萨利（Daniel J. Sully）、新奥尔良（New Orleans）的威廉·布朗（William P. Brown），以及美国南方的一些资本派系。

大的背景是棉花产量显著下降了，而多头主力的投机操作则是火上浇油，棉花价格气势如虹，大幅上涨。棉花价格从最初的 8 美分上涨到了 17 美分，接下来进入高位横盘波动。萨利先生变得越发胆大妄为，他想要将棉花价格抬升到 20 美分的高位。不过，因为他手中的资金并不宽裕，因此难以实现这样的操纵目标。

最终，价格在暴涨之后迅速暴跌。暴涨的时候，萨利先

如何分析和预测经济周期最有效呢？从分工的角度把握新旧主导行业的交替过程以及主导行业的业绩变化。

聪明的庄家和投机玩家能够清晰地认识到"自力"和"他力"的恰当比例，不会过分依靠前者而忽略后者。

生的账面利润高达数百万美元，暴跌把他打入万劫不复的境地。

棉花价格的泡沫突然破灭对于投机者而言可能不是好事，但是对于纺织厂和服装厂却是好事。此前棉花价格暴涨，沉重地打击了纺织服装行业，许多企业濒临破产倒闭。

投机者只有懂得如何处理暴利才能成为"寿星"。投机绝不要压上全部身家，要用亏得起的钱来做。投机是以小博大，投资是以大博更大。

对于萨利而言，棉花就是一场难以承受的投机冒险之旅，最终他破产了。从这件事情上，我深刻体会到一点：**投机是暴利游戏，同时也是暴亏游戏，你可以利用它一炮而红，但是却不能利用它安身立命。**

我们再来看看当时其他国家的情况，以加拿大为例，1903 年它在许多领域有巨大的发展，比如农业取得了大丰收，有 15 万移民进入，同时商业和金融行业的业务快速增长。

战争往往大幅增加政府赤字，自然使得公债的价格下跌，市场利率上涨。

再看同时期的英国，其公债价格暴跌，跌至长期低点，这体现了南非战争（South African War）留下的后遗症。法国则是欧洲经济和金融表现最佳的国家。德国的工业生产终于复苏，将整个国家的经济从此前的过度投机和银行倒闭的困境中拯救出来。

美国出现了新的工业并购潮，大家最为关心的问题是通过并购能否大幅提高效率、降低成本？如果并购重组仅仅是产权的变更和规模的扩大，最终会不会因此成本上升和收益下降而像造船业托拉斯一样倒闭？如果是这样的话，许多资本市场上的大型重组活动也难逃同样的命运，这些活动实质上是资本游戏，其中隐藏着太多欺诈，根本就不顾普通股东的利益，当然也不符合法律。

资本市场野蛮生长的阶段，难以避免这种混乱的行为。

在这样的股票市场中要想获取收益，必然承担很大的风险，经常会受到"丑闻爆雷"的影响。**这些欺诈和误导隐藏在招股说明书和财务报表之中。**公开的材料和信息对于投资者而言往往缺乏实际价值，不能给出任何符合实际情况的信息和结论。

放到今天，仍旧具有现实的意义。题材只能投机，价值才能投资。

华尔街和银行界应该阻止那些不必要的资产并购和重组行为，这些行为并非为了提升企业的经营效益和全体股东的

价值，而是为了追逐小团体的权力和利益。我在之前的章节已经提出并且反复强调这一观点了。

另外，新股公开发行价格虚高，股市整体估值过高等特征表明证券市场的泡沫化程度过高了。股市新手们在高位大举买入泡沫化程度严重的工业股和铁路股，承担了难以承受的过高风险。

股价如此之高，以至于大多数股民都已经缺乏购买意愿或者加码能力了，投资价值已经消失了。股市沦为了击鼓传花的投机斗兽场。市场上仍旧热炒新信托基金参与铁路资产并购重组的题材，这样的题材每每都给资本大佬个人带来了数百万美元以上的账面利润。

其中一些大佬参与了美国钢铁公司的原始股投资，在上市后迅速抛售，获得了百万级别的财富。还有一些人在美国西部参与工业企业的私募股权投资，还有一些公司在华尔街上市以后抛售股价，进而赚取了大量的财富。

融资的难易程度决定了资本市场的大环境。当银行从这些大佬那里催收贷款时，或者是拒绝提供新的融资时，这些大佬就缺乏推升股价所需要的充足资本了。他们突然成了离开水的蛟龙、离开风的雄鹰。

1903 年，证券市场因为大小玩家的大规模清仓出现了大幅下挫。**股价下跌与银行收紧融资促使许多有钱人抛售铁路和工业热门股。许多人为了获得急需的流动性不得不贱卖自己的资产，许多人破产了。**

萧条来临，手里握着资产却找不到足够买家的富豪们只能在经济寒冬中坚守，他们的策略是等待经济周期向上，这样他们就会再度迎来资本的盛宴。**太阳底下并无新鲜之事。历史总是反复重演，**在寒冬的时候我们应该抱有希望，正如一首老歌唱的那样："好景会再来，伙计，我们只需要耐心等待！"

因此，如果我们想要穿越华尔街的盛衰沉浮，穿越股市的牛熊周期，就必须比普通交易者更加牢记华尔街和金融市

那时候数百万的购买力超过现在的数百亿。

2015 年的股灾也是融资条件急剧收缩引发的。不懂得各经济主体的资产负债表，不可以做大类资产配置。

如何高效进行逆周期的资产配置？

场的情绪变化规律。

当牛市走完步入熊市的恐慌绝望阶段，大众变得怀疑股市大佬。在牛市的时候，他们热衷于打听和追随大佬们的动向，因为深信庄家和主力主导着行情。不过，等到熊市来临，这些大佬们就丧失了权威，大众不再尊重他们，华尔街不再崇拜昔日的偶像。

新的题材，新股上市，新的并购和重组在熊市中乏人问津，即便是满怀善意和判断力的投资项目也遭到怀疑。牛市充满了欺诈、疯狂和轻信。等待熊市降临，所有的泡沫和梦想都破灭了，怀疑和恐惧开始主导市场情绪。

对于经济和金融的健康发展而言，市场调整未必是坏事，也有许多有利的方面。轻信和狂热导致了资产价格的膨胀，市场暴跌伴随着怀疑和谨慎，这就使得一切无效和虚假的因素被清除，为市场的健康发展提供了前提条件。

当资本市场萧条的时候，大企业发行新证券会遭遇困难，它们只能以较高的利率，比如 5%~6% 的利息从银行寡头那里借入一到三年的债务。高息借贷埋下了隐患，违约风险很高。

美国经济活力十足，因此能够最终渡过难关，重新恢复过来。我们大步向前，乐观主义精神鼓舞着大家。**华尔街的波浪式发展体现了美国经济的曲折前行，股市是经济的晴雨表，无论萧条还是繁荣都会提前反映在股市之中。**

不懂市场的情绪周期，不能做投机，更不能做投资！

牛市高点，场外大量资金寻找操盘手；熊市底部，优秀的操盘手却找不到愿意入市的资金。风险高的时候，资金充裕；机会大的时候，资金匮乏。这就是资本市场资金与机会的背离。大多数资金追逐的机会都不是真正的机会！

华尔街大佬的盛衰沉浮录
The Ups and Downs of Wall Street

虽然本章的标题是讲述华尔街风云变化的历史，但我想在本章介绍一下华尔街历史上曾经呼风唤雨的大人物。通过讲述这些教父级人物的故事，我们可以更加直观和深刻地理解华尔街的兴衰历史。

这些人往往以火箭般的速度崛起，然后又以流星般的速度陨落。第一个我要讲述的大佬是雅各布·利特（Jacob Little），他至今仍然位列华尔街历史上最有影响力百人名单中。

利特 1857 年恐慌之后逐渐淡出金融市场。**南北战争开始后，他持续加码做空，在通胀浪潮中破产了。**他在南北战争胶着之际的时候去世，享年 60 多岁。

利特无论是相貌还是生性都怪异。不过人不可貌相，海水不可斗量，他凭着才智和资本在华尔街纵横二十多年。他从 1835 年开始交易股票，几乎是自学成才的。

到了 1837 年，他就开始崭露头角。他擅长做空，因此成了华尔街出了名的空头。在金融危机和恐慌中，美国资本市场暴跌，他的操作顺利，大获其利，以至于他在当时被称为美国有史以来最伟大的空头。他准确地把握了金融危机带来的大机会，在经济一片萧条的衰退阶段，他的财富却如滚雪球一般越积累越多。

1846 年之前，他迎来了自己金融生涯的巅峰，在华尔街拥有无可置疑的领袖地位。不过，接下来他陷入严重的困难

战争发展过程中，大类资产的价格变化是否存在规律？黄金、国债和股票以及大宗商品可以作为战时资产变化的主要研究和交易对象。

之中。并非因为他是一个死空头，而是因为他在诺维奇-伍斯特铁路公司（Norwich and Worcester Railroad）股票上做多。当时，他计划和波士顿财团合作获得这家公司的控股权，为此他愿意接受约束——持有的股票总额不超过 25000 美元，愿意从对方以不低于 90 美元的价格买入。

他恪守自己的承诺去运作股价，但是股价却涨不上去，反而拐头暴跌。他不得不利用反弹卖出，等于向市场交了 100 万美元的学费。那时候 100 万美元的购买力相当于现在的 1000 万~2000 万美元。这是他平生唯一一次多头操作，以失败告终，于是更坚定了他只做空的信念。

不过，他凭着过人的才智和努力很快从挫折中恢复过来。当伊利逼空行情结束后，他依靠做空伊利而大获其利。前面已经提到了这起并购争夺战，两方将伊利的价格推升到了异常高的位置，以至于市场上根本没有卖家，这使得空头无法回补头寸。利特毫不畏惧，他凭着经验和胆量与多头们周旋，虽然华尔街最初并不看好他，认为他会破产。不过，他其实通过持有的可转换债券成功地进行了债转股，进而打破了多头的垄断。

华尔街此前从未有过这样的神来之笔，多头们遭受到了意外打击，陷入踩踏之中，利特却趁机渔利。后来，他数次上演类似的"帽子戏法"，在空头头寸眼看失败之际上演大反转。他也是一个宽宏大量的债权人，避免债务人完全破产进而导致违约。因此，尽管他战胜了那些做多的对手盘，但是仍旧赢得了大家和对手的尊重。

利特热爱投机，后者是他生命不可或缺的部分。当然，他也具有投机的天赋。能够主导和号令股票市场是他的梦想，为此他可以赴汤蹈火。他强调自己更加注重过程，而非结果，无论成功或失败，他都享受投机的过程。

他热爱华尔街，不过最终却失去了财富和成功的光环，以及健康。等他离去的时候，人们还记得他的名字，仅此而已。他没有背负任何债务，但也没有资产了。他喜欢投机，不过只能小额下注。糟糕的是他的健康状况恶化，某个早上他在券商的办公室昏厥过去，此后便撒手人寰。

他自嘲地说自己将穷困潦倒地离开人世，不过他的家人还是从他股票账户上找到了 15 万美元的资产，这些钱他已经忘记了。因为他是一个不那么重视金钱的人，率性而为是他的人格。他认为金钱的唯一目的就是投机，除此之外毫无价值。他从不存钱，因为他不是守财奴。

终结雅各布·利特神话的人叫安东尼·W.莫斯（Anthony W.Morse）。当利特在 60 多岁做空的时候，莫斯则在疯狂做多，仿佛一头疯牛一般。他在场内大举推升股票价格，让利特和其他前辈们大吃一惊。这些人觉得莫斯一定是疯了，**不过莫斯成功预见到了北方联邦政府会在内战期间大规模发行货币为战争融资，而这会导致包括股票在内的资产价格飙升。**

在美国历史上最疯狂的股票泡沫之中，莫斯成了灵魂人物。当他进入华尔街的时候，他不过是一个乡下来的穷小子而已，瘦小的身材，弱不禁风。他的第一份工作是在一家券商当小职员。很快，他找了一个家底殷实的女子结婚，利用妻子提供的资金进行投机，赚到钱之后立即购买了一个交易所会员席位。当时会员席位的价格不算贵，大概 500 美元。

莫斯的精彩故事发生在 1862 年，当时他在华尔街还是默默无闻之辈。当然，他不拘一格的勇气使金融圈的老前辈们吃惊。他拉高建仓的大胆风格，奠定了其时代新宠的业界地位。

他一出现在华尔街就非常走运，如果一开始就出师不利的话，也就没有他后来走向巅峰的过程了。市场的走势证明了他最初判断的正确性，在券商交易办公室里面的老手们惊讶于这个名不见经传的晚辈的出色操作："哇！我们竟然被这个小子抢了先！"

莫斯的第一步操作是大举买入克利夫兰—匹兹堡铁路（Cleveland & Pittsburgh）的股票，他的动作迅速果断，从容淡定，不显山不露水。第二步，他大举控股俄亥俄—密西西比铁路（Ohio & Mississippi）、岩岛铁路（Rock Island）、伊利铁路（Erie）、韦恩堡公司（Fort Wayne）。在这个过程中他采用了同样的方式，具体而言就是拉高建仓的方式。比如，莫斯为了控盘俄亥俄—密西西比铁路，在不到两天的时间内他将该股的价格从 49 美元拉升到了 69 美元。

比如他在一天之内将韦恩堡的股价从 118 美元拉升到了 152 美元。又比如，匹兹堡铁路的价格被他迅速从 65 美元拉升到了 108 美元，他甚至在 100 美元附近公开要约收购一年。此后，他又在 96 美元到 108 美元附近将手中筹码悉数卖出。

莫斯对自己的操作非常自信，他认为自己走在正确的光

傻瓜！一定要永远关注央行的资产负债表变化！

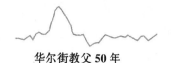

辉之路上，这将引领华尔街的新浪潮。他在威廉姆大街（William Street）一栋大楼的底层开设了莫斯公司（Morse & Co.），前来委托业务的客户络绎不绝。

到了1863年初，莫斯大举拉升的坐庄方式击溃了大量空头。据估计他做庄的收益至少有125万美元。不过，他得意风光的时间仅仅两年。期间，他也许真的赚了不少钱。树大招风，有钱人都争先恐后地想要加入他的坐庄阵营。他公司门口的过道上挤满了形形色色的人，他们想要倾听莫斯的教诲和建议，或者是打听莫斯的动向。

在莫斯最为风光的日子里，大众总是闻风而动。他成了市场金手指，如果看涨某只股票，那么得知消息的人就会跟风操作。由于他早期的操作从未失败，因此接近他的人都完全跟随他的指令，仿佛士兵听命于将军一般。

莫斯一时间成了华尔街空前绝后的大人物，大众狂热地崇拜和拥戴他。在莫斯的带领下，全美人民都参与到了这场投机盛宴之中。莫斯在运气最好的时候，也是他最得意的时候，简直不可一世。

在某日的夜盘交易中，莫斯从丹尼尔·德鲁手中以112美元的价格买入了1万股伊利铁路。后来又以同样的价格加买了两万股伊利铁路。实际上，德鲁在做空，过了两天就亏损惨重。

纸币滥发导致了通货膨胀，投机行为爆发，股票市场热火朝天，许多经纪公司都在加班加点地工作。如同股票投机一样，当时投机黄金的市场情绪也非常浓烈。这段时期出现了数百个矿业和原油新公司，它们的股票价格也被炒得很高，而且继续攀升。一些冷门股和垃圾股，也跟着鸡犬升天，例如巴克斯铅业（Bucks County Lead）。

黄金股票也受到了大众的追捧，无论是神职人员还是妇女都加入其中想要大发一笔，凡是黏上"金"字的股票都会被热捧。当大盘向上整个市场热情高涨的时候，买入任何一只股票基本都会赚钱。莫斯拔高建仓的大胆做法也推动了泡

节制是美德，更是"常胜和长寿之道"，过度而不知悔改者必然招致家破人亡之祸。

2007年A股牛市见顶阶段，券商也是忙不过来。

沫的形成，他买入了岩岛铁路的大部分股份，大概有 56000 股，这是一只小盘股。最终他将股价从 106 美元拉升到了 149 美元。

财政部长锲思（Salmon P.Chase）先生终结了莫斯的好手气。在通胀加剧之后，锲思下决心恢复货币体系的稳定性。他命令财政部卖出黄金买入纸币，收缩纸币的数量，进而抑制通胀。这个做法立竿见影，银行也不得不收缩信贷，纸币变得紧张。**由于流动性紧缩，这使得投机大佬们不得不卖出股票。**莫斯撞在了枪口上，他手上持有大量的股票，是职业生涯中持有股票数量最多的时点。

莫斯的身心遭受了重创，遭受了命运之神的一记重击。他想方设法卖出股票，而这引发了更多的跟风和恐慌卖盘。**流动性紧缩、情绪恐慌与股价进入到了恶性循环之中，股价每天都在下跌。**

1864 年 4 月 18 日，市场迎来了"黑色星期一"。莫斯染指的股票开始被市场抛弃，比如韦恩堡的股价从 153 美元跌至 119 美元。莫斯沮丧地从行情报价室走出来，返回自己的办公室，他告诉合伙人："一切都完了，游戏结束了！"

当天早上，雷丁（Reading）跌了 19%；匹兹堡跌了 17%；哈德逊河（Hudson River）跌了 23%，前期热门股都出现了大跌。

这场金融恐慌使得重仓的莫斯不堪重负，最终破产的他灰溜溜地离开了交易所。他认清了形势，知道自己毫无还手之力，他以书面通知宣布自己旗下的公司停业。这则通知在他离开之后几分钟内被公之于众。

莫斯遭遇了滑铁卢（Waterloo Defeat），他的失败对市场产生了巨大的影响，他的公司已经无法履行交割义务，当然也无法营业了。莫斯已经从神坛上跌落了，华尔街不再唯他马首是瞻。他的客户开始集体指责他。曾经不可一世的"华尔街之王"被流放了，王冕掉落之后，再无机会。

"黑色星期一"剩下的时间里，夜盘交易变得更加恐慌。

做大类资产配置和大规模投机永远不要忘记三个原则：第一个原则，不要与经济规律为敌；第二个原则，不要与国家为敌；第三个原则，不要与央行为敌。第一个原则比第二个原则重要，第二个原则比第三个原则重要。从另一个角度来讲，想要赚大钱就必须顺应经济规律，借助或者顺应国家力量和央行的力量。

此前的投机泡沫中，大家是如此膜拜莫斯，他是当之无愧的"华尔街之王"。现在，成千上万的股民被卷入到危机之中，更多的人以暴徒的面目赶到第五大街来发泄自己的怒火。这简直就是一个恐怖的夜晚，莫斯受到了咒骂和攻讦，不管是否是莫斯的客户，他们都将自己的亏损和怒火发泄到莫斯身上。

此后的一年，莫斯再也没有在公众场合露面。后来他想要东山再起，不过身形憔悴，不久之后在贫困潦倒中死去。他的离开引发了广泛的同情，人们无心去谴责一个破落的王者，没有人再去深究莫斯是否诚实。华尔街历史上的大佬无数，能够像安东尼·莫斯一样在去世时还能得到社会舆论眷顾的人少之又少，至少他在去世的时候还有不少朋友。

接下来，我要介绍的华尔街大佬是约翰·M. 托宾（John M. Tobin）。他曾经在范德比尔特位于斯塔滕岛（Staten Island）的渡轮候船室当门卫。后来他成了一名黄金投机者，也参与了莫斯引爆的这轮两年牛市。他见证了股市的跌宕起伏，逐步成长为大佬级人物。

托宾在莫斯没落之后开始崭露头角，具体而言是从 1864 年开始的。据称他在范德比尔特麾下从事股票投机，最初负责哈莱姆（Harlem）股价的具体运作。范德比尔特的光环一度遮蔽他本人的才华，但随着时间的流逝他的声誉日益隆重。

哈莱姆操纵案给大众留下了深刻的印象。1863 年到 1864 年的那个冬天，这只股票大概在 60 美元附近交投。当时，范德比尔特是这家公司的大股东，同时也是董事，他心中谋划着一盘大棋。在普通人看来，这条铁路主要是用来运输牛奶的。范德比尔特盘算着如果能够增加这条铁路的价值，那么股票价格将进一步上涨。他从市议院获得了特别许可权，计划将铁路周边区域共同开发，进而提升其价值，这个时候股价上涨到了 117 美元。不过，议员们搞鬼，在做空这只股票之后便否决了此前的决议。哈莱姆的股价跌至 72 美元，范德比尔特被这些诡计多端的市议员们给坑惨了。

朋友再多，也不能代替你自力更生，朋友可以救急，但根治不了穷。

范德比尔特向州议员申请了哈莱姆公司在百老汇建设轨道交通项目。州议员们打起了同样的算盘，他们先是表示初步赞同。股价在利好消息的推动下飙升到了 150 美元，接着这些议员们便开始大举做空。托宾受范德比尔特之托将所有抛出来的筹码买进。

1864 年 3 月 25 日，这些诡计多端的议员们按照此前的计划投票反对范德比尔特的申请，哈莱姆股票下跌到了 101 美元。哈莱姆的空头们手舞足蹈，他们账面上的浮盈巨大。

不过，托宾这边还在继续买入股票，这推动了股价迅速回升到了 150 美元。一周之后，股价继续攀升到了 185 美元。接下来的十天时间当中，股价在 175~200 美元盘整。

丹尼尔·德鲁认为该股在这样高的水平难以获得支撑，于是他做空了 3 万股。场内的专业交易者们也持有同样的想法，他们也进场做空。但是，**这只股票并未在 4 月份莫斯引发恐慌的时候跟随下跌，这是独立于大盘的强劲个股**。托宾继续为范德比尔特买入这只股票。

哈莱姆的股价在 5 月迅速飙升到了 300 美元。当天有 15000 股需要按约定交割，当时的市价为 285 美元，意味着这些股票需要以这个价格完成交割手续。丹尼尔·德鲁的空头头寸也需要回补，他希望以 100 万美元的协议价而非市价平仓，本来他需要支付 170 万美元完成空头头寸回补。德鲁威胁托宾如果不答应自己的条件，则要以共谋的罪名起诉他。

在哈莱姆的运作当中，托宾获得了 200 万利润分成，其身家迅速上升到了 300 万美元。而范德比尔特除了坐庄的丰厚利润之外，还取得了哈莱姆铁路的控制权，他转手将这条铁路线租赁给了纽约中央铁路和哈德逊铁路联合公司（New York Central & Hudson）。哈莱姆是范德比尔特财富的持续源泉，直到今天仍旧是他子孙手里的最佳资产。

哈莱姆操纵案尘埃落定之后，托宾看到北方联军即将在内战中胜利，于是他大举做多黄金，实际上是想操纵金价。1865 年年初，他将金价从 198 美元推升到了 211 美元。此后，

托宾做多黄金的逻辑是什么？是否成立？结合《黄金短线交易的 24 堂精品课》提出的驱动面分析框架进行思考。

金价从高位暴跌，他亏损超过了 150 万美元。祸不单行，他接下来又在股市上持续大亏，亏掉了几乎所有身家，甚至与经纪人一起陷入债务纠纷之中。

托宾后来再也没有回到华尔街。他经历了华尔街的起起伏伏，也经历了自己人生的起起伏伏。他的经历与同时代的 E.A.戈拉伊（E.A.Goray）类似，大赚大亏。

我们接下来要介绍的艾迪生·G.杰罗姆（Addison G. Jerome）并没有安东尼·莫斯一样的复杂经历，他的高光时期比后者更短。不过，他曾经是卓尔不群的华尔街大佬。最初，杰罗姆从事干货贸易（Dry Goods Trade），1863 年那段时间他被大众誉为"股票交易所的拿破仑"。在交易场上他积极进取，富有冒险精神，决心成功。他既是约翰·托宾的朋友，也是其经纪人，还曾经在哈莱姆上与托宾合作过，自然也就从中赚取了不少利润。第一波行情中，哈莱姆股价从 60 美元涨到了 117 美元，这波行情他抓住了。第二波上涨行情中，也就是 1864 年那波飙升，他也抓住了。

如何避免投机带来的资产大起大落现象？

艾迪生·G.杰罗姆是一名市场领导者，许多人追随他。直到他坐庄密歇根南方铁路（Michigan Southern）之前，他都从未失手。他将这只股票的股价推升到非常高的位置，信心满满地认为自己能够完全掌控局势。不过，当这家公司的财务总监亨利·吉普（Henry Keep）介入后，杰罗姆的好日子就到头了。

吉普也是一个睿智的股市投机家，**他擅长利用对手盘的盲点**。他注意到了杰罗姆忽视的东西，那就是密歇根南方铁路公司的章程中有一条规定，董事会有权增加股本。因此，他秘密地召开了一次董事会。会议投票决定增发 14000 股，杰罗姆开始并未直接将这些股票抛出，而是从市场上借入股票来做空。在杰罗姆看来吉普就是一个大空头。

杰罗姆一伙人继续加码买入，而吉普则做空。最后，杰罗姆要求那些从自己手里融券做空的人马上偿还。这一招吉普早已料到，于是他继续持有空头，并且将增发的 14000 新

股用来交割和抛售，该股价格一日之内大跌 20%。这让大多头杰罗姆的账面利润 300 万美元损失殆尽。

这一仗，杰罗姆输掉了王者不败的荣誉。尽管华尔街仍旧敬重他，不过他自己却耿耿于怀。此后的操作越来越不顺，濒临破产，次年因为不明疾病而去世。不过，在身前最为辉煌的 9 个月时间当中，他还是赚到了一些钱并且留下足够的资产给妻子。杰罗姆迅速崛起，又迅速垮掉，其速度之快，堪称华尔街之最。

他还有一个弟弟名叫伦纳德·W.杰罗姆（Leonard W.Jerome）。他无论是在金融界还是社会上都非常有影响力，他经常亲自驾驶四匹马的马车在华尔街穿行。

伦纳德的投机生涯也是起起伏伏，他在华尔街留下了浓墨重彩的一笔。1863 年，他是哈德逊铁路股票的大股东之一。当时，这只股票被空头打压到了 107 美元。为了反击空头，他组建了一个财力雄厚的庄家团体。他们将几乎所有流通股都买入，接下来将股价逐步拉升到了 175 美元。市场上几乎没有多少流通股可供空头买回交割，以至于空头们不得不以 5%的利息从他手上融券用来交割。空头们变得恐慌起来，为了平仓不计成本，他们大概从他手上借入了 50000 股。伦纳德从这笔逼空行情中赚取了大约两三百万的利润。

伴随着财富的增长，伦纳德在华尔街的名气越来越大，他的身份是社会名流和华尔街大佬。不过，他对此并不满足，正在积极寻找新的机会。他一直在关注太平洋邮政（Pacific Mail）。这家上市公司在 1856 年的时候兼并了尼加拉瓜运输公司（Nicaragua Transit Company）。

1861 年，太平洋邮政的股价跌至 69 美元。次年，这家公司的业绩亮丽。包括公司董事在内的一个庄家组织携手买入了 26000 股，要知道该股总股本也才 40000 股。这个庄家组织委托布朗兄弟公司（Bown Brothers & Co.）托管 5 年，同时选择了伦纳德·杰罗姆作为具体操盘者来完成坐庄计划，希望在此期间能够实现资产的保值和增值。

伦纳德在十三个月之内，将股价推升到了 160 美元。空头持仓规模巨大，为了迫使空头们彻底认输，他继续将股价推升到 200 美元附近。空头们的账面浮亏已经非常巨大，不得不认赔离场，他们需要回补空头头寸。

1865 年，太平洋邮政的股本从 400 万美元增加到了 1000 万美元，不过股价仍旧稳定在 240 美元。当时，该股每年需要支付 20%的股息。

次年，股本增加到了 2000 万美元，股价下滑到了 180 万美元。大多数筹码仍在伦纳德手中。

1867 年，伦纳德在太平洋邮政上的操作功亏一篑。他自称是过度贪婪导致了力有

业绩、流动性、股票供给加上风险偏好，这就是股价涨跌的根本因素。

投机必须以小博大，如果变成以大博更大，则后果是非常糟糕的。

不逮的失败结局。当时，**公司的业绩大幅下滑，净资产由 3400 万美元缩水到了 2200 万美元。政府收紧了纸币流通数量，股价虚高的增发新股也开始大规模上市流动了。**

伦纳德同意以 160 美元的价格将未能卖出去的筹码承包下来。不过，由于股市整体虚弱，因此太平洋邮政的股价仍旧从 163 美元跌到了 115 美元。这波下跌让伦纳德输掉了几乎全部家当，除了一些不动产之外。太平洋邮政的股价一泻千里，伦纳德·杰罗姆也失去了头上的光环。他在华尔街再也没有什么地位了，最终他在女儿伦道夫·丘吉尔 (Randolph Churchill) 小姐位于伦敦的家中去世。他在华尔街曾经辉煌过，最终跌落神坛，在潦倒中离去。

对于亏掉全部身家的伦纳德而言，太平洋邮政此后的发展与他毫无关联了。对于此后的太平洋邮政而言，伦纳德也变得无关紧要了。太平洋邮政也曾经是股市上的热门股，随着管理问题暴露，成交量也逐步萎缩。1871~1872 年，该股的价格跌至历史低点，董事们想要改变公司的经营现状，但是手中持有的股票数量却有限。1871 年 11 月，董事会决定集体退出，以便成立新的董事会。奥尔登·B.斯托克维尔 (Alden B.Stockwell) 就任新的董事长。表面上他是被选举出来的，实际上他挑选了整个董事会。

当时的华尔街并没有几个人听过他的名字。他以前是在伊利湖上的蒸汽船工作，后来成了缝纫机发明家埃利亚斯·豪 (Elias Howe) 的乘龙快婿，由此开启了财富大门。他担任了豪氏缝纫机公司 (Howe Sewing Machine Company) 和威尔科克斯–吉布斯公司 (Willcox & Gibbs Company) 的总裁。他的这些履历虽然不为公众所知，但还是有一些消息灵通者知晓。

1871 年，他开始进入华尔街寻找新的机会。当时的太平洋邮政股价已经跌到了 40 美元，他认为这是一个机会，于是大举买入，想要控制这家公司。一个才进入华尔街的新手就如此大手笔地操作，这让大众惊叹不已。一方面他大举持股，另一方面他千方百计获得其他股东的授权，于是任命了自己中意的董事会。他组建董事会的方法也让华尔街大感意外。最后，他利用 118000 股的股权让自己成了董事长，以至于有人嘲讽董事会只不过是董事长的牵线木偶而已。

在入主太平洋邮政之后，他高调地宣称要想办法提升其股价。通过控制太平洋邮政，他并购了巴拿马铁路公司（Panama Railway Company），并出任该公司的总裁。

1872 年 10 月，太平洋邮政运营的船只频发火灾并沉没，斯托克维尔于是宣布会大量购买船只增加公司的固定资产，且能够保持 11% 年度回报增长率。他进一步宣称公司能够从 1872 年 1 月 1 日起支付 12% 的股息。随后，他向（Legislature at Albany）阿尔巴尼法院申请将股本从 2000 万缩减到 1000 万，并且得到了批准。不过，此后公司并未利用这一权利，公司股本现在仍旧是 2000 万。

华尔街已经领会到了他的意图，无非就是想要将太平洋邮政的股价拉升上去。此前该股价格低至 40 美元，经过大幅波动之后涨到了 107 美元。斯托克维尔现在成了家喻户晓的大人物，像范德比尔特一样被冠上"船长"的头衔。他在麦迪逊大道上拥有最大的豪宅，豪华马车出行，他与巅峰时期的伦纳德·杰罗姆一样，成了华尔街的"首席人物"。

华尔街的荣耀往往很难维持超过一年，这点在斯托克维尔身上也应验了。在太平洋邮政上面得手之后，他开始关注铁路股，并大手笔买入波士顿—哈特福德—伊利铁路公司（Boston–Hartford–Erie）。另外，他还买入了太平洋—大西洋铁路公司（Atlantic and Pacific Railway）的优先股，以 25 美元的价格买了 3 万股。这家公司发行股权凭证虽然已经印刷出来了，但是还未得到监管机构的批准，法律效力存疑。不过这并不影响这只股票交投的活跃程度，由于广受追捧，因此其价格大大超过其内在价值。

不久之后，斯托克维尔就遭遇了祸不单行的危局。一方面，太平洋邮政的业绩大幅下滑；另一方面，他重仓持有的两家铁路股也在熊市中暴跌。

投机家如何有好的下场和结局呢？投机大赚之后必须以投资为主。因此，投资才是金融市场的长久之道。投资有什么根本原则需要恪守呢？推荐阅读《投资巨擘的主集：价值投资的谱系与四大圣手之道》这本书。

三家公司的股价同时跳水，斯托克维尔只能坐以待毙。他此前赚的利润全部赔光了，并且面临失去了太平洋邮政 27000 股的所有权。最后，豪氏缝纫机公司出面提供了 114 万美元担保，才暂时保住其股票份额。

此后，他完全退出了几家铁路公司的董事会，当然也失去了地位和财富，没有人再对他点头哈腰了。之后，他只能做点小投机，收益非常不稳定。去世前还因为没有及时付清会员费，而被股票联合交易所（Consolidated Exchange）取消了会员资格。

斯托克维尔面对命运的波澜起伏，颇有智者风度，他略带自嘲地说：

"当我最初踏足华尔街时，大家都问谁是斯托克维尔？

后来，我操纵太平洋邮政，大赚一笔，大家开始尊称我为斯托克维尔先生。

再往后，我成了太平洋邮政的董事长，并购多家企业，大家都称呼我为斯托克维尔船长或者是华尔街之王。

不过，等到太平洋邮政破产，我也破产了，大家又称呼我为大傻瓜斯托克维尔了。"

这就是华尔街冷酷的现实，也是大众舆情无常的现实。

现在我想谈谈丹尼尔·德鲁，他是华尔街历史上最引人注目的大佬级人物。他曾长期在华尔街屹立不倒，屡次书写传奇，虽然最后难逃失败的命运，不过仍旧值得我们唱诵他的传奇。他从未受过良好的教育，近乎文盲，只能潦草地签下自己的名字。

德鲁最初不过是一个牛仔，后来到纽约经营了一家牛头旅馆（Bull's Head Tavern）。他进入华尔街的时候丝毫没有任何银行或者证券的知识，更谈不上任何实际经验。在他开始入市操作挣钱的时候，甚至还没有看过任何报纸。

虽然他对航运一窍不通，但是他还是投资了哈德逊河上的蒸汽船。无论是在金融市场还是在实业领域，他都是大手笔的买卖，而且赚钱的概率极高。

在股票投机上，他一方面自己参与其中赚了数百万，另一方面他还成立了一家股票经纪公司，名叫德鲁—罗伯逊证券经纪公司（Drew-Robinson）。虽然他自己对经纪业务并不完全了解，但是这家公司多年来业绩优秀。

在德鲁投机生涯处于巅峰的时期，他曾经对一位资产 2000 万美元的朋友开玩笑说："我认为 1600 万美元的财富就足够了。"

命运不会一直恩宠一个人，德鲁的投机生涯也是如此。由于接连失误，他损失了不少财富，不过他却慷慨地捐助教会和神学院。不过这些捐赠并非现金，而是支票。随着他最终破产，这些支票也变得一文不值了。最终他在儿子家里去世，当他失去了所有财富之后，自然也就无人关心他的死讯了。

尽管大众遗忘了他，但是我们如果想要从他身上学到任何有价值的东西的话，就必须抱着尊重和谦虚的态度。毕竟，他是华尔街投机大佬当中走得最远的一位。

在本章当中，还有一些人物值得我花费笔墨。查理斯·F.沃瑞什沃夫（Charles F.Woerishoffer）也是一位卓越的股票操盘手，他完全依靠自己赚取了巨额财富，不过在1884年的大恐慌之后还长时间做空，最终破产。

詹姆斯·R. 基恩（James R. Keenes）从加利福尼亚的金矿上赚取了数百万美元。除了他之外，弗拉德（Flood）、欧布莱恩（O'Brien）、麦基（Mackay）以及约翰·P.琼斯（John P. Jones）也从金矿上赚了几百万美元。

此后，手握巨资的基恩进军纽约金融界。19世纪80年代，基恩大肆操纵股票和农产品期货，最终破产。再后来，一些大财团聘请他操盘，在起起伏伏之后，他最终再度富有起来。

亨利·N.斯密斯（Henry N.Smith）早期曾经和杰伊·古尔德合作过，他通过操纵股票赚了五六百万美元，结果全部赔光了，在贫病交加中死去。

费迪南德·沃德（Ferdinad Ward）利诱格兰特将军一同创办了格兰特—沃德公司（Grant & Ward）。他在华尔街如同流星划过，不少人还记得他。他曾经登顶华尔街，不过跌下来之后却进了监狱。

海运银行（Marine Bank）的总裁费希（Fish）先生在华尔街的声誉维持了很长一段时间，最终也难逃投机家们的普遍命运。

本章的结尾部分没有必要对范德比尔特、古尔德、罗素·赛琪（Russell Sage）、亨利·吉普、亨利·维拉德（Henry Villard）以及威廉姆·E.特拉弗斯（William E.Travers）做详细的介绍，因为他们的投机生涯没有如此大幅度的起落。

不过另外还有几位先生值得一提：

约翰·F.特拉西（John F. Tracy）是岩岛铁路公司在19世纪60年代这段时期的总裁，他将自己500万美元的巨额财富

只知道投机的人，最终不会有好下场！

投入到股票投机中，最终全部亏光，被迫卸任总裁。

塞勒斯·W.菲尔德（Cyrus W. Field）因为重仓持有曼哈顿铁路（Manhattan Railway）的股票而几乎破产。

艾迪森·卡马克（Addison Cammack）曾经被誉为"华尔街的大熊星座"（Ursa Major of Wall Street），然而等他去世的时候财富已经缩水到所剩无几了。

华尔街的涨潮与退潮，让一切财富的积累都成了镜花水月。1869 年 9 月 24 日，黄金操纵导致了"黑色星期五"恐慌，成千上万的人濒临破产，证券和黄金的交易，以及清算业务被迫停止。同样的危机发生在 1873 年和 1901 年 5 月 9 日，前者导致了古尔德公司的失败，后者由于北太股票逼空行情导致。

而 1857 年的危机至今仍然让许多人印象深刻，当时俄亥俄人寿和信托公司（Ohio Life and Trust Company）破产倒闭了。

所有这些华尔街的潮起潮落，都可以作为前车之鉴。我们应该铭记一点：**赚钱容易，亏钱也容易，这就是投机的本质**。因此，当你在金融市场追逐暴利的时候，也不要忘记适当的谨慎相伴。

促成格兰特连任
Grant's Second Time

在本章中，我想扼要地叙述一下自己在格兰特先生第二次当选美国总统过程中所发挥的作用和扮演的角色，以及付出的努力。当他宣布竞选连任的时候，很多政界人士都认为胜选概率不大。他的老朋友和支持者们对此也有分歧，在费城大会（Philadepphia Convention）召开之前很早的时候，就有人处心积虑地想要破坏他的连任计划。

他的政敌、未能满足其政治愿望的失意者以及这些人的盟友，他们使出了浑身解数，各种花招和阴谋掺杂其中，目的就是为了阻碍格兰特继续留在白宫。四年之后，他们就快如愿以偿，格兰特的民意基础大幅动摇。

我个人认为提名格兰特先生之外的任何一个人都会导致所在政党的分崩离析，因此本党应该再度提名格兰特将军连任。他已经担任过一任总统了，而且也干了不少有利于国家和民众福祉的实事。现在国家处于重建时期，各种不确定性因素较多，如果重新选一个人上去，增加了国家动荡的风险，对政治稳定和经济发展都非常不利。倘若一位民主党人被选为总统，那么风险无疑会更大。

毕竟，当时南方人民还处于犹豫之中，如果轻易让南方人出任要职，则国家有再度分裂的潜在危险。因此，在目前阶段不应该让他们染指政治。我认为共和党内部应该提名一个胜算率相当高的人作为总统候选人。如果提名格兰特先生

> 政治要在当前可能性与未来必要性之间做出现实的均衡。

亨利·克卢斯需要在政治上下注，格兰特是最好的选择。任何生意做到一定规模都必然牵涉政治，因为政治是经济和商业的必然延伸。要么把生意规模降下去，要么积极参与政治。大商谋国，这是历史铁律。

舆论不仅是政客的工具，也是庄家的工具。

不知道对方的动机，不能随便采取下一步的行动。无论是下棋，还是做金融交易，或者是从政经商，莫不如此。

之外的人参选，无疑只能获得一个较低的胜算率。

格兰特曾经是一位功勋卓著的将军，他结束了那场关乎美国存亡的内战，成了终结叛乱和分裂的重要力量。因此，他受到了全国人民的广泛拥戴。他致力于让美国继续处于共和党的治理之下，因为这是对美国的统一和繁荣最为有利的政府形式。为了美国的稳定和伟大，他有敢为天下先的勇气，同时也具备总统所需要的过人才华。

格兰特先生是命运女神对美国的恩赐，美国人民对此感激涕零。普通民众具有的爱国主义情感深深扎根于内心深处，不过那些心有不甘的政客们却有自己的算盘。他们无视真正的民意基础，完全从自己和党派的私利出发，秘密策划着如何抹黑格兰特先生。

有些密谋者已经用了很长时间来攻击民主，意图恢复寡头政治。早在格兰特第一次总统任期只过了一半的时候，就开始进行着他们的计划了。为了阻止格兰特再度被提名为总统候选人，他们努力影响公共舆论。他们努力利用子虚乌有的丑闻来抹黑格兰特，报纸等媒体是他们勾结和利用的主要工具。

反对格兰特先生的呼声空前高涨，到了关键时刻，即便是他最坚定的支持者也开始变得怀疑起来。共和党这次似乎处于劣势之中，公众普遍预期民主党将在国会赢得更多席位，一切似乎都已经盖棺定论了。

《论坛报》（Tribune）主导了对格兰特不利的舆论，加上霍勒斯·格里利（Horace Greeley）作为候选人的呼声很高，这些都为格兰特连任投下了阴影。因此，格兰特的核心支持者必须采取积极的做法才能确保胜选。

为什么我个人如此支持格兰特先生呢？**我的动机究竟是什么呢？**看到这里，读者们的疑问油然而生。

格兰特先生强烈支持产权和契约精神，对于促进民众财富积累和国家繁荣的举措坚定不移，这是我对他怀有敬意和爱戴的关键原因。

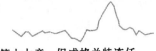

当然，大家可能并不会满足于我给出的这个回答。从自利的角度来看，如果国家维持繁荣，那么华尔街也必定繁荣，而这种繁荣必然有利于我的生意和事业。我已经坦率地给出了自己的答案。人人都会追求自己的利益，我也不例外。

不过，我对亲自从政并无多大兴趣。曾经有几次机会，我能够就任高官职位，不过都婉拒了。我最大的人生愿望基本都在华尔街事业中得到了满足。

格兰特连任不仅符合公利，也符合私利，因此我开始为这件事情出谋划策，努力而为。我自己出钱雇了许多游说人士，同时积极与有影响力的商界人士和支持共和党的社会人士进行沟通。

在持续一段时间的每日调查和跟进之后，我开始对商界人士的想法有了全面而深入的了解。这些人是美国经济发展和繁荣的基石，因此具有广泛的社会影响力。于是，我发出了联名请愿书，邀请那些支持格兰特的商界人士在上面署名。

这封请愿书的内容如下：

召集请愿书

致支持格兰特将军再度当选的商界人士、银行家：

在此签名的人想要公开表达他们对尤利西斯·S.格兰特（Ulysses S.Grant）先生的支持。格兰特先生在维护国家统一和和平、对外捍卫国家利益和声誉方面展现出了卓越的才智、绝对的忠诚以及坚定的爱国情操，我们对此表示绝对的拥戴。特邀请志同道合的人一起参加 1872 年 4 月 17 日星期三晚上在库珀研究院（Cooper Institute）举行的公众大会。

这份召集请愿书，花费了我数周的精力来撰写并致函。我每天都会将这份文书寄给特定的人士，邀请他们参与这次集会，直到纽约所有的企业名流都收到这份文书。现在我仍旧保留着原始的签名表，下面这些人是其中比较重要的人士：

WILLIAM E.DODGE

JOHN C.GREEN

签名单就没有必要翻译了。

HENRY P.VAIL

GEORGE T.ADEE

REV.SAMUEL OSGOOD

WILLIAM H.FOGG

BENJAMIN B.SHERMAN

ROBERT L.STEWART

WILLIAM HENRY ANTHON

E.D.MORGAN

JAMES BUELL

H.B.CLAFLIN

W.R.VERMILYE

WM.M.VEHMILYE

CHARLES L.FROST

NATHANIEEL HAYDEN

JESSE HOYT

WILLIAM BARTON PEAKE

EMIL SAUER

JACOB OTTO

JOSEPH STUART

J.STUART

THOS.GARNER ANTHONY

FREDERICK S.WINSTON

MORRIS FRANKLIN

WM.C.BRYANT

R.H.MCCURDY

JOSEPH SELIGMAN

THEODORE ROOSEVELT

WILLIAM ORTON

CHARLES P.KIRKLAND

PETER COOPER

HUGH J.HASTINGS

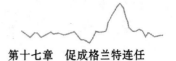

SAMUEL B.RUGGLES

CORTLANDT PALMER

JONATHAN DEWARDS

CHARLES KNEELAND

S.R.COMSTOCK

PITT COOK

THOMAS J.OWEN

OTIS D.SWAN

GEORGE OPDYKE

HARPER & BROS

JOHN C.HAMILTON

GEO.W.T.LORD

SAMUEL T.SKIDMORE

JONATHAN STURGES

WM.H.VANDERBILT

SHEPARD KNAPP

WM.H.ASPINWALL

J.S.ROCKWELL

不过上面这些人现在许多已经离世了，这点不免让人感伤遗憾。他们是商界的精英、社会的栋梁，每隔几年就去世一批。当然，签名的人士当中还有不少仍旧在世。而那些当时不愿意签名的人，现在大多默默无闻。

通过致函邀请，我得到了有价值人士的签名。这样就把力量汇聚了起来。在集会之后，我们要做的事情就是展示我们的实力和信心，以便从士气上挫败对手，影响社会舆论，激励大众继续支持格兰特。通过 4 月 17 日的集会，我着手这样操作。

无论是在参与人数还是最终效果上，这次集会都超过了最初的预期，大厅里挤满了人，建筑物外面的人群规模相比也有好几倍之多。

政治家打宣战，与庄家影响舆情，有异曲同工之妙。

A.T. 斯图尔特（A.T. Stewart）先生受邀担任集会的主持人，他以前是格兰特先生的挚友。不过此前由于妻子的一位近亲未能获得格兰特的任命，他变得冷漠。我花费了数天时间来说服他重归支持格兰特的阵营，最终他仍不同意担任主持人。他似乎并未改变立场。不过他向我承诺，即便不支持格兰特，也不会投反对票。这就是他能做到的一切，我只能影响他到这个程度。毕竟，他是一个非常固执的人，甚至有点冥顽不化。尽管他出生在国外，后来仍旧得到了邀请出任财政部长，不过他仍旧对妻子亲戚未能升职而耿耿于怀，以至于他以生意忙碌为由婉拒了任命。

因为斯图尔特先生不愿意接受邀请担任集会主持人，因此我转而邀请威廉·E. 道奇（William E.Dodge）。此君平易近人，爽快地接受了我的邀请，最终他的主持效果很棒。我邀请参会者的人数超过了纽约任何类似集会列出的人数。

我还曾经邀请两位声誉卓著的黑人演说家弗雷德·道格拉斯（Fred Douglas）和 P.B. S. 滨崎巴克（P.B.S. Pinchback），不过由于他们正在新奥尔良参加重要会议，因此无法出席。

另外一位德高望重的黑人绅士雷尼（Rainey）先生则在集会现场发表了震撼人心的动人演说。这是内战以后在纽约甚至整个北部地区，首次有黑人政治演讲者出现在以白人为主的聚会中。此前，普遍的观点认为黑人不太可能支持格兰特，因为霍勒斯·格里利作为竞争对手一直在南方巡回演讲争取黑人的选票。格里利在同时争取黑人和民主党人的支持，遗憾的是他未能如愿。正如布莱恩（Blaine）对他的评论："没有任何候选人可以兼顾正反两面。"

很长一段时间以来，都没有再出现类似这次这么吸引人的集会了。这次政治集会聚集了全国的目光，凝聚了全国的共识。那些咄咄逼人的无党派人士，以及满怀希望的民主党人不得不重新认识格兰特的支持力量。反对者胜利的希望遭受了重创。

为了展示这次集会对 1872 年总统选举和各派别政治命运的影响，我们有必要回顾一下相关各方对此次集会的印象和个人观点。这些东西在过去算得上是宝贵的政治秘密，现在已经成了可以披露的公共资产。

在集会举办的那天晚上发生了许多出乎意料的事情，有一件事情值得我清晰回顾，它预示着马萨诸塞州（Massachusetts）参议员亨利·威尔逊（Henry Wilson）的未来。集会结束之后，许多演讲人和杰出人士在联合俱乐部（Union League Club）共进晚餐。席间，我们举杯祝贺发表了精彩演讲的威尔逊参议员身体健康。我力荐他担任副总统，对此我信心十足，后来他果然被选举为这一职位。

在此，我想附上几封邮件，此前并未公布。这些信件彰显我们当时工作的价值，

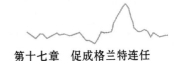

也可以感受到利益相关方对我们的诚挚感谢之情。

下面这封邮件来自白宫，当时他们正在密切关注整个选情的发展。

尊敬的克卢斯先生：

我已经收到了您在纽约召开这场大会的数封来信，并且转交给了总统先生本人。总统亲自阅读了这些来信，看得出他非常感兴趣。

对于你的安排，我并味给出任何建议。因为我认为身处现场的你更了解情况，你熟悉形势和纽约人的特征。

你将完成一项伟大的工作，而这一切努力都会获得不可置疑的回报。

我们现在需要关于形势发展的及时报告。对于与会的一些重要人物，例如迪克斯（Dix）等人的情况我们感到意外，没想到他们会参加。

我们正在国会努力，促成各州的共和党成员能够签名支持格兰特先生连任。

我为此前的考虑不周深表歉意，希望能够及时得到所有信息。我刚从国会回来，准备妥善处理各种事务。

最后，希望你诸事顺利。

格兰特总统秘书　霍勒斯·波特（Horace Porter）

行政官邸（Executive Mansion），华盛顿特区

1872 年 4 月 17 日

会议结束后，总统秘书又发来了另外一封信件：

尊敬的克卢斯先生：

公务繁忙，我只有数分钟时间来撰写这份信件。首先，我要对你成功举办这次聚会表示衷心的祝贺。

这次会议成效显著，对国会和地方政治走向产生了明显的影响。昨晚我们在《时代》（Times）上看到了这次会议的全部记录。国会的几乎所有共和党人都想要在贺电上签名，但是我们白天太晚才开始工作，还没有时间将电报交给他们。

格兰特总统秘书　霍勒斯·波特（Horace Porter）

行政官邸（Executive Mansion），华盛顿特区

1872 年 4 月 17 日

下面这封信来自参议院的罗斯科·康克林（Roscoe Conkling）阁下，他在信中表达了真诚的感谢，令我十分感动。

尊敬的克卢斯先生：

作为纽约的共和党人，我要感谢你在前天晚上举办的伟大聚会，它为国家和共和党的伟大事业贡献了巨大的力量。

这次聚会影响深远而广泛，人人都感受得到。这次活动举办得恰逢其时，组织管理得也非常有效。因此，我想我们所有人都应该感谢你付出的努力。

你对未来的勾画，跃然于纸上，让我牢记在心。

罗斯科·康克林

美利坚合众国参议院（United States Senate Chamber），华盛顿特区

1872 年 4 月 19 日

集会结束次日，《纽约先驱报》（New York Herald）刊发了华盛顿记者的特别报道：

"总统先生今天上午专门与前来拜访的参议员们进行了深入的交流，他对昨晚的纽约集会能够取得成功非常高兴。这次集会证明了他领导下的共和党具有坚实的支持基础，广受拥戴。

据可靠消息称来自全国各地的商人和银行家们都希望共和党在即将来临的总统大选中获胜。如果格兰特能够连任，那么美国的国家信用将维持在高水平，金融危机也能化解。甚至民主党的商人和银行家们也认为如果自己的党派获胜，那么将容易发生金融危机。"

E.德拉菲尔德·史密斯（E. Delafield Smith）代表这次支持格兰特集会的组织委员会（Committee of Arrangements）致辞：

"在格兰特总统的治理下，政府在公共事务上具有高度的责任感和爱国精神，行事睿智。

在对外关系上，美国长期以来都奉行尊重他国权利，捍卫美国利益和尊严的谨慎政策。格兰特先生担任总统职位期间，仍旧恪守美国传统的外交价值观和准则，呼吁和平精神。这一美好的蓝图现在已经实现了。

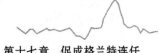

联邦政府恪守《宪法》及其修正案，维护国家统一与和平。各种分裂和叛乱都被扼制和镇压，联邦得以保存，繁荣和稳定取代了萧条和混乱。

在对印第安人的政策中融入了人性要求。

国家财政秉持诚实公正的原则，减少税负，减少公共债务，增强美国国家信用。

我们在工业的各个领域都取得了长足的发展。

格兰特先生以前是伟大的将军，实现了国内的统一和稳定。现在他作为总统，确保了美国过去十年繁荣发展，堪称最辉煌时代。现在，我们应该再次邀请他担任美国总统。

我们的人民正在觉醒，他们对政府和官员有了更加清醒的认知，这对于国家和政治的发展是有利的。大家认识到应该将权力赋予那些有责任感、有能力且诚实的人。公务员事务委员会（Civil Service Commissio）公布了总统的要求，而格兰特先生完全符合这些要求。

本届国会进行了许多反腐调查，想要揭露政府部门存在的问题。一些别有用心的党徒，试图找出甚至捏造证据来构陷总统先生。正如丹尼尔所说："他们总是伺机反扑。"但实际上，这些投机分子毫无胜算的机会。格兰特先生是一个正直的人，他们的一切企图都是徒劳的。

调查越多，越能证明他是正直清白的。这些调查耗费了大量的资源和财力，甚至超过了政府历年贪腐的总额。

调查使得大众更加信任和敬仰格兰特先生。聪明的人们希望政府保持稳定，只有稳定的政府才能促进资本的流动，保证劳动力获得充分的回报，实现人人在权利和人格上的平等。

那些因为政治打算不能实现而耿耿于怀的政客，为了自己的私利而歪曲事实，这样的做法不能指望劳动大众的同情。政客们在蛋糕划分上的瓜葛，不能影响真实的民意，毕竟国家和人民才是最为重要的。

《宪法》赋予了总统任命内阁的权力，他的内阁取得了成功，这表明他并未滥用权力。

格兰特作为将军的时候，浴血沙场，取得了从多纳尔森（Donelson）到奥波马多斯（Appomatox）的伟大胜利。他有坚定的意志和远大的见识，美国人民折服于他的伟大。在此，我们承诺继续团结一致，支持他再次当选美国总统。"

致辞结束后，E.德拉菲尔德·史密斯接着公布了本次聚会的决议文：

第一，参与本次纽约集会的商人、银行家、工匠等各界人士，对于目前政府的管理能力表示认可和赞赏，也同社会大众一样，支持格兰特先生继续担任总统。

第二，如果听任部分政客们反对格兰特先生，那么民主党将会击败共和党重新掌权。

第三，内战结束之后，如果忽视和放任分裂主义，那么就好比独立战争结束后放任亲英分子重新抬头。

第四，那些攻击联邦政府的南方地区所选出来的总统不可避免地会导向分裂主义，即便他们选出的总统来自于北方，也会导致分裂势力抬头。

第五，我们要高举爱国主义的大旗。华盛顿曾经因为领导独立战争而以他的名字命名首都，现在格兰特也应该因为维护了国家统一、挽救了联邦政府而继续担任总统。人民无比信任他的奉献精神和治理能力，他的政绩进一步提升了人民的拥戴。

第六，为了有效应对和反击那些别有用心的批评和毫无理由的指责，揭露那些不切实际的竞选承诺和治国理论，我们需要做的仅仅是简单地将现任总统执政以来的措施和成果罗列一番，这样就可以知道到底谁说的是实话了。

国家沉疴已久，格兰特总统执政以来已经大大地扭转了这些历史遗留下来的弊病。对外负债大大减轻了，全世界都对此表示赞赏。国家统一和民主团结得到了巩固和加强，印第安人也认为格兰特是一位仁爱的国父。

第七，在大众高度赞扬格兰特总统的同时，也有一部分抱有政治意图的人在竭力诋毁他。这种诋毁毫无事实根据，别有用心，实际上是一种犯罪的行为。这一小撮人诋毁的不仅仅是格兰特总统，实际上也顺带着将爱戴和追随格兰特总统的人给诋毁了。

格兰特总统的私人生活与公众形象是一致的，他并不是一个伪君子。他以坚持不懈的努力捍卫人民的福祉；他积极但不鲁莽，脚踏实地而不是好高骛远；他目光远大，见识卓越，思维敏锐。了解他的人都能够证明这些。

第八，本次会议的结论是大部分美国人都期盼和要求格兰特先生连任总统。

在这次会议上，E.德拉菲尔德·史密斯还发表个人演说，全文如下：

同胞们！

我们都十分清楚一点，那就是格兰特先生将在费城的共和党大会上再度得到提名。这不仅是我们的心声，同时也是全美人民的意愿。任何谣言都不能动摇人民大众对于他的信心。

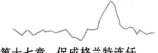

他的竞争对手宣称公众不过是受到了行政当局的误导而已。不过，这是胡说八道。想要进入行政当局的人远远多于获得任命的人，因此所谓的既得利益者支持格兰特的说法是不切实际的。正如塔列朗（Talleyrand）所说，总统每任命一个职位，就会成就 1 个见利忘义的人和 49 个耿耿于怀的人。事实上，分配政府要职对于任何政党来说虽然算得上是一种权力，但其弊端大于好处。

无论竞争对手们为了击败格兰特先生如何抱团和诋毁，都不能改变他本人受到民众拥戴的事实。我认为不少民主党人也会弃暗投明，一旦他们的党组织控制有所放松，则许多人会选择从爱国主义大局出发，投票给共和党总统候选人。

今天我们在这里的集会，受到了对手们的非议，他们说我们好比临时拼凑的杂牌军，军官是白人，士兵是黑人，台上的演讲者是共和党人，台下的听众是民主党人。他们嘲笑那些从大局出发高举爱国旗帜的民主党听众们，认为他们是一群毫无独立思考的糊涂虫。不过，他们错了，错得离谱，因为只有恪守国家利益，忠于人民呼声的人才是真正独立的人。

最后，我提议大家通过本会的决议文！

我之所以将决议文和演讲稿发上来，是因为这些内容与本章的主旨密切相关，从美国历史来讲这一事件还有写得更加详细的价值。

次日，从《晚报》（*Evening Post*）看法的社论可以看出这次集会确实取得了成功，因为这家报纸此前一直是反对和抨击格兰特的。这篇社论指出：

"我们认为昨天在纽约库珀研究所举办的集会开创了美国政治历史的新纪元。这次集会显然是共和党部分人主导，他们希望格兰特先生能够连任。

集会开始之前，行政当局和演讲者们都认为这是一次纽约共和党人的群众动员大会。大会组织者意图在政治民意上

政治靠旗帜影响舆论，正如庄家诉诸题材一样，都是为了作用于情感而达到目的。政客与庄家，只不过是不同领域的同一种人物；选票和股票，都不过是被操纵的对象而已。

争取到大众对于一个人的支持，这个人就是格兰特先生。

非常奇怪的是本次会议中出现了一些头面人物，他们起初倾向于选择格兰特之外的其他人作为提名，不过后来他们改变了主意。"

总之，这次集会取得了很多的效果，这种效果一直持续到选举时，最终格兰特先生成功连任总统。

《纽约太阳报》（*New York Sun*）评论道："我们认为亨利·克卢斯先生靠着大笔金钱促成了格兰特先生的成功。他在整个事件中的功劳超过了任何一位共和党富豪。"

当年晚秋，另外一次大型集会召开了。当时，总统秘书波特先生在选举前几天的来信如下：

尊敬的克卢斯先生：

我们对你在大选中寄来的材料表示衷心的感谢。总统先生说上次集会的主要人员名单集中了如此多的杰出的各界精英，阵营强大，产生了积极而重大的影响。

各个渠道得到的信息都对我们的选情表示乐观，连任的希望将在下周二确定无疑地实现。

倘若能够彻底击败竞争对手，那么就是对我们全部努力的肯定！

格兰特总统秘书　霍勒斯·波特（Horace Porter）
行政官邸（Executive Mansion），华盛顿特区
1872 年 11 月 2 日

格兰特再度竞选总统得到了纽约市大多数商人和银行家的力挺。他们制作了一份言简意赅的传单，用以宣传和赞扬格兰特第一个任期的优秀政绩，众多商界和金融界的名流在末尾积极署名。这份传单也是金融史上的重要材料，全文如下：

亨利·克卢斯与伯纳德·巴鲁克都是华尔街人士参与华盛顿政治的典范。参阅《投机巨擘回忆录——巴鲁克自传》，从中你可以找一些从金融界和商界进入政界的要点。

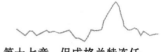

截至 10 月 1 日，国债进一步减少了 1032.7 万美元

在本文末署名的商人和金融家特别呈现下列财政数据，以便让公众知晓尤利西斯·S.格兰特先生在第一个总统任期取得的伟大成绩。

格兰特先生是美国共和党的总统候选人，大家一致提名他参加 5 月底的总统大选。

1869 年 3 月 4 日，格兰特先生开始第一个总统任期的时候，国债总额为 25 亿 2500 万美元。到了 9 月 1 日，已经清偿了 3 亿 4800 万美元，还未清偿的余额为 21 亿 7700 万美元。

剩下的 21 亿 7700 万美元国债当中，有 11 亿 7700 万美元是长期债务，以黄金支付利息，还有 4 亿美元是短期债务，以国库券的形式存续。

到上次国会会议结束之时，税负大幅下降，以 1869 年为例。当年的国内收入税减负 8200 万美元，关税减负 5800 万美元，而所得税减负 3000 万美元，总共减税 1 亿 7000 万美元。通过提前偿还和更低利率国债置换的方式，财政部削减了 2320 万美元的国债利息支付，其中通过提前偿还和置换的方式，在利率为 6% 的国债上少支付了 2174.3 万美元利息。

美国财政部在格兰特任总统期间，在宏观经济向好的背景下进行了审慎和睿智的运作。上述财政数据使得我们深信如果格兰特先生再度连任将会带来更加繁荣的美国，商业利益和人民的生活水平都会大幅提高，贸易将继续扩大，而国家财政的基础将更加坚固。

纽　约

1872 年 10 月 4 日

署名者：

PHELPS, DODGE & CO.

GEORGE OPDYKE & CO.

A.A LOW & BROTHERS

JOHN A. STEWART

署名名单没有必要翻译出来了。

VERMILYE & CO.

JAY COOKE & CO.

JOHN STEWARD

HARPER & BROTHERS

JOHN TAYLOR JOHNSTON

FREDERCIK S.WINSTON

PEAKE，OPDYCKE & CO.

MORRIS FRANKLIN

SCHULTZ，SOUTHWICK & CO.

J.S.ROCKWELL & CO.

ROBERT H.MCCURDY

WILLIAM M.VERMILYE

R.W.HOWES

WILLIAM CULLEN BRYANT

C.L.TIFFANY

SPOFFORD BROS. & CO.

JOHN C.GREEN

H.B.CLAFLIN & CO.

MOSES TAYLOR

WM.H.ASPINWALL

ROBERT LENOX KENNEDY

S.B.CHITTENDEN & CO.

JAMES G.KING`S SONS

HENRY E.PIERREPONT

EMIL SAUER

BOOTH & EDGAR

WILLIAM ORTON

ISAAC E.BAILEY

SHEPHERD KNAPP

WILLIAMS & GUION

DEWARDS PIERREPONT

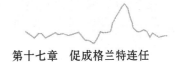

RUSSELL SAGE

PETER COOPER

ANTHONY，HALL & CO.

GARNER & CO.

J.S.T.STRANAHAN

E.D.MORGAN & CO.

DREXEL.MORGAN & CO.

AUGUSTINE SMITH

WM.H.VANDERBILT

MORTON，BLISS & CO.

JONATHAN STURGES

J.&W.SELIGMAN & CO.

J.&J.STUART & CO.

JOHN A.PAPKER

BENJAMIN B.SHERMAN

JOHN D.JONES

J.D.VERMILYE

SAMUEL T.SKIDMORE

HENRY F.VAIL

LLOYD ASPINWALL

JACOB A.OTTO

GEOGRE W.T.LORD

SAMUEL MCLEAN & CO.

HENRY CLEWS & CO.

特威德帮和七十人委员会
The Tweed Ring，and the Committee of Seventy

在臭名昭著的博世·特威德（Boss Tweed）先生把持纽约市期间，"特威德帮"（Tweed Ring）就在华尔街大摇大摆地进进出出。他们企图通过紧缩流动性来操纵证券市场，讲述亨利·N.斯密斯（Henry N.Smith）的故事时我还会提及。

"特威德帮"经常参与联合坐庄行动，比如操纵汉尼拔—圣约瑟公司（Hannibal & St. Jo.）股票事件，这次事件最终导致博世·特威德公司（Boss Tweed & Co.）遭受重大亏损。此后很长一段时间，这只股票都无人问津。

很多年以后，这只股票获得了来自波士顿的约翰·R.杜夫（John R.Duff）的青睐，他准备大举买入这只股票。杜夫委托纽约经纪人 W.J. 哈钦森（W.J. Hutchinson）进行买卖，最后惨遭挫败。失败的直接原因是受托人欺骗了杜夫先生，这是证监会（Governing Committee of the Stock Exchange）详细调查后的结论。

博世·特威德和他的顾问经常利用华尔街来左右国家和地方的政局。如果他们不满意地方上某个政治上的当权人物，则会在举行选举的时候利用华尔街和控股的城市银行来收回当地的短期贷款，制造流动性紧缩的局面。

当时在纽约主政的是共和党人，通过收紧当地资金，导致证券投机者亏损，就能激发投机客和普通大众仇视共和党人。这就是特威德干预政局的惯用手法。

> 金融家和政治有文明的结合方式，也有野蛮的结合方式。粗暴的结合，往往会埋下祸患，引火烧身。

> 利用货币流动性和舆论来操纵大众，这是高超的政治手腕。

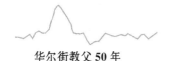

华尔街教父 50 年

大多数人亏损之后都会找一个理由来安慰自己，找个替罪羊来发泄一番让自己好受一些，这是惯有的做法。对于遭遇大幅亏损的普通股民而言，最让人痛苦的事情无外乎要自己承担责任。

特威德非常了解人性的特点，了解处于困境和绝望中的人性需求。通过制造金融动荡，激起了人们的痛苦，然后再把怒火引到当政者身上，这就是他的完美计划。

当投机客们的本金被股市洗劫之后，特威德提供了一个安慰的诱饵——他们可以通过政治选票来发泄自己的愤怒，这是华尔街无法提供的。特威德的手下们四处煽动民意，宣称共和党人的腐败导致了这一切灾难。

"特威德帮"的人故意制造了金融恐慌，根本目的是为了扳倒政敌，让自己的亲信上位。这些亲信帮助他捞取经济上的好处，提供政治上的庇护。他就是一个裙带金融家，不需要直接参与政治，只需要操控傀儡获取利润。

当时的宾夕法尼亚州选情是总统大选的风向标，这个州支持谁，谁就有很大的把握能够获胜。

1872 年春，格兰特和霍勒斯·格里利分别代表共和党和民主党参选美国总统。对于格兰特而言，这是追求连任的选举。特威德反对格兰特当选，他支持格里利，因此他开始通过在华尔街制造大恐慌来打击民众对格兰特的信心和支持。

特威德计划在宾夕法尼亚州竞选开始时制造恐慌，这样可以表明共和党治理能力堪忧，从而促成大众转而支持格里利。

我通过隐秘的渠道掌握了相关阴谋，立即将消息告知了康克林议员，当时他恰好在第五大道附近的酒店。我郑重其事地告诉他民主党和霍勒斯·格里利正在策划一场金融恐慌以便打击格兰特将军的支持率。

康克林先生说这是他第一次听到这样的事情，既然我专门来提醒，那么一定不是空穴来风。所以，他要求我马上去面见摩根（Morgan）州长以及他的重要幕僚乔治·奥德克

什么是乌合之众？集体情绪化是本质。《乌合之众》这本书年代很早了，属于社会心理学的经典之作，虽然并不系统，但却有许多中肯观点。

现在，互联网舆情也是美国总统选情的一个重要砝码。利用互联网散布实实虚虚的丑闻，也是常用手段。互联网舆情对股市的影响也是立竿见影的，主力也在不断地制造和利用互联网舆情。

164

(George Opdyke)。

我去找州长，发现他正在参加教堂礼拜，于是留下口信和名片让他和奥德克到共和党全国委员会办公室来找我，有要事相商。州长得知口信后很快赶到了办公室。

我向他透露了自己掌握的一切消息，表达了自己的忧虑。他似乎并不相信对方设局会如此巧妙，事实上他低估了彼得·斯威尼（Peter Sweeney）的谋略以及动员资源的能力。斯威尼是格里利的重要顾问和智囊，绰号是"大脑"。

摩根州长冷静多疑，不太会轻易相信别人说的话，他更加重视看见的事实。为了说服他，我强调说自己的消息是非常可靠的，倘若华尔街在这个时候出现恐慌，肯定会危及共和党的支持率。

州长听了之后变得重视起来，为了更好地了解情况，他建议次日再度会面。为了更好地说服他，于是我带着乔治·奥德克和 H. B. 克拉夫林（H. B. Claflin）一起去商谈。

这个时候，州长已经见过特拉弗斯（Travers）先生了，他是一位杰出的做空专家，肯定对市场即将暴跌的前景略知一二。州长肯定了我的观点，认为有人在对大选制造麻烦。接着他希望大家给出好的应对方面，来挫败民主党的阴谋。

我的建议是在当前的紧急情况下，我们应该派人赶往华盛顿面见格兰特总统。州长、我和克拉夫林，我们三个人都无法抽身，于是奥德克自告奋勇地前往华盛顿送信。我们撰写了一份措辞犀利的信来表明情况，同时表达了对总统的支持。

奥德克先生立即前往华盛顿，这是周五的晚上，他比预定的时间更早抵达了白宫。他差信使告诉我们他已经将事情的来龙去脉都讲给了总统听。**总统表达了感谢之情，并且立即差遣财政部长于下周一买入 1000 万美元国债，同时抛出 1000 万美元黄金来增加货币和信贷市场的流动性，打乱特威特一帮人干扰金融稳定的计划。**奥德克完成任务后于周六早上返回。

不懂流动性，不能称之为掌握了驱动分析/基本面分析。

165

　　但是，我深思熟虑之后发现总统和财政部长的举措存在漏洞。这群谋乱之人不会坐以待毙，他们富有智谋，同时熟悉金融市场的运作。这些被财政部出售的黄金是可以被任何人买入的，按照法律是价高者得。买入黄金的人可以将黄金存放在第四国民银行（Fourth National Bank）和商业银行（Bank of Commerce），或者是财政部纽约分行，如果是后者则相当于把黄金锁起来了，达不到财政部增加流动性的初衷。

　　因此，为了杜绝这种情况的发生，我的公司将财政部抛出的 1000 万美元黄金悉数买入，名义上的购买者是我司的一位职员。最终竞购到了 800 万美元，并将黄金存入第四国民银行和商业银行，这样钱就进入了银行信贷渠道，可以增加整体流动性。

　　另外，财政部还签发了 1000 万美元的绿背纸钞，加上 1000 万美元黄金，市场上的流动性非常充裕。我们先发制人，挫败了"特威德帮"的阴谋。几天后在宾夕法尼亚的选举中，共和党人获得压倒性胜利。幸好我们未雨绸缪，否则就是民主党人获胜了，那么格兰特总统连任就成了泡影。

　　在挫败特威德一帮人的图谋之后，我决定乘胜追击，将这帮害群之马彻底瓦解。他们搞的权钱交易，他们与纽约政坛狼狈为奸，干扰华尔街的正常运行，侵吞国有资产，已经成了纽约甚至美国的毒瘤。

　　他们试图将自己的势力从纽约发展到全国，为了彻底清除他们，我筹建了著名的七十人监察委员会（Vigilance Committee of Seventy）。在委员会的首次会议上，我提名了 65 名委员。

　　这个委员会从成立伊始就得到了许多大佬级别人物的鼎力支持，自然就在社会上有很大的影响力。有了这个委员会撑腰，纽约普通民众自然就有了勇气敢于揭露特威德一干人的罪行，推翻那些以铁腕统治纽约市的腐败分子。

　　实际上，很早之前普通民众就非常质疑纽约官员的施政行为，没有人敢站出来公开质疑和挑战官员们的腐败行径。一般的纳税人都是夹着尾巴行走在纽约街头，他们可不敢因为一句鲁莽的话而得罪特威特帮派的人。如果得罪了这伙强盗，那么他们就会被以各种名义征收重税。这帮强盗常用的伎俩是通过评估大幅提升你的资产价值，进而以此为基础征收高额的财产税。在政治高压下，即便最有影响力的公民也不得不低头隐忍。

　　除非你在纽约亲历过这一切，否则很难想象特威德这帮人当时一手遮天的能力。我举一个具体的事例来说明。在七十人委员会成立之前的一段时间，曾经有人公开指控市审计长（City Comptroller）理查德·康诺利（Richard Connolly）。

　　此君是"特威德帮"的一分子，对于指控不以为然。他指定了一个委员会对自己

进行调查，这个委员会由一些社会名流组成，其成员有莫斯·泰勒（Moses Taylor）和马歇尔·罗伯茨（Marshall Roberts），以及约翰·雅各布·阿斯特（John Jacob Astor）。没有人会质疑社会名流的公信力，看起来他们都富有而且独立。最终的调查结果宣布康诺利是清白的。康诺利的政治生命得以保全，同时也让人意识到指控"特威德帮"的人变得更加困难和危险。

等到特威德彻底倒台之后，人们才发现康诺利在那次调查期间继续肆无忌惮地挪用市政的资金。这帮人主宰了纽约市的一切，民众处于腐败独裁之下，这种艰难的情况直到1872年夏天才彻底改变。1872年夏天，七十人委员会开始运作，那些人民财产的窃贼们被陆续赶下台，绳之以法。

匡扶正义和恢复法治的过程并不容易，因为这帮匪徒掌控着巨大的资源来对抗七十人委员和民众。当他们的独裁权力受到限制时，转而采用哄骗和贿赂等软性方式来保存自己的地位和权力。

例如，在我筹建七十人委员会时，"特威德帮"的一个成员立即登门拜访，询问我是否接受财政主管的职位。我回答说，无法马上给出答案，因为现在事务缠身。等到以后有了新职位缺口，而又愿意提供给我的时候，再仔细考虑。

我并未把话说绝，因为或许会接受他们提出的要求，这样也是为了降低他们的警戒心，甚至套出一些内幕来，至少可以拖延他们的反应时间。我建立七十人委员会的目的在于肃清这些社会的毒瘤，只要能够满足这个目的，我都可以相机抉择，便宜行事。

次日，特威德最信赖的一个朋友来拜访我，他热情地通知我纽约市财政主管（City Chamberlain）已经辞职了，现在这个职位空出来了，我完全能够胜任。我表达了谢意，同时表明自己是七十人委员会的成员，这是一个肩负着改革使命的组织，因此我不能接受财政主管这一职务。

最终，他们找到了百老汇银行（Broadway Bank）的总裁 F. A. 帕尔默（F. A. Palmer）担任纽约市财政主管。实际上，百老汇银行正是"特威德帮"存放资金的银行之一。

在七十人委员会开始运作后不久，许多纽约市官员辞职离开，逃离当地并且隐匿了起来。有人逃到了欧洲，有人逃到了古巴，还有人去了腐败逃亡者的天堂——英联邦新自治领（New Dominion）。七十人委员会完全掌控了局势。

不过，特威德并没有离开，他对七十人委员会仍旧抱有一些幻想，认为我们无非想要达成一些交易。时任市长澳克·霍尔（Oakey Hall）也没有逃走，还故作镇定地说

167

事情并没有不可挽回。

特威德一派大势已去，现在轮到塞缪尔·J.蒂尔登（Samuel J. Tilden）先生上台表演了。经由威廉·F.哈维梅尔（William F. Havemeyer）先生施展影响，蒂尔登与亚伯拉罕·R.劳伦斯（Abraham R. Lawrence）和佩卡姆（W. H. Peckham）一同成为了七十人委员会的法律顾问。蒂尔登先生抓住了这一重大机会，以伟大改革家的面目出现在纽约乃至全美政坛之上。如果没有七十人委员会，他很难快速在政坛崛起，更不要谈击败对手参与角逐总统。

政治的本质是对利益按照实力进行分配。旧政客被打倒了，新政客趁机上位。

168

第十九章

投机之王：丹尼尔·德鲁

（Daniel Drew）

丹尼尔·德鲁在华尔街跌宕起伏的一生是所有投机者当中最具传奇色彩的一位。他在投机界广受爱戴，人们亲切地称他为"丹尼尔大叔"（Uncle Daniel）。他在华尔街叱咤风云的辉煌事迹表明了**一个内心笃定且具有远大梦想的坚定者是很有可能彪炳史册的。**

他以一个鲜活的实例表明学校教育对于投机而言并不是必要的。相反，学校教育反而可能成为成功投机的巨大干扰。德鲁和范德比尔特两人的人生都可以充分证明上述论点。实际上，任何认识他们的人都赞同一点：倘若德鲁和范德比尔特接受了良好的学校教育，那么他们无法成为伟大的投机巨擘。他们太有创造力了，以至于很难在循规蹈矩的学校教育中待下去。在学校老师看来，德鲁和范德比尔特的诙谐而睿智的语言是不符合语言规范和词汇学的。他们两人自认为没有语言读写方面的天赋，但是却深信自己具有金融投机的天才。

对于那些能力不如自己的投机者，他们报之以习惯性的藐视；对于那些能够与自己竞争的投机者，他们则打心底嫉妒。德鲁自己不愿意接受普通教育，却慷慨地在家乡捐建了一所神学院。诡计多端是德鲁的特点之一，因此导致许多人并不认为德鲁是一个友善的人，他们认为德鲁的捐赠不过是为了获得更好的名声而已，他与范德比尔特一样都希望自己

为什么普通的学校教育不利于交易者的成长呢？

流芳百世。

或许，德鲁确实有一些自己的小算盘。在当时的社会，宗教人士具有非常高的社会地位，影响力也很大。因此，德鲁希望能够与宗教界交好，这样就为自己的金融投机事业提供了方便。这才是他捐赠神学院的根本动机。从他付款的积极性来看，他并未完全履行承诺，由此可以证明他的捐赠具有功利性。

德鲁手头握有大量的美元现金，其数量超过了当时华尔街，甚至全美的任何人。估计他的个人财富为 1300 万美元，大部分是从伊利铁路这只股票上赚取的。他当时担任了伊利铁路集团的董事和财务总监。他通过内部人的优势操纵资本市场，让那些局外的参与者们饱受股价大幅暴动的痛苦。这些倒霉的股民经常被伊利股价 20%~30% 的日内波动所惊吓，这些都是德鲁惯用的洗盘伎俩。

> 美国股市野蛮生长的年代，许多监管都不到位，内部人操纵是非常普遍的事情。

当杰伊·古尔德取代德鲁控制伊利铁路时，不仅对德鲁的职业生涯是有害的，对于伊利铁路公司在资产市场的表现来说也是致命的。从古尔德取得伊利控制权那天开始，他在华尔街的地位快速上升，而德鲁的光辉则逐步褪色，最终跌落到华尔街金字塔的最低一级。难怪德鲁称古尔德为死神："华尔街上无论谁如果碰上了古尔德，只有死亡一条路了。"

德鲁从此走上了职业生涯的下坡路，失利接连而至，直到 1300 万美元的身家化为乌有，在贫病中离世。他那些英雄没落的悲凉日子提醒着后来的投机者千万不要过分贪婪。

关于德鲁，有一件事情让我记忆深刻，从中也能学到不少东西。我记得某日参加一个晚宴，当时的德鲁正处于人生的巅峰，堪称投机之王，傲视整个华尔街和金融界。这场宴会名义上是为他举办的，德鲁是主角，华尔街大佬和政商名流们在这种场合相互吹捧，寻找有价值的交易机会。那时的德鲁坐拥 1300 万美元的巨额财富，自然成了整个社交网络的

> 名利无常，实力才是王道！

中心，曲意逢迎和谄媚是最不短缺的社交货币。在大赢家的光环笼罩下，德鲁被与会者们完全神话了。

随着宴会进行，大家依次起来发表祝酒词，挨桌敬酒，这是一个展现个人才华和辞令的场合。当轮到我致辞的时候，我也与其他人一样用着客套的词汇赞美着德鲁先生，其中也不乏洞察力的评论：

"能受到邀请来到这里，我无比荣幸。

今天非常愉快，因为现场有一位绅士坐拥巨大的财富，其持有的现金数量堪称美国第一。他靠自己的努力缔造了一个财富帝国，我们应该向他致以崇高的敬意！

他是美国精神的杰出代表，他积极进取、节俭自律、谦虚平和，他是在场所有嘉宾的朋友。

能够动摇他财富帝国根基的因素只有一个，那就是贪婪！除此之外，没有什么因素能够阻碍尊敬的德鲁先生的财富继续增长！"

这次令人印象深刻的夜宴后五年，丹尼尔·德鲁就宣告破产了，1300 万美元的财富如镜花水月，不懂节制的贪婪之人最终落得窘迫境地。

回想起大约 15 年，德鲁在华尔街如日中天的时候，《纽约论坛报》刊发了一首诗讽刺德鲁通过巴结宗教界为自己的投机事业提供便利：

He was a long, lank countryman,

And he stoppeth one of two.

"I'm not acquaint in these yeere parts,

An' I'm a lookin' fur Dan'l Drew."

"I'm a stranger in the vineyard,

An' my callin' I pursoo

At the institoot at Madison,

That was built by Dan'l Drew."

"I'm a stranger in the vineyard,

要想在投机事业中长久下去，必然奉行中道！贪婪和恐惧都是过度的表现。何谓中道？乘势当机，懂得节制。仗力逞能的人都是"短命"的，借力节制的人才能"长寿"！金融市场多"明星"，少"寿星"，为什么会这样？值得我们扪心自问和深思。

为了保持原文韵味，诗歌不翻译。

An 'my' arthly wants are few;
But I want sum p'ints on them yer sheares
An' I'm a lookin' fur Dan'l Drew."

Again I saw that laborer,
Corner of Wall and New;
Lie was looking for a ferry boat,
And not for Daniel Drew.

Upon his back he bore a sack,
Inscribed "Preferred Q.U."
Some Canton scrip was in his grip.
A little Wabash, too.

At the ferry gate I saw him late,
With his white hat askew,
Paying his fare with a registered share
Of that "Preferred Q.U."

And these words came back from the "Hackensack"
"Ef yew want ter gamble a few,
Jest git in yer paw at a game o'draw,
 But don't take a'and with Drew."

Collins English Dictionary 对 "Watering Stock" 的定义是 "the creation of more new shares in a company than is justified by its assets"。

MBA 智库百科对 "掺水股" 的定义和解释为:

掺水股与 "资本掺水" 是同一个概念,指公司发行的股票,按面值的资本总额大于公司的实际资本总额,即股票票面价值大于实际资本价值的股票。

还有一些观点认为:掺水股从严格的意义上讲不过是指股票发行总量超过实际投入资本。在有关规则被制订出来规范这种做法之前,它的确可以成为帮助坏人作恶的工具。但事实上每一次送红股和股票拆细都是 "掺水股票",而投资者并不会有什么特别的意见。这个名词已经从今天的华尔街上消失了,原因并不是这种做法不存在了,而是因为这种做法已经普遍化了。

19 世纪末和 20 世纪初股票掺水曾在美国盛行。目前,这种股票掺水的做法在多数西方国家已被明文禁止。

掺水股的名称来源于将牛赶往集市的途中喂大量的盐,这样能使牛在称重量前饮进大量的水以增加体重。

等到德鲁落魄的时候,媒体连讽刺他的兴趣都没有了。

客观来讲,德鲁实际上是一个白手起家的典范。他最初是贩卖牲口的,即便后来在华尔街成了耀眼之星,仍旧不改以前的穿着习惯,打扮简单,不修边幅,显得粗鄙。

丹尼尔·德鲁也创造了许多操纵和谋利的把戏,比如 "掺水股"(Watering Stock)。在当牲口贩子的时候,他会给牛吃盐,牛口渴后会饮大量的水,到市场出售时就可以卖更多的钱。

德鲁一度称霸华尔街很长一段时间，无可匹敌，直到碰到古尔德和菲斯克之前。他有充分的才智和丰厚的资源来对付那些想要在金融市场上占他便宜的人。有一个实例可以很好地说明这一点。当他因为参与西北铁路公司（Northwestern）的股票陷入困境时，那些作为对手盘的自营商和交易者幸灾乐祸。德鲁也跟普通人一样沮丧，那些从德鲁身上捞到利润的对手们正在庆祝自己的胜利，他们觉得自己战胜了华尔街之王。有好几天的时间，德鲁都成了华尔街的笑料。有些不知天高地厚的年轻人甚至专门跑到德鲁面前去讥讽他。

德鲁迅速调整好心态，他接受了眼前的不利条件，恢复了乐观的天性和进取的精神，他准备静静等待时机好好惩罚一下这些骄傲自大的年轻对手。最后一个计划出现在脑海里面。

某天晚上，那群嘲讽丹尼尔·德鲁的年轻人正在郊区的一个俱乐部狂欢，德鲁低调地走了进去，好像要找什么人。虽然在场的华尔街人士都极力挽留他，但是他还是急着要找什么人。由于太热，他几次从衣服口袋里面拿出手帕擦汗。正当他要离开的时候，一张小小的白纸片跟着挥动的手帕从衣服口袋里掉了出来。德鲁似乎并没有注意到这一切，旁边一个人立即迅速地将纸片用脚踩住。

等到德鲁完全离开之后，这群人开始翻看这张小纸片。上面字迹模糊地写着："全力替我买入奥史考士（Oshkosh）的所有流通股，只要价格低于合理水平。"

年轻人当场得到这个消息之前基本都是看空奥史考士的，因为这只股票此前已经飙升得太高了，他们计划做空这只股票。不过，这张小张片却让他们的态度180度大转弯。他们相信德鲁在着手新的计划，而这会让奥史考士继续猛涨。

机不可失时不再来，这群华尔街的新起之秀决定好好利用这个意外的信息。于是，他们组建了一个联合坐庄的组织，准备在次日大举买入3万股奥史考士。次日，他们确实按照

正如孙武所说：兵者，诡道也。故能而示之不能，用而示之不用，近而示之远，远而示之近；利而诱之，乱而取之，实而备之，强而避之，怒而挠之，卑而骄之，佚而劳之，亲而离之。攻其不备，出其不意。此兵家之胜，不可先传也。

计划买入了股票，而对手盘则是德鲁先生的某个新经纪人。

接下来，奥史考士的股价让人大跌眼镜，当天就暴跌了 12 个点。丹尼尔经由此一战，洗刷了之前耻辱，从这些嘲笑他的年轻人身上大捞了一笔，超过了在西北铁路上的亏损。一段时间之后，这群年轻人才意识到自己被德鲁先生戏要了一回。

德鲁真正的财富积累主要发生在操纵伊利铁路期间。1852 年，他进入伊利铁路董事会，直到 1868 年被排挤出去，濒临破产。任职董事期间，他也兼任财务总监。

1797 年，德鲁出生于普特南郡（Putnam County）的卡梅尔小镇（Carmel）。他比范德比尔特小 3 岁。正如此前提到的那样，他最早是个牲口贩子，从家乡赶着牛到纽约卖，后来他在纽约市开了一家旅店。

即便他后来发迹了，也没有改变当牲口贩子时的穿衣习惯。身家 1300 万美元的时候，他也没有拿着昂贵的镶金手杖招摇过市，而是经常带着一把破旧的雨伞在华尔街出现。

在担任伊利董事兼财务总监期间，他抓住任何操纵该股的机会从中谋取利润，毫不顾忌他人和公众的权益。他主导该股以来的很长时间内，都是以做空为主。与范德比尔特一样，他对蒸汽船运输业也有一些兴趣，不过伊利的股票才是真正让他着迷并且积累起巨额财富的资产标的。

在那个时代，一名公司董事同时操控股价并不鲜见，他因此获得了投机董事的恶名。直到伊利铁路股权大战之前，他在华尔街的地位都坚如磐石。到了 1866 年，德鲁的投机生涯分水岭出现了。

1866 年之前，德鲁在华尔街的一切都太顺利了，平步青云，积累了数百万美元的财富，无人可以望其项背。1866 年春，伊利铁路公司的现金流出现了问题，经营缺乏资金，因此向时任财务总监德鲁求救，当时的股价为 95 美元。德鲁个人有充足的钱为企业融资，但要求企业提供贷款担保。

伊利还有待发行的 28000 股，同时还表示有权利发行可转换债券。实际上，这不过是伊利股价操纵中的惯用伎俩而已。本书前面章节曾经提到雅各布·利特尔曾经利用这一伎俩打败了多头，化险为夷。因此，这样的方法并非德鲁首创。

德鲁向伊利提供了 350 万美元的资金作为抵押，并获得了 28000 股待发行股票和价值 300 万美元的可转换债券。德鲁发现这些可转换成股票的债券增加了自己出其不意做空的能力，于是他准备给华尔街上那些稚嫩且目空一切的年轻人设置一个陷阱，请君入瓮。

伊利财务好转加速了多头布局，伊利的流通股很快就被买光了，股价从 95 美元起

步。德鲁持有相当数量的空头头寸，华尔街的操盘手们非常怀疑他回补空头头寸的能力。

德鲁即将陷入困境之中，年轻人想到这里禁不住手舞足蹈。狂热的多头们乘胜追击，他们认为德鲁马上就要破产了。图穷匕首见，德鲁开始使出暗藏已久的撒手锏，他行使权力将 300 万债券转换成了股票，连同带发行股票一起总共向市场抛售了 58000 股。他回补了所有空头头寸，但抛出来的股票数量太多，以至于多头变得无法消化。

虽然华尔街一直在热捧伊利股票，但是现在多头变得招架不住了，市场完全没法消化这么多的股票。德鲁的突袭让多头们陷入恐慌之中，股价从高位持续暴跌，最终跌至 50 美元。那些融资买入的多头们，被德鲁洗劫一空。现在，做空的人大赚一笔，比如德鲁就赚了几百万美元，而做多的人则亏得想跳楼，**对手盘的两方一个天上一个地下，这就是交易的魔幻之处。**

这场交易仿佛一场政变的双方，结局迥异。这是德鲁最为精彩的运作案例，其水平远远超过了此前同类操作。当然也招来了华尔街其他人的嫉妒和仇恨，华尔街的年轻操盘手们既憎恨德鲁，也敬畏德鲁。

此役之后，德鲁想要休整一下，不过市场给他的休息时间实在是非常短暂。德鲁在打败联合坐庄的多头团体时，动用了自己运作的一个基金，关于这个基金还有一段小插曲。有一个年轻人也是这个基金的股东，不过他并不清楚德鲁的操作计划，相反，在他得知联合坐庄集团的计划之后向德鲁融了一笔钱跟风买入伊利铁路的股票。这位年轻人认为多头庄家的目的是将伊利股价推升到极高的位置，于是觉得不能放过这个机会。

德鲁并未透露自己的做空计划，而是大方地借了一笔钱给这位年轻朋友，并且安排经纪人卖了一些股票给他。这位年轻人几乎每天都在买进，而德鲁则通过经纪人不断在市场上卖出股票或者是做空。

不久之后，股价暴跌，这位年轻人变得紧张起来，他自己持有多头头寸亏损严重，于是他与其他一些人找到德鲁，希望他能够动用基金将伊利的价格推升起来，以便解套。

德鲁理性告知他们，基金持有的伊利股票已经全部高位抛出去了，也不打算再买入了："我应卖了所有的伊利股票，大赚一笔，现在是给基金股东分利润的时候了！"

直到这时，这个年轻人才发现，德鲁是在利用上涨抛空，甚至做空股票，而自己却在不停买入。他自己的账户是亏损了，但是投入到德鲁运作的基金中的钱却是盈利了，后者完全能够抵补前者的亏损，这真是不幸中的大幸啊。

　　德鲁在运作股票的时候绝不允许任何人情关系影响自己，也不会因此向任何人透露自己的操作计划，避免节外生枝。这位年轻人虽然因为自己的独立操作而承受了损失，但这正是投机学习的必经阶段。**只有一个独立思考和果断操作的交易者最终才能成功地在金融市场中获取丰厚利润。**

德鲁的逸闻趣事
(Interesting Episodes in Drew's Life)

我最初的计划只是大致介绍德鲁投机生涯中最精彩的部分。不过,我想起了大众一贯的诉求,那就是尽可能多地了解伟大人物的经历细节。每天发行和流通的报纸杂志总是在培养和鼓励这种猎奇心理。

好奇心可以促使我们进步,打破固有的见识边界。因此,在德鲁的事情上我认为自己有必要满足大家的好奇心,这也是促进大家在金融事务上进步的时机。我会从大家最可能提出的问题出发来组织德鲁的故事。大家或许最希望知道:小时候的德鲁是怎么样的,是否有投机的天赋?他是如何开启赚钱之旅的?从华尔街跌落并走向末路的德鲁是怎么想的,他又是由于什么原因而落到如此地步的?

显然,德鲁是华尔街上最为出色的人物,也是勤奋节俭、敢于冒险的美国精神的典范。他从最低的阶级上升到最高的阶级,多面的性格因素融合了几乎每个阶级的特点。无论是哪个阶级的读者都对德鲁赚钱的秘密富有兴致,这也是人性使然。无论是在美国,还是在全球任何文明的国度,所有投机者都想要了解德鲁的秘密。

我尝试在本书中还原一个真实的德鲁,解读他成功的要诀。我认为许多年以后还是会有不少人会有浓厚的兴趣了解德鲁传奇的一生,而本书将满足这种需要,同时也让他的传奇长传于世间。

德鲁的一生充满了投机巨子的魔幻色彩,同时也是美国文明和进步的体现之一,这样的传奇只能在美利坚土地上诞生。在那些旧制度主导的社会里,德鲁不可能创造出华尔街的传奇来,那里的人民惊叹于美国的伟大创造力。

大众对德鲁最感兴趣的地方是他是从怎样的童年成长起来的。毕竟,每个人都希望赢在起跑线上,不知道德鲁是不是如此呢?丹尼尔的父亲是英格兰人,母亲是苏格兰人后裔 (Scotch Descent)。从我掌握的信息来看,丹尼尔·德鲁少年老成,做事深思

熟虑。他没有机会上学，很早就在农场打工，除了接触到一点神学知识，他的正式教育少得可怜。15 岁的时候，他父亲去世了，剩下他们母子三人：母亲、弟弟和他。他们搬到了一个更小更穷的农场。

17 岁时，德鲁应征进入地方预备役部队（State Militia），然后参与了第二次对英战争。他所在的团队奉命驻扎在哈德逊河上的甘塞沃特堡（Fort Gansevoort），纽约就在对面。

服役数月之后，美国和英国之间的冲突平息了，他也退伍了。他入伍的时候获得了国家给予的 100 美元的津贴，他母亲保管着这笔钱。等他复员，这 100 美元就成了他创业的启动资金。他的对手范德比尔特当年从母亲那里借来的启动资金与此数目大致相同。

"我想要拿到那笔入伍的钱。"德鲁回家后不久对母亲说。

"你打算用这笔钱做什么呢？"德鲁的母亲关心地问。

这位老妇人身上流淌着苏格兰人的血液，骨子里面继承了节俭的传统，而范德比尔特的母亲也有节俭的习惯。或许这就是他们两人的儿子都能在华尔街大放异彩的根本原因。

"我想要去做买卖牛的行当，低价买了牛再高价卖到纽约去。"德鲁已经有了明确的计划。

"这个生意肯定不会亏吗？"母亲想要进一步确认风险程度。

"有很大的概率会挣钱！"

于是，他拿到了那笔钱，在乡下买牛然后赶到纽约去卖。由于起始资本太少，因此卖牛的利润微薄。德鲁不停地打听、观察和思考，他发现如果能够在俄亥俄买牛的话，则利润空间可以增加很多。

看到巨大的商机之后，德鲁向富尔顿市场（Fulton Market）的屠夫亨利·阿斯特（Henry Astor）借钱，阿斯特是富豪约翰·雅各布·阿斯特（John Jacob Astor）的兄弟。亨利·阿斯特最初的时候觉得德鲁完全是在冒险，不过最终还是帮了一把忙。

开源节流，节流是保存实力的做法，开源才是壮大自己的做法。"开源"好比"让利润奔腾"，"节流"好比"截短亏损"，德鲁和范德比尔特从小就从母亲那里继承了"截短亏损"的理财传统。

据说约翰·雅各布·阿斯特是当时的美国首富。

178

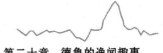

让阿斯特意外的是德鲁最终赚到了钱，而且很快就确立了可靠的商界声誉和信用。他在俄亥俄州买了牛，赶着牛翻过阿勒格尼山脉（Alleghany Mountains）。传言他是第一个这样大胆操作的牛贩子，整个行程需要花费 60 天时间，在极端情况下会损失掉 1/3 的牛，也就是说，1000 头牛会损失掉 600 头左右。不过，由于俄亥俄州的牛非常便宜，因此利润仍旧非常丰厚。

有一次，在赶牛的路上过夜，他遭遇了雷暴，避雨的树被闪电击中，骑的马被劈死了，他自己也曾一度陷入昏迷之中。不过，没有什么困难能够阻止他前进。此后，他的商业版图逐步扩大到了肯塔基州（Kentucky）和伊利诺伊州（Illinois）。

1829 年，德鲁在纽约的第二十四大街（Twenty-fouth）和第三大道（Third Avenue）交叉处设置了一处牛圈（Cattle Yard），不久又开设了"牛头旅店"（Bull's Head Tavern）。

1834 年，德鲁正式进军蒸汽船航运业，范德比尔特已经从事这个行业 17 年了。德鲁最初买了两艘船，起名为"威斯特彻斯特号"（Westchester）和"翡翠号"（Emerald）。德鲁经营从纽约到奥尔巴尼（Albany）的航线，与范德比尔特经营的航线重叠。为了打垮范德比尔特，德鲁将船费从 3 美元降到了 1 美元。激烈的价格战就这样打起来了，以至于后来两个城市之间 100 英里的路程只需要 1 先令（Shilling）的船费。

德鲁接下来又增加了好几艘蒸汽船，分别命名为"纽约佬"（Knickerbocker）、"俄勒冈州号"（Oregon）、"乔治·劳号"（George Law）、"艾萨克·牛顿号"（Isaac Newton）和"新世界号"（New World）等，这支船队成了范德比尔特船队的强大竞争对手。

1840 年，"艾萨克·牛顿号"在哈德逊河流上牵头组建了"人民航线"（People's Line），德鲁成了最大的股东。为了充实这家航运公司的实力，股东们又陆续建造了"圣·约翰号"（St. John）、"迪恩·里士满号"（Dean Richmond）和"德鲁号"

德鲁进行了跨地区套利，险峻的山脉提供了风险溢价，两个月跋涉的时间提供了时间溢价。

奥尔巴尼为美国纽约州首府，位于该州中东部，哈德逊河西岸，南距纽约 225 公里，东距波士顿 256 公里，三者近似一个等边三角形。

179

（Drew）。后来，"艾萨克·牛顿号"被烧毁了，而"新世界号"则沉没了。

1852年当哈德逊河沿线铁路开通以后，德鲁拒绝卖光手中船运公司的股票，他对铁路公司的总裁说："你想怎么定列车运价都可以，但是不要影响我的定价权。如果你想要调整船运费，唯一的办法就是买下我的公司，不过我不认为你们有这么多的银子。"

德鲁的判断是正确的，最终铁路线只是促进了物流发展。当竞争出现时，德鲁不仅没有亏损，反而盈利还上升了。他控制斯托宁顿线（Stonington Line）长达二十年的时间。

1844年，德鲁首次踏足华尔街，十三年之后我也进入到了华尔街。不过等我开始玩金融投机的时候，德鲁已经是经验丰富的华尔街巨头了。他与女婿凯利（Kelly）先生以及纳尔逊·泰勒（Nelson Taylor）以股票经纪人和银行家的身份一起进入华尔街。他们的业务量很大，客户也非常多。他们的合伙公司经营了差不多十年时间，后来因为其他合伙人去世而解散。此后，德鲁成了华尔街历史上最激进，也是最伟大的操盘手之一。

德鲁25岁的时候，与农场主的女儿罗莎娜·米德（Roxana Mead）结婚，两人共有三个子女：威廉·H. 德鲁（William H.Drew）、约瑟芬（Josephine）和凯瑟琳（Catharine）。约瑟芬很小的时候就去世了，凯瑟琳嫁给了牧师W.I. 克莱普（W.I. Clapp），这位牧师去世后给凯瑟琳留下了丰厚的遗产。1876年，德鲁的妻子去世了。无论是威廉·H. 德鲁还是凯瑟琳都对德鲁非常好，因此德鲁并不担心自己的养老问题。

德鲁有好几年时间是纽约圣保罗卫理公会（St. Pual Methodist Episcopal Church）的一名成员。他经常像威尔金斯·米卡波（Wilkins Micawber）一样对宗教和教育机构进行大手笔的捐赠，不过通常以票据的方式支付。不过一旦他破产，那么这些票据也就成了白条。

他曾经捐出25万美元，在卡梅尔（Carmel）建立了德鲁

由实业入金融并不容易，慎之慎之！

神学院（Drew Seminary）提供为年轻女子就读；在新泽西（New Jersey）的麦迪逊（Madison）捐出 25 万美元建立了德鲁宗教神学院（Drew Theological Seminary）；他还捐赠了大笔资金给康涅狄格州米德尔顿（Middletown，Conn）的卫斯理大学（Wesleyan University）以及协和圣经学院（Concord Biblical Institute）。后来，他又捐赠了 10 万美元给卫斯理大学，不过最终未能兑现。在他华尔街生涯的末期，他虽然在普特南县（Putnam County）有几处大农场，但是都被拿去抵押了。

1876 年，破产清算之后，德鲁计划回到家乡与儿孙们共享天伦之乐。由此可见，即便是最贪婪的投机者也有内心渴望亲情的一面，这让我不禁想起柯珀（Cowper）一首有关这个主题的诗：

Be it a weaknes, it deserve some praise,

We love the play place of our early days,

The Scene is touching, and the heart is stone,

That feels not at the sight, and feels at none.

1876 年，破产清算后，带病的德鲁回到普特南县，他很期待着能够很快返回纽约在华尔街东山再起。回到家乡之后的德鲁并不清闲，他说："许多人跑来拜访我，有些人似乎都快一百岁了。有人说我年轻时曾经从他那里赊购过牛，是专门来收钱的。我完全想不起有这么一回事了，他们也没有凭据，过去这么久的事情谁也说不清楚了。"他还谈论了恋恋不舍的金融投机："**对于股票而言，不到次日收盘，你永远不知道明天的结果究竟是怎么样的！**"

丹尼尔还是憋不住回到纽约一阵子，他住在霍夫曼酒店（Hoffman House），因为那里可以看到股票行情报价。他当时的股票经纪人主要是大卫·格罗贝克（David Groesbeck）。

住在城里有许多好处，这是乡村无法提供的。后来，他意识到自己已经太老了，无法再现辉煌了。他内心真的想要

威廉·柯珀（William Cowper）生于 1731 年，卒于 1800 年。威廉·柯珀是那个时代最受欢迎的诗人之一，通过描绘日常生活和英国乡村场景，改变了 18 世纪自然诗的方向。在许多方面，他是浪漫主义诗歌的先行者之一。

金融市场是体验"无常"的最佳场所。

休息了，他最在乎的是没有钱来完成那些承诺的宗教捐赠。他多么希望能够从华尔街上捞到一大笔钱来完成这一切啊，有时候命运女神一离开就不再眷顾了。

德鲁破产后剩下的个人财产有价值150美元的怀表和表链、价值150美元的海豹皮衣、价值100美元的普通衣服、价值130美元的书籍，包括《圣经》和赞美诗集（Hymn Books）。

虽然德鲁自己非常节俭，但是对朋友却慷慨大方，他在第十七大街（Seventeeth Street）和联合广场（Union Square）西北角处的宅邸经常免费提供给来自全球的卫理公会牧师（Methodist Ministers）。

在他去世之前几年的时间里面，德鲁坦率地与一位采访他的记者谈起自己当时的窘境："我以前非常成功，在我没有完全明白过来怎么回事之后已经成了超级富翁。在商业和金融投机上我一直非常幸运，赚了大笔钱。但是没有想到最后的结局竟然会这样，会在一笔交易中亏损这么多钱。我想要打败范德比尔特，尝试了所有方法之后，仍旧无济于事。

我喜欢赚钱的感觉，将自己挣的钱花出去也是一种美妙的感觉。在顺利的时期，我积攒了大量财富。华尔街是一个掘金的好去处，不过要及时收手才行，否则就是一枕黄粱。我被金钱蒙住了眼睛，看不清形势，以至于无法收手。

> 资产多样化确实能够抵御巨大的风险，做金融投机的人一定要注意这一点。

现在的我已经清楚地知道当时应该怎么操作了。早在八年到十年前，我就应该离开华尔街了，把债务完全清偿后带着大笔财富离开。我应该在赚钱的时候将更多的财富分给孩子们，让他们能够享受我创造的一切。我应该在捐赠的时候支付现金而非票据，这样我就能兑现一切捐赠承诺了。

我给儿子留下的东西不多，其中有乡下的老宅子，还有一些其他的小型地产，都在乡下，希望他能够财务自力。

我的女儿嫁给了一个富有的人，他们有五个孩子。女婿去世后给孩子们留下了丰厚的遗产，还让我成了遗嘱执行人之一，这是对我的信任。我将我们住的这栋房子，以及几艘

蒸汽船的部分股权转交给了儿子和女儿，以便他们能够过好以后的日子。现在这些蒸汽船主要是我的儿子在负责管理，他干得非常不错。"

德鲁在伊利铁路股票上遭遇大败之后，成了凯尼恩—考克斯公司（Kenyon, Cox & Co.）的合伙人。不过这家公司1873年破产倒闭了，德鲁不得不另寻他途。数年来，他持续亏损。在伊利上，由于古尔德和菲斯克的设计，他亏了两三百万美元。后来，贺瑞斯·F.克拉克（Horace F. Clark）和古尔德又在西北铁路股票让他亏损了75万美元。形势恶化后，他不得不将持有的伊利股份转让给了 W.L. 斯科特（W.L. Scott）。到了1876年，他申请了破产，当时的个人债务为1074131.83美元，个人资产为746499.46美元。德鲁与范德比尔特一样，对自己的资产负债情况清清楚楚，他们并不相信那些账本，因为那些复杂烦琐的东西往往都是财务骗局的把戏。

德鲁破产的时候，已经过气一段时间了，因此并未在金融市场上掀起任何波澜。在履行破产手续后不久，他觉得不能就这样认输了："这些年轻人认为我已经彻底输了，他们错了！我会卷土重来的！"当时，他看好几只股票，比如托莱多—沃巴什铁路公司（Toledo & Wabash）、加拿大南部铁路公司（Canada Southern）、水银矿业公司（Quicksilver Mining Company）和广州土地公司（Canton Land Company）等。

威廉·H. 范德比尔特曾经在德鲁的公司学习了一段时间，获得一些金融领域的培训。这点关系，让他对德鲁有一些同情之心，时不时会给一些有价值的消息给德鲁参考，德鲁能够从中赚些小钱。传言，范德比尔特本来想帮助德鲁东山再起，不过德鲁突然去世了。

1879年9月18日晚上10:45，德鲁在儿子位于东四十二大街3号（No.3 East Forty-Second Street）的家中去世了。去世之前并无任何征兆，当天的身体状况还算正常，没有异样。下午6点时，德鲁还与证券经纪人大流士·劳伦斯（Darius

如何识别财务骗局？财务骗术的常见形式有哪些？能否利用人工智能完成财务骗术的识别？

永远不要让自己没有对手！对手是最好的教练和陪练，真正的进步离不开真正的对手！尊重对手，才是真正的智者！

Lawrence）在布劳得大街（Broad Street）的联合大酒店（Grand Union Hotel）共进晚餐。

晚餐后，他回到了儿子家中。晚上 9 点，他说身体不太舒服，不过他说不想麻烦任何人照顾，如果有什么事情他会叫隔壁房间的劳伦斯先生。晚上 10 点，他来到劳伦斯先生的房间，告诉他自己感觉到更加难受了。他们立即通知伍德曼（Woodman）医生前来。不幸的是，医生还未赶到，德鲁就去世了，死因是脑卒中。

关于德鲁的古怪做法有很多版本，**其中一个版本是每次投机失败之后他会想办法进入放松状态**，要么通过祈祷，要么盖着毯子躺在床上。他去世之前那一年有段时间住在斯图尔特万特酒店（Sturtevant House），某天有两个华尔街故交造访，他们发现德鲁将房间所有窗户都关上了，盖了好几床毯子，正在放松中。德鲁的朋友点了一瓶香槟，不过德鲁没有一起喝。两个朋友喝完之后，又点了一瓶留给德鲁，他们认为自己走了之后德鲁会独自享用。

还有一则逸闻则说明德鲁在投机中绝不会错过任何机会获利，特别是别人无意间透露的一些关键信息。南北战争期间，有个来自加利福尼亚州（California）名叫派克（Parker）的年轻人找到德鲁争取融资。他拥有的财富超过了拥有的判断力，他在 100 美元附近大举买入伊利，然后拉升到了 120 美元，不过他的现金流难以维系，因此找德鲁借钱。他开出了条件：如果德鲁借钱给他继续做盘，则他能够以 15% 折扣价协议转让一部分伊利股份。德鲁面带微笑地接受条件，派克于是继续大胆推升伊利股价，花光了老本。等他次日来见德鲁时，后者却说凑不到钱，无法借钱给他。派克一下子坠入了深渊，资金链彻底断了。

德鲁同时命令经纪人进场大举做空伊利，因为他知道派克这个大多头已经无力支撑盘面了。派克破产了，不得不离开华尔街，当然他也从中学到了重要的一课，在华尔街不要寄希望于任何人的承诺。德鲁则从做空中大赚了一笔。

> 放松是一个非常重要的技能，一个值得养成的好习惯。无论你从事什么职业，想要过什么样的人生，放松都能倍增你的效能。

> 善战者，避其锐气，击其惰归。

　　德鲁高大强壮，年老之后皱纹很深，这是长期思考和担忧的结果。思考的时候，他总是不停地眨眼。走起路来，他步履稳健。他行事温雅，待人和善。虽然脸上堆满了假笑，不过谦卑的态度却避免不少麻烦和降低了对手的仇视。他恒顺众生，世故圆滑，低调温和得被认为是乡下教堂的执事。

　　我花费了一些时间和笔墨来整理、叙述这位伟大投机者的生平事迹。在结束本章的时候，我真诚地希望他能够在另外一个世界获得宁静，因为这是投机者在华尔街很难获得的。

投资之王：威廉·H. 范德比尔特
（William H. Vanderbilt）

在本章我将介绍华尔街另外一位天王级的人物，就是威廉·H. 范德比尔特，他既是华尔街之王，也是铁路巨子。他在华尔街上的操作空前绝后，不过这些操作严格来讲不算投机，更像是投资。因此，与其说小范德比尔特是投机者，不如说他是投资者，况且他的投资总是给金融市场带来健康积极的影响。

小范德比尔特与沃尔里霍夫（Woerishoffer）等不同，他能够提升股东价值，而不是让其缩水。他避免因为骄傲自大而导致公司经营出现重大失误。他尊重公众的看法，引导公众客观理性地看到行业垄断的影响，避免因此造成恐慌。在他大规模重组纽约中央铁路（New York Central）的时候就体现了这一点。

小范德比尔特在铁路运输管理领域首次涉足的是斯坦顿岛铁路（Staten Island Railroad）。这条铁路全长 13 英里，因为管理出现问题而陷入沉重的债务负担中，濒临破产。老范德比尔特在这上面有重大利益，他试图力挽狂澜，于是任命自己的儿子威廉·H.范德比尔特为委托管理人。通过这种安排老范德比尔特想要检验一下自己儿子是否具有管理铁路的能力。

结果表明小范德比尔特的资产重整和管理能力非常出色，在两年时间内这家公司清偿了债务，由一文不值的垃圾股上

威廉·H. 范德比尔特又称小范德比尔特，他是"船长"范德比尔特的儿子。

老范德比尔特在小范德比尔特身上"试探后加码"。人生博弈的任何领域都应该恪守"试探后加码"以及"截短亏损"的原则。

涨到了 173 美元。很快，小范德比尔特被任命为这家铁路公司的总裁。老范德比尔特开始转变对儿子此前的看法，认为他足以担当重任。小范德比尔特毫无抱怨在父亲的高要求下努力工作。

在老范德比尔特控股哈莱姆铁路之后，他让儿子担任公司的副总裁。在小范德比尔特的出色经营下，哈莱姆的股东价值显著增加，在数年内成了全美最有投资价值的资产，其股价一飞冲天。公众往往认为小范德比尔特管理铁路的才华源自其父亲，实际上早在老范德比尔特大举进军铁路行业之前，他已经显示出了卓越的铁路经营能力。这一点虽然鲜有人知，不过却是事实。

数年后，基于小范德比尔特的洞察力和决策，哈莱姆铁路扩建成了双轨，这一重大变革促使股价大幅上涨。"船长"老范德比尔特看到儿子的管理能力如此杰出，欣喜异常。由于小范德比尔特的杰出表现，其父提升他为哈德逊河铁路公司的副总裁，在公司合并成纽约中央铁路—哈德逊河铁路公司（New York Central & Hudson River）之后，他仍旧担任副总裁的职位。

小范德比尔特参与经营的许多公司的业绩都得到了大幅提升，在担任合并后公司的副总裁期间，他不知疲倦地努力工作。他的这种勤奋进取态度铸就了他的伟大之处，不过也损害了他的健康，以至于在一个长寿世家里面过早地离世。

小范德比尔特事必躬亲。他直接过问甚至插手每个部门的细节，亲自检查一切问题，仔细审查财务部的每一份财务报表、票据，检查每一个火车头。除此之外，他还阅读大量的信件，而那些财富远远不及他的人往往都会将这些信件交给属下负责。他还亲自回复许多信件，就连那些普通的金融家往往都是通过口述，让书记员来回复信件的。

老范德比尔特于 1887 年 1 月去世，当时威廉·H.范德比尔特 56 岁，他接着管理着大笔财富，估计总值在 7500 万~9000 万美元，老范德比尔特另外还留下了 1500 万美元。父亲

离世之后，威廉·H. 范德比尔特担起了管理整个铁路系统的重任。

1887 年，铁路系统的工人举行大罢工，威胁让全美的铁路系统瘫痪，一场社会革命处在爆发的临界点。在这个节骨眼上，铁路管理者需要保持冷静和理性，从大局出发，审时度势。小范德比尔特先生就有如此的品质和风范。与竞争对手长期的价格战迫使运价大幅下降，员工新手被迫削减。要想解决这一问题，必须首先解决价格战的问题。他终止了价格战的恶性循环，在主干铁路上与对手保持合作姿态，这就解决了罢工的根本原因。

纽约中央铁路和哈莱姆铁路公司一共雇用了 12000 名员工，薪水相比之前下降了 10%，他们威胁要捣毁中央火车站（Grand Central Depot）。虽然小范德比尔特先生的勇气可嘉，但是他并未如同在宾夕法尼亚一样申请派遣预备役部队，而是选择同员工们协商解决。

他从萨拉托加（Saratoga）发了电报给公司高管，指示他们调拨 10 万美元分配给罢工人员，并且承诺一旦生意好转到一定水平就将此前削减 10% 的薪水补发给他们。这一果断的行动迅速见效。虽然在匹兹堡出现了小规模血腥冲突，让阿勒格尼县（Allegheny County）付出了惨痛的代价。但是工人们在纽约主要铁路线上保持了克制，避免了事态恶化。12000 名雇员中有 11500 名恢复了工作，他们表达了对小范德比尔特先生的感谢和信任。后来，小范德比尔特先生也确实履行了承诺。

小范德比尔特管理风格与其父有很大的区别，他采用了柔性和温和的方式，倾向于通过协商和仲裁来解决问题，而不是采用压制和威胁的方式。他在生意上非常精明，习惯于检查就餐的账单，避免支付那些多出来的费用。另外，他在慈善上却非常慷慨。

在与弟弟"小克里尔"（Young Corneel）的财产诉讼中，他同意让弟弟再从自己私人财产中取得 100 万美元。实际上，

标本兼治，大医之道。

老范德比尔特一共就给他留下了200万美元的私人财产。另外，小范德比尔特还拿出了50万美元的公债分给每一个姐姐。关于这个还有一些有趣的故事。

晚上，他驾着马车前往每个姐姐家赠送债券，有个姐夫说："由于今天债券市场下跌了一两个点，因此已经值不了50万美元了。"

"没关系，我会再签一张支票给你们！"小范德比尔特当场就填写了一张支票。

另一个姐夫则说："如果你还能赠与更多，请不要忘了我们！"

如果小范德比尔特是一个普通人的话，那么他肯定会被激怒，不过因为他对人性十分了解，因此一笑置之。

小范德比尔特先生也在艺术方面留下了不少杰作，例如在第五十一大街（Fifty First Street）和第五十二大街（Fifty Second Street）之间的第五大道（Fifth Avenue）上建造了一座豪宅，其中装饰着来自全世界的最著名艺术家的杰作。

为什么小范德比尔特不愿意投机呢？因为他将父亲留下的资产看作一种责任，他要让这些资产保值增值。因此，他在管理这些资产的时候如履薄冰，绝不肆意妄为。

昌西·德普（Chauncey Depew）先生接任了纽约中央铁路——哈德逊河铁路公司的总裁一职。某次他访问伦敦，有幸参加了为时任英国首相 W. E. 格莱斯顿（W. E. Gladstone）举办的晚宴。当时他坐在首相身边，两人兴致盎然地讨论起英美铁路和金融行业在治理上的区别。

在谈话中，格莱斯顿先生说："美国有一个人身家高达1亿美元，手握这么多财富对于国家金融体系的稳定是一个威胁。政府应该剥夺他的财产，如果他将资产全部转化成现金存起来，那么势必引发美国严重的通货紧缩，而这会传到英国乃至世界各地，波及无辜的人们。"

德普先生承认美国确实有一个这样的超级富豪，他就是威廉·H. 范德比尔特先生。不过他以平和而理性的方式回答

当你深刻地了解人性之后，你就不再恐惧和愤怒，而是慢慢学会"恒顺众生"。

190

道："首相先生，贵国同样有这么一个人，他个人拥有的财产也是巨大的。"

"我想你指的是威斯敏斯特公爵（Duke of Westminster）。实际上，他的财富规模并没有那么大，我非常清楚他的财产情况，因为这些年我一直关注着。他的财产大概有1000万英镑，也就是5000万美元，而且并非有价证券，因此不能随时变现。他的财产仅仅是世袭的，无法让与，只能自己享受。自然不会对英国的金融稳定和国家安全构成威胁。"

"范德比尔特先生与威斯敏斯特公爵一样，也不会对所在国的金融稳定和国家安全构成威胁。"德普先生迅速给出了自己的答案。

威廉·H.范德比尔特先生具有出色的投资能力，这是他作为伟大金融家的标志。在接受父亲的遗产之后的7年内，他将资产价值增加了两倍以上。

智者千虑必有一失，他最糟糕的金融操作是买入镍板铁路公司（Nickel Plate Road）。他买得过早了，如果再等上一个月，则这家公司大概率会破产，那么他就可以按照好得多的条件收购这家公司。如此的话，西岸铁路公司（West Shore）也能以较低的价格买入。

如果他能耐心多等一段时间，则可以省掉一大笔钱，同时避免日后的自责和忧虑。这一重大失误恶化了他的健康状况。当他完全意识到错误的时候已经太晚了，此后长时间处在焦虑之中。他从不喜欢拖泥带水的交易，但是在这笔交易上他铸下大错，即便"船长"在世，也不会原谅他犯下这个错误。

当时，一个辛迪加财团（Syndicate）想要把手里这个糟糕的资产卖给古尔德或者小范德比尔特。镍板铁路公司经营得很糟糕，处于破产边缘。不过，财团的人并不甘心便宜地脱手，他们想使点手段高价卖出。

财团一方面假装跟古尔德先生谈得火热，另一方面让媒体渲染这个事情。另外，当古尔德去西部的时候，他们特意

暴富靠投机，长寿靠投资。

威斯敏斯特公爵目前已经传到了第七代，仍旧是英国最有钱的人。他拥有英国0.22%的土地，共计133100英亩，是英国女王的7倍，是英国最大的地主。他更是拥有半个伦敦的男人，伦敦最有名的两块富人区：Mayfair和Belgraia都是他的。而且女王住的白金汉宫，位于伦敦温斯敏斯特市，换句话说，女王住在他的封地上。他住在伊顿庄园，建于17世纪，整个庄园的面积达4400公顷，差不多1/4个北京那么大，其中约500公顷的公园和20公顷的花园。

邀请他搭乘这条铁路的列车回家。所有这些都是为了引小范德比尔特上钩，让他认为古尔德这次出行是为了考察这个项目。如果他不立即出手的话，古尔德就会先下手为强了。

这条铁路与湖畔铁路公司（Lake Shore Company）的线路是平行的，如果镍板铁路公司倒闭，那么对前者是有利的。最终，这条铁路确实被湖畔铁路公司并购了，不过那是后话。

财团的人最初在建造铁路的时候就打了小范德比尔特的算盘，他们计划以非常低的成本建造这条铁路，然后高价卖给小范德比尔特。不过，计划赶不上变化，还没有等到他们出手，铁路公司就要破产了。形势变得非常不利，他们必须尽快出手，否则财团也要跟着破产了。

小范德比尔特上当了，他购入后，这家铁路公司又苟延残喘了一段时间，延续经营到了 1884 年 5 月，而财团的人则完全解套了，而且还有赚。

小范德比尔特去世之前身体状况已经非常糟糕了，当然无法承受并购上的重大挫败。此前，他曾经轻微中风，嘴角有些许歪斜。在去世前大约一年时间里面，他的一只眼睛完全失明了。他因此放弃了驾马车的爱好，这曾经是他最大的爱好之一，也是他放松自己的主要方式。小范德比尔特先生非常低调和隐秘，因此公众并不清楚这些情况。

小范德比尔特去世后，我给本公司的客户发了一封公开信：

"威廉·H. 范德比尔特先生是华尔街非常重要的人物，他的离世是美国金融界的重大损失。因此，我认为有必要向我的朋友和客户发一封悼念他的公开信。在他去世时，他已经是美国最大的证券投资者，许多的大额投资者追随他。他们一起掌控着巨额的资产与财富，有过不同程度的合作。

如果小范德比尔特说要买入或者卖出，他们都会听从建议。现在，这些人失去了一位难得的顾问和真诚的朋友，金融界失去了一位绝对值得信任的领袖。在未来很长一段时间内，华尔街的操盘手都会失去风向标，类似于军队在将军殉职后的群龙无首状态。

尽管规模更大的资产掌握在小范德比尔特先生手中，但是他却比其父更有胆量。金融界失去了一位伟大的投资先行者，与大多数交易者不同的是小范德比尔特的投资行为能够增进资本市场的效力和国家的财富，不像投机者那样经常带来泡沫和危机。

这样一位伟大的资本市场领袖要在很长时间之后才会再度出现，这是整个华尔街的损失。对小范德比尔特先生而言，在世的时候能够目睹西岸铁路公司和纽约中央铁路公司合并是一件幸运的事情。现在这两条铁路都在精明的德普先生的管理之下，那么股东的价值将不仅得到保护而且能够增加。不过南宾夕法尼亚铁路公司（South Pennsylvania）就未必有那么幸运了，在并购谈判尚未结束时小范德比尔特先生就离世了。而现在缺乏像他那样能够协调各种利益冲突的谈判者，这也成了资本市场的潜在动荡因素。现在高超的资本管理者来避免风险被引爆，避免恐慌扩散。

今日股票市场开盘后便下挫，而且下跌趋势延续的可能性很大，小范德比尔特概念板块也处在下跌走势中。尽管股市整体处于下跌之中，但却并不是对小范德比尔特的恰当哀悼之举。

显然，许多蓝筹股出现了下跌，非理性的恐慌情绪让散户择路而逃，错杀了许多优质股票。不过，有迹象表明许多大空头在回补空头头寸。重大利空并未引发持续不暴跌，在过去一个月当中成交量非常大，这表明大众对证券市场的兴趣浓厚，一个资本领袖的离世并未影响交投热情。由此看来，就算现在有五六位重要操盘手离世也不会影响市场目前的热度。过去那种依靠某个资本大佬引领和稳定行情的市场结构已经一去不复返了。现在是全球资本在共同主导美国股市，而不是某一个人在主导。

小范德比尔特先生一直致力于保持股票市场的稳定与繁荣，他为此做出的努力超过了许多人，也没有人像他一样在这一问题上坚持如此久的时间。这也是大众悲痛怀念和哀悼他的原因之一。

既然小范德比尔特先生已经离世，那么古尔德先生就应该担负起过渡期内稳定市场的责任，他应该调整离开华尔街的计划。他在这种情况下应该至少在未来一年多的时间里面继续留在华尔街，那些多头们因此视他为恩人。对于许多交易者而言，古尔德先生是牛市的强有力领袖。形势迫切要求他引导众人前行，不会有任何人质疑他的权威。大家的期许能够激发出他的领导意愿，让他参与到牛市行情之中，引

一方面说现在的股市离开了谁都能健康运行，另一方面又说要仰仗古尔德。

领风向。"

大众对于威廉·H. 范德比尔特有许多错误的认识和看法，例如认为他对画作缺乏鉴赏能力。这一错误的印象已经在大众脑海里面根深蒂固了，只有少数几个熟悉他的人以及那些著名艺术家知道真相。

他曾经拜访了这些著名的艺术家，买了许多艺术品来装饰他在第五大道的大型美术馆。现在他最小的儿子乔治（George）在打理这间艺术馆。他明白什么是真正的艺术，具备高超的鉴赏能力，许多艺术权威证实了这点。数年之前，如果谁说威廉·H. 范德比尔特先生具有艺术鉴赏力，肯定会被各大媒体嘲笑。

事实上，他从未买入任何一幅自己不懂的画作。他或许没有天生的艺术领悟能力，也没有艺术家的浪漫气质和想象力，但是他能够基于常识把握艺术的关键要素。

他并不喜欢将对艺术的爱好拿来炫耀，也不会因为别人的推荐或者画师的名气而买入某幅画作，他总是说："只有一幅画让我感觉到美才会入手买入。一幅作品如果不知道好在哪里，我是不会购买的。"

某日他去拜访一位法裔的画商布舍龙（Boucheron），特地看了一幅特鲁瓦永（Troyon）的画作。画作的主题是耕牛离开田地。许多在场的艺术家认为牛离开田地的动作并不符合现实。而他则说："我对画可能不太懂，但是我曾经数百次看到牛这样离开田地，对牛的动作比较了解。"艺术家们都认可了他的意见，因为他对牛的了解超过了在场所有人。

在法国的时候，他前往枫丹白露（Fontainebleau）拜访了绘画名家霍莎·博纳尔（Rosa Bonheur），两人年龄接近。他从博纳尔处购买了两幅非常满意的作品。他还请著名画家梅索尼埃（Meissonier）给自己画了七幅肖像画，一共支付了 20 万美元。威廉·H.范德比尔特先生以 4 万美元的价格在德国买下了梅索尼埃的名画《德赛将军和被俘农民》（The Information–General Desaix and the Captured Peasant），给了画家本人极大的惊喜。

范德比尔特先生对于音乐，特别是歌剧的欣赏水平非常高。他本人也颇具幽默感。

虽然他拥有的财富数量远远超过了同时最伟大的政治家们，但是他及其家人都无意与政治家们走得过近。根据曼德维尔夫人（Lady Mandeville）的建议，小范德比尔特夫人于 1883 年 3 月举办了一场盛大的舞会，邀请了许多上层社会的名流，小范德比尔特家族正式跻身于上流社会。

这场舞会的巨大开支、服饰的奢华程度以及媒体的宣传力度都是顶尖规格的。虽然奢华程度可能不及历史上帝王们的舞会，例如亚历山大大帝（Alexander the Great）

在巴比伦的舞会、埃及艳后克利奥帕特拉（Cleopatra）为奥古斯都（Augustus）和马克·安东尼（Mark Antony）举办的舞会，但是从现代文明发展程度来看这场舞会应该超过了上述重大的历史性舞会。

这次舞会让范德比尔特家族与阿斯特（Astor）家族形成了商业联盟的亲密关系，具体的故事如下：

在舞会举办之前数周时间，阿斯特的女儿嘉莉·阿斯特（Carrie Astor）编排了一组方阵舞（Quadrille）准备在舞会上表演。范德比尔特夫人听到后就对几位朋友说虽然阿斯特小姐花费了许多心思来准备这组舞蹈，但是因为阿斯特夫人从未拜访过自己，因此无法邀请她的女儿到现场来表演。

很快，阿斯特夫人就听到了相关的传言，于是她放下架子拜访范德比尔特夫人，以优雅的方式为自己先前的疏忽道歉。所以，阿斯特一家很快就得到了诚恳的邀请，阿斯特小姐则在现场表演了一场她精心排练的方阵舞。

在所有爱好中，马是威廉·H. 范德比尔特的最爱。一谈到马，他可以滔滔不绝地说上一大堆。虽然他平时沉默少言，但是一旦话题转到马上，他就能像德普一样辩才无碍。他与肯塔基（Kentucky）的约翰·哈珀（John Harper）一样，非常爱马，如果不是担心媒体批评的话，他可能愿意睡在马厩里面。

他痴迷于马的速度，养成了快速驾马的习惯。他父亲送给他一匹名叫"小希望"（Small Hopes）的马，而他自己则买了一匹名叫"麦克夫人"（Lady Mac）的马。凭借这些好马加上最好的马车和马路，他的马车跑出了非常快的速度，跑完一英里只花了 2 分 23 秒 25。

这么好的成绩一下子引来了不少竞争者，例如弗兰克·沃克（Frank Work）。为了在这场速度之争中保持领先，范德比尔特先生购买了更好的马车和马匹。他新买了两辆最新的马车——"阿尔丁"（Aldine）和"早玫瑰"（Early Rose），将纪录刷新到了 2 分 16 秒 50。

> 理性的人会采取既定约束条件下的最优选择，而不是主观认为或者感情偏好的选择。

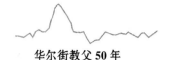

华尔街教父 50 年

竞争促成进化，禅定提升能量。

不过，新纪录很快又被沃克先生打破了，他提前了几十毫秒。范德比尔特先生为了保持优势又花了 21000 美元从肯塔基买下了大名鼎鼎的"穆德·S"（Maud S.），这匹马与马车"阿尔丁"组合起来，于 1883 年 6 月在弗利特伍德公园（Fleetwood Park）创下了 2 分 15 秒 50 的新纪录。

此后，他继续提升自己的成绩到 2 分 8 秒 75，将沃克和其他竞争者远远抛在了后边。最终，他将"穆德·S"卖给了罗伯特·邦纳（Robert Bonner），价格为 4 万美元，当时有其他人愿意出 10 万美元来购买这匹战绩显赫的名马。范德比尔特以 4 万美元的价格卖给邦纳是有条件的，那就是不能为了钱让这匹马参赛。

1883 年 8 月 12 日，著名骑手墨菲（Murphy）在塔里镇（Tarrytown）跑出了 2 分 10 秒 50 的好成绩，他声称这是在没有鞭打马的情况下跑出来的。如果邦纳先生许可的话，他可以将成绩提升到 2 分 6 秒，创造新的赛马纪录。

根据马车比赛专家的说法，无论是作为专业选手还是作为业务选手，范德比尔特都是当时最好的双人马车手之一。

除了艺术和赛马之外，威廉·H. 范德比尔特也热衷于慈善事业。他在老范德比尔特基础上增加了 30 万美元，通过母亲和蒂姆思（Deems）捐赠给了纳什维尔大学（Nashville University）。另外，他给全科医学院（College of Physicians and Surgeons）捐赠了 50 万美元，他姐姐斯隆（Sloane）夫人则追加了 25 万美元。

他还花费了 10 万美元将艳后克利奥帕特拉方尖碑（Cleopatra's Needle）从埃及运到纽约中央公园（Central Park）。他还主动免掉了格兰特将军 15 万美元的债务，同时给怀特山学校（The White Mountain School）的学生们慷慨的资助。

范德比尔特先生是一个颇具胆量的人，无论他收到了多少封恐吓信，都不会改变自己的行程和计划，也不会因此缺席任何重要的商业会议。不过他非常重视公众舆论，善于引导舆论正确看待自己的财富和商业行为。

正是因为他重视社会舆论对"垄断"的负面看法，于是在 1879 年减持了控制的纽约中央铁路公司，从 40 万股减持到了 10 万股，将 30 万股卖给另外一个财团。减持价格为 120~130 美元，比市场价格低 10 美元。

这个财团是由金融机构和金融大佬组成的：德雷克塞尔—摩根公司（Drexel，Morgan & Co.）、莫顿–布利斯公司（Morton Bliss & Co.）、奥古斯特–贝尔蒙特公司（August Belmont & Co.）、温斯洛–拉尼尔公司（Winslow，Lanier & Co.）、冯霍夫曼公司（L.Von Hoffman & Co.）、赛勒斯·W.菲尔德（Cyrus W. Feild）、埃德温·D. 摩根（Edwin D Morgan）、拉塞尔·塞奇（Russell Sage）、杰伊·古尔德、J.S. 摩根公司（J.S. Morgan & Co.）等。

这个财团一共支付了 3500 万美元获得中央铁路公司 30 万股。这个财团代表着沃巴什铁路系统（Wabash System），当交易完成后，沃巴什铁路公司和纽约中央铁路公司的股价都得到了提振。

德普先生给出了范德比尔特先生大量卖出纽约中央铁路股票的原因："议会和媒体对范德比尔特进行了猛烈的抨击，认为他垄断了铁路系统。这让他意识到任何个人拥有纽约中央铁路这样大的公司都会触犯众怒。对于资本家个人而言，将大部分资产放在这样一只股票上好比将大多数鸡蛋放在一个篮子里面，是风险极高的做法。为了改善自己的不利处境，他决定大比例减少持股。这样做无论是对自己而言还是对公司而言都是极佳的选择。这个财团后来将股票出售，现在这只股票的持股变得更加分散了，以前只有 3000 个股东，现在股东数目增加到了 14000 名。"

虽然威廉·H. 范德比尔特先生十分敬畏公众舆论，不过还是有一次失误。他有一次接受一家芝加哥报纸的采访时，顺口说了一句："公众该死！"（The Public be Damned!）由此招来了广泛的批评。尽管他想表达的意思是正确的，不过至今

舆情是弱者的优势格局。舆情总是倾向于支持弱者的，舆论中亮明弱者身份很重要。先立于不败之地而后求胜，舆论的不败之地就是让自己处于弱者地位，交易的不败之地就是抓住基本面的重大变化。

人们才认识到其真正含义，大家曲解了这句话。

在公众看来，范德比尔特就是暴君的代名词。实际上，只要我们认真、客观、简要地回顾这次采访，就能解除疑虑。当时的采访针对的是往返芝加哥的快速邮政列车（Fast Mail Train）取消计划。

范德比尔特当时正在考虑取消这趟长期亏损的列车。在他看来，一只赔本的生意没有必要继续下去。抱着慈善的目的来运作这趟列车也不是长远之计。当时的对话是这样的：

"你为什么计划停止这趟列车的运营呢？"记者问道。

"一直亏钱，我不能在亏钱的生意上继续下去！"范德比尔特回答道。

"不过公众都觉得这趟车提供了许多方便。你应该为大众服务！"

"公众？你如何断定公众想要继续保持这趟列车呢？为什么乘坐率不高呢？为什么他们不愿意支付更高的票价呢？这条线路一直在亏钱，这不符合我的商业标准。亏损表明大众对这条线路的需要并不强烈。"

"你的工作是为了大众的福祉，还是为了股东的利益呢？"

"公众该死！我是为了股东价值工作的。要是公众想要这趟列车，他们为什么没有实际行动来支持呢？"

我认为从商业角度来看，范德比尔特先生的回答是合乎实际的。从整个谈话来看，范德比尔特先生并未忽视公众的利益。他并未苛责和诅咒公众，他只是想向记者强调商业规律而已。不过，记者和编辑们为了让报纸杂志的发行量大幅增加，肯定会故意曲解他的话，这就是媒体从业者惯用的伎俩。断章取义地突出"公众该死"这句话，记者和编辑就抓住了一次做广告的机会。

威廉·H. 范德比尔特的另外一个伟大成就是在纽多尔普（New Dorp）建造私家陵园。整个陵园由理查德·M. 亨特（Richard M.Hunt）设计，他是著名的建筑师。按照威廉·H. 范德比尔特的要求，整个陵园修建得大气简朴，结构坚实，以至于东西方那些著名的陵园都无法与其相比。陵墓本身高 40 英尺、宽 60 英尺、深 150 英尺。整个陵园占地 21 英亩，是整个海湾最大的建筑，也是纽约州最为出名的景点之一。在整个陵园修建好后，又增加了漂亮的公路和步行街，以及其他装饰物，这就使得整个造价在原来 50 万美元的基础上又增加了 50 万美元。

威廉·H. 范德比尔特为家族陵园设置了最好的防盗措施。陵园设立了 24 小时警卫，每个警卫必须每 15 分钟给警钟上一次发条来记录其警戒工作，并于次日早上将记录送到中央车站（Grand Central Depot）的办公室。

1883 年 5 月，威廉·H.范德比尔特先生感到自己已经无法完全胜任管理铁路的工作了，于是辞去了各大铁路公司总裁的职务，前往欧洲旅行。理查德·M.亨特（James H.Butte）接任了范德比尔特先生的职位，被选为总裁。亨特去世后，则由德普继任，后者也是一位精明能干的管理者。

在离世之前一年时间里面，范德比尔特先生已经有所预感了，他不再亲自驾驶自己的马车，而是请人代驾。他放弃了自己最大的兴趣爱好，肯定是因为身体虚弱不得已而为之的。

他的离世也让整个华尔街有点意外，因为他的健康状况看来并没有恶化。1885 年 12 月 8 日，他很早就起床了，并无异样。当天他去了 J. Q. A. 沃德（J. Q. A. Ward）的画室，让艺术家完成由全科医学院理事会（Trustees of the College of Physicians and Surgeons）定制的青铜半身像。

下午 1 点，德普先生前来汇报，而巴尔的摩俄亥俄铁路公司（Baltimore & Ohio Railroad Company）的罗伯特·加勒特（Robert Garrett）先生碰巧也来会见范德比尔特先生。于是，德普先生就礼让加勒特先生先行会见。

两人在书房里面，范德比尔特坐在扶手椅上，而加勒特则坐在对面的沙发上。加勒特先生提出从斯塔顿岛（Staten Island）架一座桥跨过阿瑟溪（Arthur Kill）达到纽约的工程项目。范德比尔特对这个项目非常支持，他开始给出自己的具体意见。加勒特先生觉察到他的声音开始含混不清，嘴角肌肉开始抽搐，不久之后停止说话身体痉挛，突然身体前倾，几乎要倒下去，加勒特先生抱住他，将他轻放到地毯上，在下面垫了一个枕头。短短几秒钟，这位美国最伟大的超级富豪就停止了呼吸。家庭医生麦克莱恩（McLean）检查后发现范德比尔特先生脑部有一根血管破裂，所以很快就离世了。走得干脆利落，不经历太多的痛苦，这是威廉·H.范德比尔特生前的愿望。

在证券市场交易结束之后，范德比尔特去世的消息才被

那时候两亿美元的购买力，超过现在的两千亿美元。

公布。有人认为证券市场会出现恐慌下跌，为了预防这种情况出现，最富有的操盘手们联合投入了 1200 万美元来维稳。不过，当时的大盘很稳健，因此没有多大必要。次日早上开盘，股市微幅回调，收盘前就快速回升了。范德比尔特家族持有的上市公司的股票已经被大众广泛持有了，因此很难操纵。

威廉·H. 范德比尔特先生的遗体被送往纽多尔普的陵园下葬，整个过程非常低调。他生前一度曾经拥有两亿美元的巨额资产，堪称一位伟大的实业家和金融家。

第二十二章

炮制题材的高手：小克里尔
（Young Corneel）

科尼利尔斯·J. 范德比尔特（Cornelius J.Vanderbilt）是威廉·H. 范德比尔特的弟弟，大家称他为"小克里尔"。他之所以在本书中能够占有一席之地，实在是因为**他可以作为一个突出的反面为我们提供一些教训。**

小克里尔行事乖张，他在某些领域能够被称为"天才"。他以自己的方式寻求刺激，过着开心的日子。他常常让自己陷入困境中，然后依靠父亲解救他。幸好他有这样一位父亲，有时候仅仅是因为他的家庭背景而摆脱麻烦，丝毫用不着家里人亲自出马。

小克里尔不断透支父亲的威望和信用。即便如此，他仍旧能够通过结交新朋友来获得新的资源。对于许多不明就里的人而言，"船长"大名就是最好的抵押物，他的儿子当然也就能够从陌生人手上拿到钱了。小克里尔为每一笔贷款都给出了自己的承诺，不过这些承诺最终兑现的概率是非常渺茫的。

不过，小克里尔不能指望在任何时候都能够依靠父亲。如果仅仅依赖父亲，那么他在最糟糕的时候可能会发现自己寄托希望的拐杖其实是柳条而已。

小克里尔善于利用说服的力量，他能够通过言辞来蛊惑一些有名望的人，当然他还经常通过悲惨的故事来增加自己的言辞感染力。小克里尔就经常靠着一张嘴从这些社会名流

每见到一个人我都会问自己："他的人生能够给我提供的最宝贵一课是什么？我能从他身上学到的最大教训或者经验是什么？"

口说大话的人很多时候并不认为自己的承诺是空口无凭的。

那里获得借款，从而缓解自己的财务紧张。

不过，小克里尔的行为有时候是可耻的，因为他并未将这些钱用来支付房租或者解决三餐问题，而是在经过赌场的时候把钱挥霍一空。最终，还是靠房东无限期延长其账单来解决问题。

斯凯勒·科尔法克斯（Schuyler Colfax）和霍勒斯·格里利（Horace Greeley）是小克里尔的朋友。这两位绅士似乎完全被小克里尔控制住了，他们总是被他描绘的商业前景所迷惑，很难拒绝他提出的任何要求。小克里尔操控人的能力甚至超过了那些依靠超自然神力的巫师们。

他总是列出一大堆父亲和哥哥不近人情的地方，以及他自己遭受的种种不公待遇。通过或真或假的一系列故事，他取得了一些糊涂人的同情和支持。他基本上都是在重复同样的故事，不过这些听众却乐此不疲，从不感到乏味和虚假。

本质上，小克里尔是一个躁狂抑郁症患者，同时也是一个财务骗子。但是许多平时非常理性的商界精英们却对他的各种故事深信不疑。他讲述的悲惨身世博得了不少同情，他讲述的商业构想获得了不少支持。他从许多朋友那里借到了钱，债台高筑，而且还在不断累积，他似乎没有因此失去信用，反而吸引了更多愿意借钱给他的人。单就格里利而言，小克里尔就累计欠了他 5 万美元。

有一位跟小克里尔非常熟悉的人曾经告诉我，在格里利先生去世后的几年时间里面，小克里尔有时候会想念这位朋友，黯然神伤，独自流泪。在某次遭遇重大财务困境的时候，小克里尔叹息着说："格里利先生去世之后，我就失去了这世上最好的朋友。"

客观地讲，小克里尔并非一来就存着欺骗的动机，虽然他有许多缺点，但是他还是希望能够维护自己的原则与价值。他后来将欠格里利先生的本息如数偿还给了格里利的女儿们，从这点上可以看出他生性还是正直善良的。

后来，小克里尔与兄长威廉·H. 范德比尔特达成了遗产重

讲故事是一种投机，因为故事就是题材。题材投机，不正是小克里尔的常用招式吗？当名人都愿意借钱给你后，还有什么人会表示怀疑呢？名人的背书带来更多名人的背书，也带来更多的资金。

当时的 5 万美元相当于现在 5000 万美元左右。

新分割的协议，获得了比父亲遗嘱规定的更大份额。手头有了钱之后，小克里尔很快就偿还了此前大部分的欠债。

小克里尔的父亲，也就是大名鼎鼎的"船长"范德比尔特在遗嘱中仅仅给他留下了体面生活的费用，用来维持他的地位和身份。由于他生性嗜赌，因此他的父亲没有留给他多余的钱去光顾赌场。

小克里尔有一些超乎常人的品质，这就是对梦想极度热忱，而这也是他能够成功从周围人那里借到钱的重要原因之一。当他追逐各种商业梦想的时候，会全身心地投入，专注于手中的工作，因此容易获得别人资金的投入。如果他能将同样的精力和热情投入到合法的投机事业中，那么他一定能够像其父或者杰伊·古尔德一样成功。

小克里尔还有一项不同寻常的能力，那就是**解读人心。在提出请求借钱之前。他总是会先对对方做全面而深入的了解，其手法之老练好比一名伟大的猎手。**

我最初认识小克里尔是通过他的朋友斯凯勒·科尔法克斯。小克里尔和科尔法克斯当时一同来到了我的办公室，后者向我介绍了这位公子哥。此前一周，他们两人到了小克里尔位于康涅狄格（Connecticut）哈特福德（Hartfort）的别墅玩了一周，可以推测科尔法克斯先生的账户开支了不少。

当天下午，我邀请他们两位到俱乐部共进晚餐。科尔法克斯先生是一个非常健谈的人，而小克里尔更是远远超过了他，以至于前者根本无法插话。不过，小克里尔的话大部分都是赞美科尔法克斯先生的，缺乏实质性内容。科尔法克斯先生沉浸在吹捧的惬意之中，心意完全飞上了天。小克里尔的套路起作用了，这就是他的智慧。他善于把握人的心理，在此基础上提出自己的诉求。

在长篇大论地吹捧科尔法克斯之后，小克里尔接着开始谈论格里利先生，溢美之词不绝于耳。

不久之后，我碰到了格里利先生："你的朋友小科尼利尔斯·范德比尔特（Cornelius Vanderbilt Jr.）经常赞美你，他真

找到最关键，集中力量于此点，这样的人算得上是亿中龙凤，世所罕见！绝大部分人要么找不到最关键，缺乏相应的洞察力；要么容易被各种欲望和事务诱惑干扰分心，难以集中力量于一点。巴菲特既能找到最关键点，又能排除一切干扰，专注于这一点，鲜有不大成功之理！

超一流的朋友让你绝处逢生，能够雪中送炭；一流的朋友提供见识变异的机会；二流的朋友提供利益交换的机会；三流的朋友提供认同，喂饱你"内心的小孩"；末流的朋友是善变的玩伴。

的是一位值得交的好朋友啊。"

"是啊，他是我的一位好朋友，他经常在别人面前说我的好话，不过非常遗憾的是他总是缺钱。如果他财务上能够宽裕一点，则是一个好的朋友。"他面带微笑地说。

小克里尔总是在任何人向他提到格里利先生的时候大力美言几句，从而为后续的借款做好铺垫。几天之后，他会去拜访这位财神爷，几乎次次都会成功地借到所需要的大部分钱。

总之，小克里尔在借钱上拥有极为有效的策略，他能够搞清楚对方的心理，然后做好铺垫，精妙布局，最后动用各种优势来借到钱。

他第一次来到我的办公室之后，次日又再度拜访，告诉我他的朋友科尔法克斯已经乘坐早班列车前往华盛顿了。不过因为他自己有事在身，因此婉言谢绝了朋友的同行邀请，而是选择坐晚班火车离开。

"另外，你认识杰伊·古尔德吗？"

"是的，认识。"我回答道。

"我与财政部有一些重要的事务需要处理，他能帮忙吗？麻烦你为我写一封介绍信给他。或许用不上，但是有备无患。"他开始请求了。

我为他写了一封简短的介绍信，内容如下：

我向你介绍小科尼利尔斯·范德比尔特先生，他是"船长"范德比尔特的儿子。应他的请求，我写了这份介绍信。通过这种方式让你认识他，恕我冒昧。

亨利·克卢斯

敬上

在这封介绍信上，除了提到"船长"之外，我并未说太多。显然，这样一封信并不适合做介绍信。

不过，小克里尔的手腕足以让他胜任如此简单的任务，他成功地取得了杰伊·古尔德的信任。几天之后，他从杰伊·古尔德那里借到的钱源源不断地通过我的办公室转到小克里尔的账上。这些款项并不大，但是加起来也不是一笔小数目。如果不是我提醒古尔德先生的话，不知道最终会有多少钱从古尔德那里汇到小克里尔账面上。

我最后一次见到小克里尔是在朗布兰奇（Long Branch）。那是一个晴天的下午，我和他一起驾车出行。他激动地说自己浪费了时光和年华，同时也深情地怀念那些曾经帮助他走出困境的朋友们。他说如果自己的生命足够长的话，就能够偿还所有的账务。

他下定决心要偿还这些债务，一旦完成了这一愿望，他觉得就没有必要再活下去了。后来，他确实如此走完了自己的一生。带着哀伤，亲手结束了自己的生命。

我们应该以更加宽容怜悯的眼光来看待在格伦汉姆酒店（Glenham Hotel）这出悲剧，但愿他的灵魂能够在别处获得安息，毕竟他的肉身在这个世界经历了太多曲折。

"船长"在遗嘱中立下的有关小克里尔的条款完全体现出了他的深思熟虑和个人风格。他在遗嘱中写道：

"我要求拨款 20 万美元，用这笔款项的利息为我的儿子科尼利尔斯·J. 范德比尔特提供生活方面的支持。我授权上述遗嘱执行人和遗产管理者基于他们的判断，将这笔款项的利息合理安排给他，作为他的生活开支，根据具体的情况支付合理的金额。但是这笔权益不能支付给他指定的受让人，任何想要通过法律诉讼得到这笔权益的债权人也不能获得支持。如果我的儿子想要将上述利息收益的相关权利转让或者因为负债而必须如此，则上述权利必须收回，即便他仍旧在世，相关权益也属于其他遗产继承人。如果科尼利尔斯·J. 范德比尔特去世，则本金 20 万美元及其相关权益归属于其他遗产继承人。"

虽然该遗嘱中的某些条款相当古怪，但却是深思熟虑、精心设计的结果，主要目的在于防止小克里尔沉迷于赌博。"船长"在去世之前清醒地知道必须以对待小孩的方式对待小克里尔，必须让他处在哥哥的监护下。如果小克里尔欠下巨额债务而想要通过遗产来偿还的话，他将失去在遗嘱中规定的全部权益。

父亲严苛无情的做法深深地伤害了小克里尔的感情。小克里尔认为自己比哥哥威廉·H. 范德比尔特的心智更加强大。但是，除了格里利和科尔法克斯之外，再也没有人同意他的想法了。

虽然小克里尔总是表达对父亲的抱怨和愤怒，不过他仍然仰慕父亲的能力。倘若任何一个人在他面前诋毁了"船

挥霍无度的人，缺乏合理安排财务的能力，晚年往往悲惨。投机者与投资者在这方面有显著的差异，大多数投机者都缺乏足够的财务安排能力，赌棍也是如此。能够全身而退，安享晚年的投机客少之又少。

按照九型人格理论，科尼利尔斯·J. 范德比尔特属于七号里面能量较低的类别。

托马斯·卡莱尔生于 1795 年 12 月 4 日，卒于 1881 年 2 月 5 日。他是苏格兰著名的哲学家，评论家、讽刺作家、历史学家、教师。他被看作是那个时代最重要的社会评论员，一生中发表了很多在维多利亚时代被赞誉的重要演讲，作品在维多利亚时代颇具影响力。

长", 他必然晓以颜色。一方面, 他持续一生都在埋怨父亲的吝啬; 另一方面, 又持续不断地表达对父亲的敬意, 如同托马斯·卡莱尔 (Thomas Carlyle) 对自己笔下英雄人物的崇拜一样。

小克里尔会永不知疲倦地谈论自己的父亲以及那些辉煌历史。他一度非常仇视古尔德, 其程度甚至超过了其父, 他甚至深信在伊利股权之战上, 古尔德和菲斯克曾经密谋暗杀"船长"。不过, 这些都是他的臆想而已, 就算毫无证据, 他也坚信这些只存在他脑袋里面的东西。他沉浸在自己的世界里面, 谁也不能攻击这些想法和观点, 他是绝对无法容忍任何质疑的。有一次, 我的一个朋友想要说服他, 因为此君认为古尔德这样的人不太可能会通过谋杀来达到目标, 结果小克里尔的癫痫发作了。

小克里尔永远无法原谅父亲将自己关进了布鲁明代尔精神病院 (Bloomingdale Lunatic Asylum)。在淘金热兴起的那段时间, 18 岁的他独自一人跑到了加利福尼亚闯荡。不久之后, 他就回家了, 因为他无法胜任艰苦的环境和人们之间的争斗。"船长"将他抓起来关进了疯人院, 不过很快就发现他虽然行为怪异, 但却并不是疯子, 所以他被放了出来。

不过, 这件事情给他留下了阴影, 以至于终生无法释怀。他做事太孩子气, 以至于常常显得疯狂。朋友越是想要让他开心, 就越难开心。但是如果不随他意的话, 则情况会变得更加糟糕。他在不断地折磨身边的人, 就算最聪明的友人有时候也会像他一样突然发火。当斯瓦齐布 (Swazy) 医生要想安抚这个病人的时候, 不得不耗尽耐心。

除了赌场之外, 小克里尔在日常生活当中完全是个吝啬鬼, 盯着每一个先令不放。不过, 一旦他进入赌场, 仿佛就换了一个人似的。法罗牌 (Faro) 和开乐彩 (Keno) 非常吸引他。他的癫痫症经常在赌桌上发作, 接着就是昏睡, 好像死人一般。一旦他恢复过来, 又在赌桌上生龙活虎了。总之, 对于赌博他毫无抵抗力。

"船长"对于儿子的这种恶习深恶痛绝, 当他听说格里利借了数百美元甚至数千美元之后, 赶到《论坛报》(Tribune) 的办公大楼, 毫不客气地冲到了格里利的私人办公室。"查帕夸圣人"(Sage of Chappaqua) 格里利正坐在宽大的桌子旁边准备撰写社评。

"格里利, 我听说你借钱给小克里尔了。"

"是的", 格里利边说边透过眼镜看着老范德比尔特, "我是借了一些钱给他。"

"我要提醒你, 你可别指望我会替他还钱!"

"谁向你要钱呢? 我吗?"格里利反问道。

两人不欢而散。"船长"转身走下了破旧的楼梯, 回到了云杉街 (Spruce Street)。而格里利继续写着社论, 他奋笔疾书, 字迹潦草使得经验缺乏的排版工人难以辨认。

此后，两人再也没有因为这个话题进行过交流。格里利去世之后，"船长"给他两个女儿各寄去了一张 1 万美元的支票。

小克里尔与康涅狄格州哈特福特的威廉姆斯（Williams）小姐喜结连理，"船长"对这门亲事非常满意，他认为儿子有了一个新的开始。不过，"船长"再度失望了。

婚礼举行之前，"船长"与亲家威廉姆斯先生见了一面，非常有趣。"船长"在位于百老汇附近的第四大街（Fourth Street）的办公室会见了威廉姆斯先生。威廉姆斯先生说小科尼利尔斯·J. 范德比尔特已经请求自己同意女儿与他的婚事，如果"船长"不反对的话，那么就应该着手婚礼了。

"你女儿有许多丝绸衣服吗?"

"嗯，不过正如我告诉你的那样，我们家并不富有。跟其他类似家庭一样，她有几套礼服，不过她衣柜里面的衣服并不多，也不贵。"

"你女儿有大量的珠宝首饰吗?"老范德比尔特继续发问，似乎并不愿意就此打住。

"没有，先生。我已经向你解释了，我家的情况并不富裕，我的女儿也买不起昂贵的珠宝。"威廉姆斯先生开始有点愤怒了。

"我之所以这样问你，是谨防她没有这么多有价值的东西可供我儿子挥霍在赌桌上。因此，我要提醒你和你的女儿，我是不会对小克里尔的赌债负责的。"

虽然，"船长"给出了让人不舒服的提醒，婚礼还是圆满举行了。

婚后，小克里尔伸手向父亲要钱建房子。

"不，克里尔。在我信任你之前，你必须努力让我相信你!"

不过，他的妻子的请求却得到了"船长"的支持，她获得了一万美元。几个月之后，她再度拜访"船长"，虽然也受到了热情的款待，不过"船长"认为对方这次来还是为了借钱，所以准备好了拒绝。

尽管"船长"在日常事务中非常强势，不过在异性面前却显得比较柔和。

"嗯，现在我有什么帮到你的?"老范德比尔特微笑着说。

"感谢爸爸，我们并不需要太多的钱，我先还 1500 美元给你。"她用诚恳而愉悦的方式回答道。

"船长"听到这些无比意外，当现金放到他手中时，他突然感到眼前的儿媳妇是节俭而值得信赖的。两人之间的良好关系一直持续到她过世时，而她要比自己的丈夫早十年去世。

某些不知道真相的人总是同情小克里尔的境遇。实际上，在小克里尔向周围人抱怨父亲吝啬无情的时候，他每周可以从"船长"那里获得 200 美元的生活费用。如果

他能够有点节制的话，完全可以支付所有生活开支，甚至过上轻奢的生活。

不过，由于他已经染上了毒瘾，因此哪怕继承了 7500 万美元甚至 1 亿美元的资产，他也不可能过得健康快乐。老范德比尔特通过勤奋和节俭，加上聪明才智才积攒起了这笔巨额财富，如果放在小克里尔手里，那么无疑会重新分配给社会上的懒人，甚至犯罪分子手里。

"船长"清楚这一点，因此他将小克里尔的每周开支限制在 200 美元，这样做不仅对儿子有利，对社会也有利。

德鲁和"船长"范德比尔特的华尔街风云
(Drew and Vanderbilt)

谈及德鲁在华尔街的传奇生涯，绕不开伊利股权之争，"船长"范德比尔特也参与了其中，两人在华尔街上演了一场风云大戏。"船长"范德比尔特要想掌控伊利铁路公司，不过却差点陷入破产困境。在经历残酷的资产市场搏杀之后，"船长"最终获胜。

在正式讲述德鲁和"船长"在伊利上的精彩故事之前，有必要回顾一下其他几件重要并购。

1860年，哈莱姆铁路的股价在8~9美元的低位。1863年1月，"船长"掌控了这家公司，股价上涨到了39美元，到了当年7月，股价继续飙升到了92美元。到了8月的时候，股价已经飙升到了179美元。

次年，这只股票又被操纵了一次，1月的时候股价低于90美元，到了6月则上涨到了285美元。德鲁在上涨中做空，亏损了将近100万美元。

由于哈德逊铁路（Hudson River Railroad）的激烈竞争，"船长"的哈莱姆铁路效益不及预期。为了改变这种恶性竞争的被动局面，他并购了哈德逊铁路，当时股票价格处于正常水平。不久之后，在"船长"非凡的日常运营能力和市值管理能力下，股价在短期内就上涨到了180美元。

纽约中央铁路（New York Central）的大股东们在目睹了"船长"的手腕和业绩之后，认为与之对抗不如借力，于是将自己的资产转让给"船长"，成交价格往往都是"船长"定下的。

1867年年初，"船长"取得了对纽约中央铁路的控股权，但哈莱姆铁路、哈德逊铁路和纽约中央铁路合并之后，他开始着手新的并购，这就是伊利铁路。他试图通过华尔街将伊利收入囊中。

此前在并购哈德逊的时候，他采用了类似的手段，现在想要故技重施。在伊利并

购案上，他自信满满，不过最终却以失败告终。尽管他在投机事务方面富有洞察力和判断力，但是在伊利的并购上却遇到了巨大的问题。他在计划方面出现了重大的失误。在股权争夺战开始后，他对伊利的股票数量完全不了解。等他进场之后，大量的股票似乎从地下涌出来。这就好像是滑铁卢战役中，拿破仑突然遭遇惠灵顿的后备队一般。

在伊利铁路上，"船长"遭遇了强大的劲敌，这些人都是华尔街历史上显赫的投机大师。他试图采取迂回策略击败德鲁。他善于利用司法机构来达成一些目标。因此，他在弗兰克·沃尔（Frank Work）帮助下从"特威德帮"的巴纳德法官（Judge Barnard）那里获得一纸禁令，在伊利财务问题调查清楚之前，禁止德鲁支付 350 万美元的伊利债券利息。这 350 万美元债券本来是可转换股票的，"船长"借助于法院的力量限制了德鲁兑换成股票的能力，这样就重创了大空头德鲁。德鲁当时是伊利财务主管。数天之后，他又向法院申请让德鲁离开财务主管岗位。

范德比尔特采用了各种手段来获得伊利的控制权，在限制了上述 350 美元的可转换债券兑换成股票后，他将大部分股票筹码拿在了自己手里。在司法系统的协助下，"船长"将德鲁打得落花流水。

不过，"船长"的对手们也并不是没有退路：当时纽约有一项法令，规定任何铁路公司都可以通过增发换股来并购其网吧铁路公司。因此，伊利铁路公司通过增发股票，并且以这些股票作为支付手段并购了股价较低的布法罗—布拉德福德—匹兹堡铁路（Buffalo，Bradford & Pittsburgh Road）。这样市面上就出现了大量新增的伊利铁路股票。名义上，他们增发了 25 万美元的股票，实际上却发行了 250 万美元。如果"船长"想要在伊利上实现逼空操纵，则必须限制这些股票的发行，否则，就算他再投入数百万美元，也是打水漂而已。"船长"还通过法院强制要求伊利财务部回购德鲁手上的 68000 股。

"船长"一方面要在股票市场上运作，另一方面又要在法律领域作战，两个领域都存在老练的对手。当时，有三方在争夺伊利的控制权："船长"是一方；德鲁是一方；波士顿–哈特福德–伊利铁路集团是另外一方。

德鲁试图与"船长"范德比尔特达成和解，在伊利董事会（Erie Board of Directors）选举前德鲁试图在"船长"的办公室进行磋商。他愿意让步，让更加自由的"船长"买入伊利股票。而"船长"也承诺放弃对德鲁的法律诉讼，并采取进一步的敌对措施。

在此之前，波士顿一方的人也曾经和"船长"结盟计划将德鲁踢出伊利董事会。现在，"船长"改变了计划，他决定让德鲁留下。不过，为了避免危及自己与波士顿一方的关系，伊利新董事会选出后并没有德鲁，不过不久却产生了一个空缺，而德鲁填

补了这个空缺。这样做不过是为了掩人耳目，最终促成"船长"的操纵计划。董事会选举计划实施得非常巧妙，不过却未能实现其最初的目标。

在这场股权之争和股价操纵案中，德鲁和范德比尔特结成了秘密同盟，但是要想排斥波士顿一方是困难的，毕竟范德比尔特与波士顿一方也是同盟关系。于是才有了一场董事会选举的闹剧：新的董事会被选举了出来，德鲁没有选上，这让华尔街很吃惊。不过，次日董事会出现了一个空缺，德鲁再次进入伊利董事会，华尔街再度被震惊。金融市场变得不知所措，波士顿一方也不知道到底怎么回事。弗兰克·沃克代表范德比尔特的利益进入了伊利董事会，目的是为了配合"船长"操纵股价，德鲁则负责管理资金运作股价，当时伊利股价已经处于非常低的水平了。

波士顿—哈特福德—伊利集团与"船长"最终在利益分配上产生了严重分歧，无法达成一致。他们在联合坐庄方面投入了 1/2 的资金，不过"船长"只承诺他们获得 1/3 的收益。双方谈崩了，"船长"觉得应该从对方手里夺取更多伊利的筹码，继续自己的坐庄计划。

利益分配出现严重分歧，内讧就出现了。

1868 年 2 月中旬左右，"船长"开始操作，为了避免对方不断抛出股票来，他继续借用司法的力量。沃克先生申请到了新的法院禁令，禁止伊利在此前报告的 251058 股之外继续增发新股，也禁止发行可转换债券。德鲁也受到了限制，在归还 68000 股给财务部之前不得参与伊利股票的交易。显然，"船长"动用了非常多的硬性手段来"捆住"德鲁的双手。

3 月 10 日，巴纳德法官做出了有利于"船长"范德比尔特一方的判决。后者认为一切已经安排妥当，可以通过强迫德鲁归还股票来击溃大空头们。不过很快剧情又反转了，巴尔科姆法官（Judge Balcom）签发了一张有利于"船长"对手们的法令，终止了巴纳德法官此前的决定，这对"船长"一方是非常不利的。

而理查德·谢尔（Richard Schell）先生代表"船长"一方

向英格拉哈姆法官（Judge Ingraha）申请，又得到了一项有利于他们的新禁令，终止了巴尔科姆法官的法令。

波士顿–哈特福德–伊利集团的董事们无视任何禁令，继续增发股票，以便在时机成熟的时候痛击以"船长"为代表的大多头们。他们决定发行不低于 72.5 美元的可转换债券。造纸厂和印刷厂总共印制了 500 万美元的可转换债券。

星期六的时候，这些债券凭证送到了伊利公司秘书的手上，不过他却被禁止发放这些可转换债券。吉姆·菲斯克（Jim Fisk）先生的大胆举动促成了这些可转债上市流通。

星期一的时候，秘书派了一位属下将这些凭证从伊利办公室送往派恩大街（Pine Street）的财务办公室。这位先生刚走出去不到一分钟，就惊恐地跑了回来，他说菲斯克先生把债券凭证抢走了。

菲斯克完全无视任何法院禁令，一两天以后这些可转换债券开始在华尔街流通。新登场的吉尔伯特法官（Judge Gilbert）又下令取消巴纳德法官的禁令。结合德鲁将 5 万伊利股票投放市场上，这让"船长"一方始料不及，毫无准备，因为他们没有想到德鲁竟敢藐视法院。市场上流通的伊利股票一下增加了许多，参与买卖的人根本没有时间去怀疑和检查这些股票的来源。

在"船长"的运作下，伊利股价从 80 美元涨到了 83 美元，得知大量股票入市之后，股价快速跌至 71 美元。"船长"一方大举加码买入，股价又迅速回升到了 78 美元。不过，随着大量股票如洪水猛兽一般袭来，"船长"一方完全招架不住，不得不且战且退。气急败坏的"船长"不得不再次求助于法院，最终对手们不得不仓皇出逃，前往泽西城（Jersey City）避难。德鲁背着一个大大的旅行袋上了渡轮，里面装着 700 万美元的巨款，这些钱是从"船长"那里易手过来的。

古尔德和菲斯克分别从不同路线逃离纽约，这帮人最终在泰勒酒店（Taylor's Hotel）会合。这个地方不受纽约州法律的管辖，是一个避难的好地方。为了避免对方分化瓦解自

投机者的博弈比投资者的博弈要激烈得多，经常演变成势同水火、不可收拾的局面。投机充分地体现了一句老话——富贵险中求。投资是"寿星"的事业，投机是"明星"的事业。可以将投机作为投资的垫脚石，但是不能将投机做成投资的绊脚石。

己阵营，他们给酒店老板下了指令，拒绝接收任何信函和文件，除了来自本集团的文件之外，酒店服务生们必须严格恪守这条指令，否则将被解雇。

"船长"这边正在努力通过司法和立法机构，以及私人侦探寻找这些逃亡者。他的一名侦探乔装打扮成一名来自远东地区的商务旅行人士前往泰勒酒店，目的是跟踪和接近德鲁，将信息传递给德鲁，确保他看到。

这位侦探监视德鲁一两天时间，他发现唯一能够将信息捎给德鲁的时机是在他吃午餐的时候，可以通过服务生来完成。于是，这位侦探私下会见了这位服务生，告诉他需要完成的任务，并且承诺一旦被解雇的话，"船长"可以给他提供更好的薪水也更高的工作。

服务生将纸条递给了德鲁，后者非常愤怒，找到了酒店老板，立即解雇了这名服务生。不过，这位服务生后来也确实成了范德比尔特先生的雇员，并且获得了比原来高很多的薪酬。

"船长"的纸条产生了他预期的效果，他在纸条上对德鲁晓之利害。虽然德鲁的朋友们想要恐吓他不要去纽约，以免被范德比尔特绑架，不过他还是在周末返回了纽约，同"船长"见了面。他们顺利地解决两人的分歧和矛盾。古尔德和菲斯克仍在负隅顽抗，最终古尔德因为藐视法庭和其他严重罪行被捕，而德鲁却毫发无损，继续过着平静的生活。

邪恶天才：杰伊·古尔德
（Jay Gould）

倘若费尼莫·库柏（Fenimore Cooper）、沃尔特·斯科特（Walter Scott）、查尔斯·狄更斯（Charles Dickens）和大仲马（Dumas）等伟大小说家中的任何一位在其巅峰时期杜撰一个像杰伊·古尔德这样的人物作为小说主人公，那么读者一定认为是荒诞不经、难以让人信服的。

不过，当我踏入投机竞技场时，马上就感受到了这个领域非同寻常。普通人是完全无法胜任这样富有挑战性的工作的，因此也极少有读者能够在华尔街这些巨擘登台之前，相信小说中出现的这类人物在现实中是可能存在的。

在投机名人堂当中，杰伊·古尔德是最具光环的人物之一。在他如日中天的时候，掌握着令人惊讶的巨额财富。不过，他的起步却是所有这些投机名人当中最为艰难曲折的，他赚到第一个 1000 美元的时候是最困难的。

杰伊·古尔德大约出生于 1836 年，出生地是纽约州特拉华县（Delawre County）的斯特拉顿瀑布（Stratton Falls）附近。其父名叫约翰·B. 古尔德（John B.Gould），地道的农夫，开了一间杂货店。

16 岁的时候，年少的杰伊·古尔德到出生地外 2 英里处的一家杂货店打工，这家杂货店是乡绅伯恩汉姆（Burnham）开的。他利用闲暇时间读了会计的夜校，并将此前在乡村学校掌握的知识巩固提高，学以致用。据说，他就是在这家杂货

詹姆斯·费尼莫·库柏（James Fenimore Cooper），生于 1789 年，卒于 1851 年，他是美国民族文学的奠基人之一。他开创了以《皮袜子故事集》为代表的边疆传奇小说，最重要的一部作品是《最后一个莫希干人》。沃尔特·斯科特（Walter Scott），生于 1771 年，卒于 1832 年，他出生在苏格兰首府爱丁堡一个没落的贵族家庭，是英国著名的诗人和小说家，代表作有《清教徒》等。查尔斯·约翰·赫法姆·狄更斯（Charles John Huffam Dickens），生于 1812 年，卒于 1870 年，英国作家，日耳曼人，主要作品有《大卫·科波菲尔》《雾都孤儿》等。亚历山大·仲马（Alexandre Dumas），生于 1802 年，卒于 1870 年，人称大仲马，法国 19 世纪浪漫主义作家。代表作有《基督山伯爵》《三个火枪手》等。

店展示出了惊人的商业天赋。他善于进行商业谈判，具有极强的商机洞察力。他的雇主看中了奥尔巴尼（Albany）的一块土地，希望能够低买高卖。他将自己的盘算秘密地告诉了某位朋友，而古尔德偷听到了这一切。当雇主动身前往买地时，古尔德已经抢先买到了这块地。

与此同时，有一家公司正在这个县城里面搞测绘，绘制官方地图。他们雇用了古尔德来协助。古尔德此前已经掌握了基本的几何知识，同时也精于数字运算，因此很快就成了土地测量方面的专家，这大大提高了他在测绘队里面的地位。但是，古尔德并不满足于此，他想要自己当老板，能够雇佣其他人来为自己赚钱。不久之后，他就买下了这家公司，在绘制地图的同时也撰写出了地方志，并在居民当中销售他的这本书。

古尔德似乎是为商业而生的，他具有收购企业的强烈偏好。终其一生，他都在努力买入那些他感兴趣的公司。在买入测绘公司之前，他利用业余时间发明了一个捕鼠器，从这项发明上获得了一笔收入。加上抢购土地获得的价差利润，他最终如愿以偿地买下了这家测绘公司。

很快，古尔德又联手资本家扎多克·普拉特（Zadoc Pratt）入股了宾夕法尼亚的一家皮革厂。后来，在以色·科思（Israel Corse）的建议下与普拉特解除了合作关系，前者是商业代理公司（Commission Merchant of Firm）顾问。古尔德说服查尔斯·M. 莱普公司（Charles M. Leupp & Co.）以 15 万美元的价格买下了普拉特的股份。莱普先生后来因为抑郁而自杀，古尔德将整个公司卖给了 H. D. H. 施耐德（H. D. H. Snyder），彻底退出了制革行业。

古尔德先生去了一趟纽约，见证了空前繁荣的商业景象，这个地方能够为他生意发展提供更加广阔的空间，于是他前往纽约定居。此前他做生意期间认识了一位杂货商人，他得到此君的赏识。这位商人邀请古尔德到家中就餐，席间古尔德遇到了商人美丽的女儿。两人一见钟情，很快就结为连理。

精通某个技术领域，对于投资和商业是非常有帮助的。

这段婚恋经历后来在他的儿子乔治（George）和伊迪丝·金顿（Edith Kingdon）小姐之间重现。古尔德的婚姻是美满幸福的，正如公众所了解的那样，他们的婚姻没有经历任何不幸或者曲折。

古尔德的岳父拥有一条铁路的股权，不过这条铁路的经济状况非常糟糕。岳父将其委托给新女婿，看看能否改变经营状况。**古尔德首先做了一番全面而深入的调查，尽管他孩童时期就非常熟悉这条铁路了。**他看到了铁路运输行业的光明前景，所以他一方面并未将岳父的股份卖出，另一方面还以市价买入了更多股份。最后，他控股了这家公司，然后再以高价将这家公司的股份卖给了其竞争对手。

胜者，先胜而后求战。

我认为这是古尔德先生首次涉足铁路股票的买卖，当然他从那时起直到现在一直作为一个伟大的铁路商人扬名于世。大众普遍认为古尔德是通过铁路股票投机赚到了巨额财富，实际上古尔德是一位铁路资产并购专家，他更多的是通过资产并购重组来赚取丰厚利润的。

古尔德最开始是独自在华尔街上操作的。后来他与亨利·N.斯密斯（Henry N. Smith）以及马丁（Martin）等人合伙创办了斯密斯–古尔德–马丁公司（Smith，Gould & Martin）。马丁现在进了精神病院，而亨利·斯密斯则导致了威廉—希思公司（Wm. Heath & Co.）因100万美元债务而破产倒闭，现在只能在家吃软饭过日子。他们三个人当中，只有古尔德先生算上是华尔街的常青树，无论对手多么强大，无论环境多么险峻，他都努力战胜之，克服之。

物竞天择，适者生存，在复杂环境中存续期越长的事务，其适应力和竞争力越是强大。学习是变异，创新也是变异，而变异和创新最终就是为了进化。

此前，我已经提到了古尔德在投机方面的一些精彩案例。在有关"黑色星期五"和"船长"范德比尔特的章节中，我们提到了其中一些，这里不再赘述。

古尔德在"黑色星期五"当中要了一下手段，在那个金融市场野蛮生长的年代，这样的操作处于灰色地带，称得上是玩弄市场和对手的高明手段。当时，古尔德本来应该承担450万美元债务的，不过他只是简单地将签名由"J.G."变成

了 "T.R." 就将债务从自己身上转移到了伊利铁路财团这个法人实体身上。"J.G." 是杰伊·古尔德的名字缩写，而 "T.R" 则是伊利财务总监的缩写。古尔德将个人债务变成了公司债务，从而摆脱了因为 "黑色星期五" 操纵而承受的巨大负债。

在古尔德和 "船长" 范德比尔特之间存在许多故事，其中一个故事讲的是他们某次见面的情景。当时两人在 "船长" 宅邸的客厅里见面。"船长" 正在尽最大的努力控盘伊利。不过，古尔德、菲斯克和德鲁这三个伊利财团的老滑头却使出了阴招，坑了 "船长"。最终，"船长" 不得不借助法律手段来报复他们。

伊利财团的老滑头们在伊利造纸厂印制了大批可转换债券，这些债券可以变成股票在市场上流通。范德比尔特的经纪人们在毫不知情地大举吃进这些天量的筹码。"船长" 发现之后怒不可遏，只能求助于法律手段来对付这群老滑头。以古尔德为首的这群金融老滑头们，此前常常藐视法律或者是钻法律的空子。这次他们栽在了自己布的局中，不得不从纽约逃往泽西城的泰勒酒店避风头。

可能正是在这段避风头的日子当中，古尔德某天晚上秘密前往 "船长" 的宅邸请求协商，找到解决之道。"船长" 不疾不徐地讲了一会儿，突然昏厥过去，从椅子上滚到地毯上，躺着不动了，好像呼吸十分微弱了。

古尔德这时慌乱了，先是到门口找人帮忙，但是发现大门紧锁，也找不到钥匙。他更加慌张了，他翻动 "船长" 的身体，开始毫无反应，后来终于长叹一口气，恢复了不太通畅的呼吸，仿佛是回光返照一般。之后，"船长" 纹丝不动地躺着，持续了差不多半个小时。这无疑是古尔德先生人生最焦虑的半个小时之一。

如果允许我像一个小说家自由地想象当时的情景，那么我可能会在这里用文字勾画出一幅令人紧张的景象，描绘出古尔德先生内心的紧张，一些不祥的征兆，以及他在刑事法院上的糟糕预期等。他的聪明才智就算处于高度运行之中，

> 随意践踏规则，最终会自食恶果。趋势和大规则不可违背，只能逆小规则。

也无法解决他的问题。一旦"船长"就这样去世，那么他百口莫辩，毕竟他们是势同水火的对手。

古尔德当时处境危险，以至于他可能为了摆脱这种极为被动的处境而草草接受对方提出的苛刻条件。如果这个时候作为第三人的医生走进来宣布"船长"的心脏病犯了，那么古尔德为了洗清嫌疑肯定愿意支付这笔诊断治疗费用。

其实，这是"船长"自己导演的一出戏而已。他想要借此戏弄和影响古尔德。幸好古尔德本人有良好的心理素质来应对局面，尽管十分紧张，但是没有做出任何普通人都会做出的非理性行为。如果他真的慌乱中出错或者露出马脚，那么就完全中了"船长"的计谋。

兵者，诡道也！

古尔德先生善于利用资产并购重组从证券市场上谋取暴利。他惯用的策略是买入两条甚至更多的铁路，将它们并网，重新命名，向公众描绘重组后的光辉前景。当大众相信这种愿景之后，他发行大量高价证券，这就是融资圈钱的过程了。融资后他会扩大铁路运营的规模，提升其效率，这就为高价卖出整个公司奠定基础。如果出现大买家接手，那么古尔德就能大赚一笔。当然，他也付出了汗水和智慧来盘活这些原本糟糕的资产。

利用资产重组并购进行题材炒作。

通常情况下，这些资产到其他人手上之后往往经营惨淡，一两年后又再度破产清算，而这时候古尔德或者他的代理人会逢低再度进场买回这些资产。接下来，再度重复此前的流程，他再度展示出卓越的管理才华，公司起死回生，走出困境。资产并购和重组成了他手中的魔法杖，每次如此操作之后都会让企业恢复生机。

要详细讲述古尔德先生伟大的一生，需要花费大量的时间和篇幅，这是本身所不能及的。他在华尔街纵横了四分之一个世纪，要想描述清楚这期间发生在他身上的事情，至少需要一本书。

限于自己精力和时间有限，我只好扼要地介绍古尔德先生最精彩的华章。正如华尔街媒体所说，未来的金融史学家

一定会长篇大论地介绍这位金融天才。将来不管谁想要重新梳理和写作古尔德的传奇一生，都不能忽略文坛名宿塞缪尔·约翰逊（Samuel Johnson）的提醒——某人的传记素材会随着时间推移逐渐减少。不过，由于古尔德在华尔街的表现实在太过于耀眼，因此无论如何都不会在历史中湮灭。

古尔德在不少人心中留下了邪恶的印象，以至于他们认为"罪恶将伴随古尔德长眠"或者是"古尔德埋葬了善良"。**事情的发展往往与大众一致所料的相反**，古尔德的罪恶行径可能很快就被人们遗忘了，只要他坚持过去几年的善良举动，那么到他去世的时候，此前的罪恶就会被洗涤。古尔德现在已经转变成了一个高效的价值管理者，致力于提高股东价值和经营效率，他不再是一个破坏性的邪恶天才。

他卓越的管理才能让许多荒芜之地变得繁荣，让贫困潦倒住在贫民窟的人住进了公寓。总之，他善用了自己的管理才华，为社会创造了价值。以前他是一个投机分子，带来了破坏；现在他是一个投资大师，带来了财富。他提供了铁路沿线土地的价值。在他不断增值个人资产的同时，也增加了整个国家和社会的财富，提升了美国的国际影响力。

《伦敦时报》（London Times）的记者专访了古尔德等人，详细讲述了以他为首的铁路巨头们的特点和贡献，他们是商品流通不可或缺的媒介，奠定了国家繁荣、富强的坚实基础。

古尔德的财富主要源于他对伊利铁路的运营和市值管理能力上。他在伊利股票上的运作与丹尼尔·德鲁和"船长"范德比尔特有着密切的关系，此前我们已经做了一些介绍。他以伊利铁路为基础，通过雄厚的财力，利用社会和法律系统的影响力大举进行资产并购。通过兼并联合太平洋铁路（Union Pacific）、沃巴什铁路（Wabash），以及西南铁路系统（Southwestern Roads），他一度掌控了横跨北美大陆所有铁路系统。在此之后，他掌控了电报行业。

在他所进行的资产并购和重组活动中，他有时候因为采用了灰色手段而应该受到谴责，另一些时候则因为给社会带来利益而应该受到称赞。有些计划是他独自决策的结果，而另一些计划则是他和一位或者多位合伙人共同密谋的。

这些计划中最值得介绍的一个是对奥尔巴尼－苏斯奎巴纳铁路（Albany & Susquebana Railroad）的并购。古尔德极少在公共场合露脸，他的重要合伙人小詹姆斯·菲斯克（James Fisk，Jr）则是其重要的公共事务代表。菲斯克很好地担任了这一角色，人称"伊利王子"（The Prince of Erie）。菲斯克在两位纽约法律界重要人物戴维·达德利·菲尔德（David Dudley Field）和托马斯·希曼（Thomas G.Shearman）的帮助下，

成功控制了这段 142 英里的铁路。这条铁路的总股本为 3 万股，而菲斯克个人手里掌握了其中的 6500 股，其中 3000 股最终被法庭裁决为非法侵占。

　　菲斯克虽然是古尔德的公共代表，但言辞也较少。他手段毒辣，经常与法律人士勾结作奸犯科，比如与纽约最高法院（Supreme Court of the City and County of New York）的巴纳德法官关系密切。

　　奥尔巴尼–苏斯奎巴纳铁路有潜力成为伊利铁路财团的关键资产，因为这条铁路可以将纽约中央铁路的最东端延伸到宾厄姆顿（Binghamton），从而与伊利铁路连接在一起。

　　当时的伊利铁路希望能够与纽约中央铁路展开强有力的竞争，抢夺新英格兰（New England）地区的业务，进而垄断这一地区与宾夕法尼亚之间的煤炭运输。因此，奥尔巴尼–苏斯奎巴纳铁路的 142 英里路线成了两大铁路财团争抢的关键资产。

　　为了收购这条铁路，伊利财团倾注了全部资源，而直接负责这件事情的菲斯克则将本性表露无遗。他在纽约组织了一家黑社会性质的公司，自己任管理者。这群人拿着棍棒和手枪，带着巴纳德法官签发的禁令前往奥尔巴尼，暴力控制了奥尔巴尼–苏斯奎巴纳铁路公司的办公室。实际上，当时巴纳德法官正在波基普西（Poughkeepsie），并不在纽约。身在外地的他也通过不正当的手段为菲斯克的违法行动大开方便之门。

　　菲斯克逮捕了奥尔巴尼–苏斯奎巴纳铁路公司的总裁、秘书、法律顾问和财务主管，理由是他们每个人都欠了 25000 美元的债务。接着，他组织了一场董事会选举，他的手下作为选举人，选举了伊利财团的人担任奥尔巴尼—苏斯奎巴纳铁路公司的管理者和董事会成员。

　　奥尔巴尼–苏斯奎巴纳铁路公司的总裁是约瑟夫·H. 拉姆齐（Joseph H.Ramsey）。他坚决捍卫自己的合法权益，毕竟这条铁路花费了他十八年的心血。他找到了一位愿意提供帮助

菲斯克在很多时候就是古尔德的"白手套"，替古尔德做一些卑鄙违法的勾当。金融市场的操盘手也容易沦为某些权贵的"白手套"，最终身陷囹圄也是稀松平常的结果。

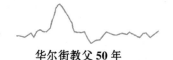
的法官——罗切斯特（Rochester）的 E.达尔文·斯密斯（E. Darwin Smith）。斯密斯法官最终做出了支持拉姆齐的裁决，判定菲斯克非法操纵公司管理层和董事会选举，违背了代理投票制度，将公司股东大会和董事大会变成了犯罪分子的狂欢之地。联邦上诉法庭（Court of Appeals）的塞缪尔·L.塞尔登（Samuel L.Selden）法官判决菲斯克应该向拉姆齐支付92000 美元作为赔偿。菲斯克这次倒霉了，有趣的是他牵头的这个黑社会组织刚好 13 个成员，多么不吉利的数字啊。

在伊利财团上诉之前，奥尔巴尼-苏斯奎巴纳铁路就无限期地租赁给了特拉华-哈德逊运河公司（Delaware & Hudson Canal Company）。伊利财团的实力还无法与这家公司抗衡，当然也就失去了这次关键资产的并购机会。

在古尔德的并购生涯中，这是极少数失手的例子。古尔德是并购领域的王者，他深谙并购的艺术。他熟练地利用法律手段来支持自己的并购，动用最权威的法律人士为自己站台是他的惯用手法。

他不仅在铁路行业大举进行并购，后来也在电报行业进行资产运作。他在西联电报公司（Western Union Telegrah Company）上的并购操作体现了他的天才智慧和手腕，彰显了他成功的奥妙。

在进行控制电报行业的最初阶段，古尔德成立了一家规模不大的公司，资本只有 5000 美元。他通过这家公司修建了一系列与西部联合电报公司平行的电报线路，这就构建了一种竞争格局，逼迫后者不断降价，直到利润为零。通过这一布局，古尔德取得了与西部联合电报公司协商和谈判的筹码。最终，古尔德取得了西部联合电报公司的控制权。

诺文·格林（Norvin Green）先生是西部联合电报的管理者，在最终并购的前几个月里，他并不相信古尔德能够吃掉自己的企业："绝不可能！我们会让古尔德的这些平行线路破产，至于说他能够让我们屈服的想法，那是痴心妄想而已！"在听到古尔德的阴谋之后，格林先生怒不可遏，不过他自信

采取任何直接行动之前，先要布局。具体来讲就是构建一个自己占据主动的优势地位，然后以此作为筹码或者基地进行谈判或者发动进攻。"先立于不败之地"，有一层意思就是"先布局"；"计利以听，乃为其势，以佐其外"，也就是说在进行 SWOT 分析之后，要据此布局，获得主动。古尔德并未直接发动并购，因为这样很难让一家拥有优势的大型企业屈服，所以他先是布局，徐缓图之。

地认为古尔德不是自己的对手。对于古尔德的这些举动，他报之以轻蔑的态度。

最终结果大大出乎了格林先生的预料，数月之后他不得不同意在古尔德先生手下当副总裁。

并购西部联合电报公司之后，古尔德正式展开了进军电报行业的计划。当时的电报行业并未完全整合，贝内特-麦凯财团（Bennett-Mackay Party）与古尔德必然有一番争斗，最终古尔德将取得电报行业的霸权。如果古尔德垄断电报通信行业，那么无论是在投机还是政治领域都拥有极大的舆论影响力。实际上，一旦某个人掌握垄断霸权，那么就有可能被滥用。

最近一段时间，古尔德先生与赛勒斯·W. 菲尔德（Cyrus W. Field）先生合伙控制了纽约市高架铁路（Elevated Railroads）系统。这一并购毫无疑问是符合商业规则的，也恪守了证券法规，不过我的朋友菲尔德先生的伟大蓝图能否实现还需要时间来证实。不过，菲尔德先生对这一话题始终保持守口如瓶。

在并购了西部联合电报公司之后，罢工发生了。我认为古尔德先生对罢工者的策略是大胆而成功的，有助于事态的健康发展，也利于社会的稳定与繁荣。由于电报员罢工，西部联合电报公司亏损额超过了 50 万美元。公司股东们面对罢工感到恐慌，不过古尔德冷静地应对，直到罢工者们屈服。

后来，在应对劳动骑士团（Knights of Labor）的时候，古尔德也采取了相同的策略，并且取得了最终的胜利。在劳动骑士团罢工期间，金融市场出现了动荡，我在发送给客户的报告中，给出了自己的看法：

"劳动骑士团决定利用大规模罢工的方式来争取和扩大他们的权利。这场危机带来的恶性影响已经显现。**这场罢工的走向将决定国家未来的利益分配格局，究竟是资本主导还是劳动主导。**

对于资方而言，未来的财产权和个人权利是否会被限制

劳动骑士团，于 1869 年由尤利亚·斯蒂芬斯等七个裁缝工会会员在费城建立的美国工人组织。最初是一个带有秘密性的团体。以秘密活动、合作社和教育三项原则为基础的工人团体，其宗旨是团结所有的熟练和非熟练工人，不受种族、性别或肤色限制。1874 年开始吸收工人加入。1878 年 6 月，该组织正式转为公开活动。

和侵蚀关系到切身利益。资本价值是否会受到权力的干扰，资本家的自由是否会被削弱，这是他们最为关心的问题。

对于劳方而言，罢工能否成为一种合法的权利争取和增加手段是他们关心的问题。在几乎所有的文明社会当中，私有产权都是得到神圣保护的，是不可剥夺的权利。现在正处在一个十字路口。

这场罢工会演变成为一场革命，现在已经导致部分商业活动瘫痪，某些商业合同也不得不暂停履行。

只有美国公民正确地理解他们的权利，才能避免无政府主义带来的破坏性。不过，现在我们已经看见了两大社会阶级之间的对立与敌意。斗争不仅影响了普通商业的运营，也扼杀了新兴商业的萌芽和壮大。

因此，罢工应该立即停止，无论是以什么样的方式。劳动骑士团及其或明或暗的支持者们对权利提出了革命性的要求，这会让现存社会制度崩溃。因此，大众已经得出了结论，必须拒绝这样的要求，我们的承受力和忍耐力已经触及了极限。"

古尔德先生最终成功地应对了劳动骑士团发动的罢工。在处理铁路事务时，古尔德也显现出了天才的思路与手法。古尔德并购铁路资产的手段异常高明，1887 年 5 月在太平洋铁路调查委员会（Pacific Railway Commission）举行的听证会上他阐明了自己的策略和计划。古尔德先生的证词透露了他的部分并购计划和策略，以及他的经营之道。证词简明扼要，深入浅出，切中要害，用词温和。

矮小的古尔德先生穿着朴素的西装，走进了太平洋铁路调查委员会的办公室。他取下礼帽放在自己的膝盖上坐下。虽然他身家已经数百万美元，不过外表并不起眼。

这次参加听证会，他想要向委员们传递许多信息，大部分是关于联合太平洋铁路并购的一些内情。他提供的信息量远远超过了委员会的最初预期。

听证会的委员们最初认为古尔德是一个奸猾之辈，必然避重就轻，遮遮掩掩，不是一个好惹的人。不过，当听证会正式开始后，古尔德的表现令他们大感意外。

古尔德对委员们说自己有头痛的宿疾，因此不能大声说话。在整个听证过程中，他只有两三次高声说话，基本是在他想要就特别重要的事项进行强调时。他游刃有余地把控着自己的语调和态度，不卑不亢，从容淡定。

他祖露最初对太平洋沿岸铁路系统感兴趣是在 1873 年。他从公开市场上大举买入联合太平洋铁路的股票，不过股价从 1 美元跌到了 14 美分。他持有了大约 10 万股联合太平洋铁路股票。为了支持太平洋铁路的发展，他与西德尼·迪伦（Sidney Dillon）商量后决定通过发行债券来融资，而他自己认购了其中的 100 万美元。

1874~1876年，他连续担任董事职务，一年两次巡视整个铁路。对于牵涉菲斯克的法律诉讼，他表示知情，但是并不感兴趣，也未牵涉其中。

1878年，他开始关注堪萨斯太平洋铁路公司（Kansas Pacific）。事实上，他早在1874年就知道这条铁路了。他还曾经计划整合丹佛太平洋铁路公司（Denver Pacific）和科罗拉多中央铁路公司（Colorado Central）。

听证会委员们有时候因为对具体铁路线的位置并不熟悉，因此会询问古尔德。古尔德从衣服口袋里面掏出一张纸："如果诸位对位置不熟悉的话，我这里有一张小地图。"他把地图放在桌上，用食指在地图上移动指示每个州的相关铁路分布。显然，古尔德的并购计划完全没有把洲际商业法（Inter-State Commerce Law）放在眼里。

在听证会的安德森（Anderson）先生阅读了一些相关摘要并提出疑问后，古尔德回忆说实际上早在1875年，他就曾经考虑过整合太平洋沿岸的铁路系统，不过当时并未立即着手。后来他还曾经与斯科特（Scott）先生讨论过相关并购。

古尔德说与科罗拉多中央铁路系统连接的一小段铁路是他主导建造的，动机之一是为了让联合太平洋铁路公司能够在与堪萨斯太平洋铁路公司的竞争中占据优势。他并不记得是否曾经在1878年之前持有任何堪萨斯太平洋铁路公司的股票。

联合太平洋铁路公司的总股本为367000股，而他持有其中的200000股。他保存着相关的股票交易记录，部分交易记录由莫罗西尼（Morosini）先生保存着。

听证会委员问："相关的交易记录在哪里呢？"

"我保存着。"

"谁直接保管呢？"

"我本人保存着这些记录。"

"可以提供给听证会查阅吗？"

"如若所需，愿意效劳。"

古尔德的大度让参与听证会的人大呼意外。他爽快地回答任何提问，毫不迟疑，整个听证会他都表现得平易近人。此前的听证会，接受质询的人往往都以"我不知道""我不清楚""我忘了"等借口敷衍过去，但古尔德没有任何遮掩和搪塞之词。他大度地提供了自己的交易记录，在当时引起了轰动。

接下来的听证过程，如果他确实记不清楚了什么细节，就会借助于交易记录来回答质询。当委员询问买入某只股票的具体动机时，他回答说交易记录上可以看出来龙去脉。

"你的交易记录是否包括了执行指令的经纪人名字？"

"是的!"

接下来,委员询问有关圣路易斯铁路公司(St.Louis)并购的相关问题:"你当时同哪些人进行过沟通呢?"

"协议上签名的所有人吧。"

"你能告诉我们达成这一并购协议的前置条件吗?"

"如果我要讲述所有一切细节,那么我的头痛会加剧,涉及的东西太多了。"

实际上,当时的并购准备采用换股的方式,而最后是以债券融资的方式进行的。不过后来事情的发展并未按照预期的轨迹进行,先前许多步骤被证明是无法实施的。

"事情变化之后,此后什么时候进行了新的调整呢?"

"很快我就决定将不同性质的有价证券统一为一类证券。"

"做出新的决定之时,你有同其他人商量过吗?"

"我先是解决了一下自己的矛盾想法,然后也同其他人进行了商量。我想为证券定出一个合理的价格,不仅是我认为合理,其他人也认为合理的价格。"

"相关文件你给了谁呢?"

"应该已经给了听证委员会吧?我不是很清楚。"

"但是,你应该不会将 200 万美元支付给一个你不信任的人吧?"

"当然不会!"

"谁在记录账目呢?"

"我不知道。"

"你忘记了吗?"

"我不会用琐事来考验自己的记忆力,不过从账本上应该可以得到答案,况且这些账本可以任由听证委员会检视。"古尔德面带着微笑,平和而有礼貌。

几分钟后,话题集中到了古尔德从圣路易斯铁路财团购买股票的事项上:"你从谁手上购买了证券呢?"

"我不能依靠模糊的记忆来回答你,从我的账本上可以看出来。"

"你同圣路易斯铁路财团中的哪些人进行过谈话呢?"

"我认为是他们主动来见我的,因为他们在这家公司的经营上饱受折磨,急于寻找买家接手。"

"在你决定要买下公司后,你邀请了其他人加入吗?"

"是的,我邀请了几位铁路管理和经营方面的专家加入。交易记录上应该可以找到这些人的信息。至于卖家,我记得是这些人来找我的,告诉我他们想要卖出手上的股

权。我询问了报价，他们给出了一个合理的协议价格。"

"我只是'说我会买下来。'这就是整个交易达成的过程，也是我还记得的东西。1879 年，我已经拥有了大概 400 万美元的证券。"

接着听证会的主题转移到了堪萨斯太平洋铁路的有价证券上。委员会询问了这条铁路的经营状况。古尔德认为业绩糟糕，不过铁路内在的价值很大。但是因为财务状况不佳，因此证券价格暴跌。

"你是否有在国外市场买入一些美国公司的证券呢？"

"我以 74 美分的价格买入了 200 万美元的丹佛太平洋铁路的股票。我的对手方是阿姆斯特丹人。我当时身在伦敦，听说他们要出售。由于时间有限，而且预期他们会谈判两三天才决定，因此没有贸然过去。不过事实证明我把事情想得复杂了，我一早去了阿姆斯特丹，早餐后去见他们。11 点见面，12 点就成交了。当天下午就坐船出发返回美国。"

当委员们问到收购堪萨斯太平洋铁路所支付的价格时，古尔德拿出了一些文件递给听证会。

1879 年，他买入了圣约瑟夫铁路公司（St. Jo.）和丹佛太平洋铁路公司的可转债，分别花费了 1562886.69 美元和 603204.78 美元。他将其中 617000 美元的债券转卖给了罗素·赛奇（Russell Sage）、F. L. 艾美思（F. L. Ames）、西德尼·迪伦（Sidney Dillon）、S. H. H. 克拉克（S. H. H. Clark），还转卖了 246800 美元给斯拉·H. 贝克（Ezra H. Baker）、F. G. 德克斯特（F.G.Dexter）、伊莉莎·阿特金斯（Elisha Atkins）。

1880 年 1 月 24 日，他用价值 956779.76 美元的债券和票据换取了 9568 股的联合太平洋铁路。他支付了 60695 美元买入了圣约瑟夫铁路和丹佛太平洋铁路的 59 张认购证。他还购买了 6340 股的联合太平洋铁路。

从古尔德手中买到证券的这几位先生都是联合太平洋董事会成员。他们持有相关证券直到合并最终完成。

合并时，古尔德以 27000 股的联合太平洋铁路换取新公

金融交易要做到滴水不漏，除了精通业务本身之外，还要规避法律和政治风险。

司的股票。

为了避免在遭遇诉讼时股票被冻结，他根据马萨诸塞州（Massachusetts）一条法律，将自己一些股票转移到他人名下代持。

"我发现有这么一条法律，于是就将部分股票转到别人名下。这是一个普遍的现象，许多股票都是由经纪人代持的。"

合并最终完成后，他开始对股份进行重新分配，以便进行市值管理和资本运作。

"我决定联合四五个股东共同行动，而不是独自行动。"

"这个想法是因为合并导致股票上涨才有的吗？"

"是的，因为股价涨得较高，这里面就存在利益分配问题。"

"那么你是怎么办的呢？"

"我觉得进行更多的合并，以便壮大我们的公司，这样自然就会进一步提升股东的价值。"

古尔德委托道奇（Dodge）和索伦·汉弗莱斯（Solon Humphreys）前往考察密苏里太平洋铁路（Missouri Pacific）。

"那么，你等他们回来报告之后才决定买入密苏里太平洋铁路的股票吗？"

"实际上，当他们还在调查的时候，我已经买了一些。"

"已经买了？"

"是的，我已经买入了密苏里太平洋铁路。"

"道奇先生和汉弗莱斯先生调查过这家公司过去的历史吗？"

"我认为铁路的前景比历史更为重要。"

"是的，不过我认为……"

还未等委员说完，古尔德答道："以联合太平洋为主体的这次大并购，历史上是没有先例可以参考的。"

"但你难道不应该等到道奇先生和汉弗莱斯给出调查结论之后，再稳健操作吗？"

未来是投机还是投资，都是前瞻的。

"我一生都在进行铁路行业的资本运作。在这个行当，**我重点考察的是铁路行业和公司的未来，而不是过去。**"

"这就是我的盈利之道。我曾经买入的一家铁路公司，业

绩糟糕到了极致，我以 10 美分的价格买入其有价证券，然后以 1.25 美元的价格卖出。为什么我会在联合太平洋铁路上重仓，因为我看中的是其未来。我的一切行动是以盈利为目的。"

"为什么后来你又反对进一步并购呢？"

"因为我的利益已经发生了变化。"

"你有没有采取行动阻止进一步的并购呢？"

"许多人都知道我反对进一步的并购，因此颇为震惊，毕竟最初我是主张并购的。"

"他们是谁？"

"艾美思（Aems）、德克斯特（Dexter）、阿特金斯（Atkins）和迪利翁（Dillon）。他们专程从波士顿过来找我谈这个问题。我最初打算将丹佛太平洋铁路与密苏里太平洋铁路连接起来，不过联合太平洋董事会的人认为这样的合并会损害自己的利益，于是他们表示不支持，他们希望进行其他并购，继续由我负责。不过，我想要退出，他们用 100 万美元购买我手头的份额。我现在可以出售自己的份额。"说到这里古尔德抬高了音调，严肃地看着房间里面的联合太平洋董事们。

他接着说道："不过，当时他们并不让我离开会议室，除非我签署进一步并购其他公司的协议。"

"那份文件现在何处呢？"

"我认为在波士顿。如果他们能够赞成密苏里太平洋铁路的计划，我们所有股东的资产价值都会显著增加。"

"你已经赚得够多了，先生！"安德森说道。

古尔德听了之后微闭双眼，保持沉默。

古尔德不得不顺从联合太平洋董事们的意见，承诺继续其他并购。

"我已经不再是联合太平洋公司的领袖了，我失去了权势。"

委员安德森先生询问古尔德先生是否对某次交易非常有把握。

"是的，那次交易我记忆犹新。"

> 古尔德买铁路主要是投机，因为那是新技术带来的泡沫机会；巴菲特买铁路主要是投资，因为铁路行业完成了洗牌，有了一些垄断特征。

"为什么呢?"

"当时我以 10 美分的价格买入,数天之后我就能以 1 美元的价格卖出了。这样的买卖难道不会让你印象深刻吗? 安德森先生。"

听到这里,在场的每个人都笑了起来。

古尔德先生进一步指出,丹佛太平洋铁路除非能够被并购重组,否则将最终彻底倒闭。只有太平洋联合铁路收购并且整合了这家公司才能让其起死回生。

"你认为包括你在内的丹佛太平洋铁路的资产托管人尽到责任了吗?"

"通过资产并购重组来拯救它是我唯一能够且一直坚持在做的事情。我一直恪尽职守。"

根据 1887 年 5 月 19 日《纽约时报》(New York Times) 的报道:次日,杰伊·古尔德再度接受了听证委员会的质询。他还是保持着镇定,耐心地解答疑问,说出掌握的事实。他言语不多,尽量做到滴水不漏。虽然他回答了超过一百个问题,其中一些问题能够将普通金融家逼到绝路,他仍旧巧妙地回答了。

委员们提到丹佛太平洋铁路托管的情况。就古尔德而言,他力促并购,一方面他手里有 100 万美元的相关证券,另一方面他还是超过 300 万美元资产的托管人。大众和委员会都在怀疑这次并购的必要性和可能性。

"我想再强调一下,合并很必要。"

古尔德曾经计划建造一条铁路从丹佛到奥格登 (Ogden),途经盐湖城 (Salt Lake City) 和洛夫兰隘口 (Loveland Pass)。这条线路比联合太平洋铁路更便捷,能够带来更多的商机。联合太平洋铁路在富矿带的北部,而南方太平洋铁路则在富矿带的南部,这条计划中的铁路恰到好处。

当古尔德收购密苏里太平洋铁路之后,他发现这是一项很有价值的资产,可以提升整个铁路系统的效率和商业价值。不到一个月时间,身在波士顿的联合太平洋铁路董事们日益变得担忧起来。他们认为,如果将密苏里太平洋铁路与其他铁路线连接起来,将严重损害联合太平洋铁路的商业价值。

"根据华尔街的职业操守,你是联合太平洋铁路的董事,却去并购另外一些资产,而这项并购可能破坏联合太平洋铁路的价值。这样做合适吗?"

"这样做确实不符合一些规范,所以我放弃了。"

"你没有考虑过对政府权力的影响?"

"当然。"

"建造一条平行铁路线会对地方政府的权力产生什么样的影响呢?"

"或许会严重削弱此前那条铁路线所在地区的商业和税收利益。"

在最高法院支持瑟曼法案（Thurman Bill）后，古尔德又计划从奥马哈（Omaha）修建一条通过奥格登的铁路。这条铁路正好位于联合太平洋铁路的右边。这条铁路获得了政府的投资，因此政府也是大股东之一。政府想要从这条铁路上获得更多的收入。这条铁路计划花费 1500 万美元，最终却花费了 7500 万美元。

"你并不在乎政府的利益吧？"

"我严肃考虑过政府的利益。不过，政府议会通过的法案损害了所有股东的利益，包括他们自己。政府否定此前签订的合同。联合太平洋铁路公司提出股权转债券，用现金清偿政府。我找人计算出了相关的债务，并于 1877 年向司法委员会（Judiciary Committee）提出了这一建议，这个委员会当时的主席是埃德蒙兹（Edmunds）。但是，政府方面拒绝接受股权转债权，也不愿采取其他行动。"

在遭遇内外重重压力和阻碍之后，古尔德决心辞去联合太平洋铁路公司董事的职位。辞职的理由是不应该涉及关联交易，具体来讲就不应该以董事身份与其他公司做生意。

他向董事长迪利翁递交了辞呈。

"你为什么辞职呢？"听证委员会的人询问。

"我继续在联合太平洋铁路公司担任董事，但却继续参与潜在的关联交易，这会让事情变得复杂，存在不少法律和道德风险。我当时正准备买入其他一些公司的资产，比如圣约瑟夫西部铁路（St. Josenh and Western）的可转换债券，以及堪萨斯中央铁路（Kansas Central）的股票，等等。"

科罗拉多中央铁路（Colorado Central）的合并租约（Lease）被取消了，因为相互竞争铁路线的合并经营是被某条州立法令禁止的。

古尔德先生并不清楚需要将道奇和汉弗莱斯的汇报信号递交给 1 月 24 日的听证会。或许他是在合并进行的当日才得知上述消息的，或许他也出席了新公司的首次会议。

古尔德先生从联合太平洋铁路的辞呈报告在听证会上也被仔细检查了一遍。他解释辞职的原因时说他不想将托管和管理的职责混在一起。辞去联合太平洋董事职务之后，他觉得在资本市场上的操作更加自由了。如果存在关联交易的嫌疑，那么继续担任董事就不太适合了。不过，他并未预期到罗素·赛奇会接受他的辞呈。

"我们已经读过一张来自堪萨斯太平洋铁路的股东大会（Kansas Pacific Meeting）的名单，上面列出了一些铁路支线。迪利翁说已经买下了部分支线。具体指的是什么？"

"可能他指的是铁路公司董事们与我达成的协议。"

"但是我们在相关账簿中搜不到这些协议的相关记录。他具体指的是不是与波士顿先生们的协议呢?"

"很有可能,不过协议只是不具法律效力的口头承诺,并未具有权威性。"

古尔德先生在周二的时候提交了支线铁路的证券交易记录,与审计人员(Controller)明克(Mink)先生提交的记录并不完全相符,存在一些差异。于是,听证会的委员们要求古尔德解释这种矛盾之处。

明克先生的记录显示古尔德持有圣约瑟夫西部铁路 15162 股,而古尔德自己的记录显示持有 8119 股。古尔德先生的解释是与黑斯廷斯和格兰德岛铁路公司(Hastings and Grand Island)进行了换股,还转让了一些给迪利翁和赛奇,后来又回购了一些。

古尔德还从奥利佛·艾美思(Oliver Ames)和波默罗伊(Pomeroy)手上买了一些联合太平洋铁路中央支线(Central Branch of the Union Pacific)的股份。这笔交易是在两人到纽约拜访并督促古尔德前去调查后完成的。

"我认为这是一笔大买卖,他们为了给我留下好的印象,专门在每个车站临时停了一列货运列车。最终,我买下了这条支线。"古尔德为此花费了 1826500 美元。后来,他以 239 美元的价格卖掉这些股份。买卖利润之丰厚在听证会现场引发了一番躁动。不过古尔德平静地解释说这只股票的价值先前被严重低估了,后来大涨是必然的。

"持有其股票可以得到股息吗?"

"我认为没有。"

"总收入超过了固定成本和政府税费吗?"

"我还未计算过。毕竟,股票的价格并不一定依赖于股息水平。我以 750 美元的价格买入了 4000 股的密苏里太平洋铁路。长期来看,价格体现了价值,正如红宝石的价格超过钻石,钻石的价格超过玻璃。"

接下来,质询转向了并购之后数日的情况。委员们询问古尔德在收到股票之后,新成立的公司是否采取了什么集体行动。

"我唯一了解的就是移交了新公司的股票。"

"重组后的这家新公司是否有履行堪萨斯太平洋铁路的债务?"

"是的,我认为新公司承担了堪萨斯太平洋铁路的债务。"

"重组过程中,他们为什么不是支付堪萨斯太平洋铁路公司的债券,而是采取换股的方式呢?"

"他们偏好股票吧。我并不介意,因此接收了换股方案。"

两份记录上的矛盾之处再度引发新一轮的提问，不过听证会并未得到太多的线索。

在这一轮提问结束之后，古尔德微笑着说："我肯定律师能够很好地解释这些差异。"他曾经在不同时间向堪萨斯太平洋铁路提供现金，以满足后者支付短期债务的需要。如果将这些款项计算进去，那么两份记录上的差异基本可以得到解释。

古尔德强调在整个谈判和交易过程中，没有谁得到了优待和特权。他继续指出在合并后，很少在公开市场上买卖联合太平洋铁路的股票。不过，他持有丹佛太平洋铁路的股票。最初他只有丹佛太平洋铁路很少的份额，此后他从埃文斯（Evans）那里买下了整条铁路的股权。

在这笔交易结束之后，他开心地说："我已经完全向竞争对手开火了。"

接着，他再次声明在联合太平洋的支出中，任何支出都是合法的。

"谁是你们财团在华盛顿的游说顾问？"

"就我掌握的信息来看，谢拉巴格（Shellabarger）和威尔逊（Wilson）是财团在华盛顿仅有的两位游说顾问。"

"你曾经为了并购这家公司而专程前往华盛顿吗？"

"是的，我自己支付了全部的酒店费用。"

"你还知道有其他人被派往华盛顿游说吗？"

"阿歇尔（Usher）法官和波普尔顿（Poppleton）先生。"

"谁代表堪萨斯太平洋铁路呢？"

"阿歇尔法官。"

"为了兼并这条铁路，你前往华盛顿几次呢？"

"我在瑟曼法案通过之前去过。法案通过后，我再也没有去过。噢，不对，我纠正一下，后来去过一次，是处理劳工委员会（Labor Committee）的事情，当时我很着急。"

"你们有采取金钱手段影响立法院吗？"

"没有，先生。我不知道有过这样的开支。"

"我们能够在哪里找到这类财务记录呢？"

"我不认为存在这样的财务开支。"

"你还记得替堪萨斯太平洋铁路在华盛顿游说的奥德韦（Ordway）先生吗？"

"不记得了，先生。"

听证会委员安德森先生读了堪萨斯太平洋1876年的一次会议记录。这让古尔德想起了奥德韦先生的一位重要朋友参议员罗林斯（Senator Rollins）曾经邀请他写过一封函件，不知道后续情况如何。

"你还记得任何反击动产信贷银行（Credit Mobilier）的谈话吗？"

"我曾经见过几个股东，他们有意将股票卖给我们，不过其他股东不愿意。动产信贷银行声称联合太平洋铁路欠了他们很大一笔债务，他们想要介入并购中。"

"你应该还记得写给联合太平洋铁路公司总裁和董事们的函件吧？"

"当然，那样做的目的是为了让自己处于法律诉讼中的有利地位。"

安德森先生看到了董事会议上德克斯特提出反对古尔德的诉讼提议记录，于是问道："你提出这一举措之后，谁表示了反对呢？"

"我想是董事们集体反对以公司名义提出诉讼，所以我以个人的名义提出诉讼。"

"你还另外写了一封信，要求他们对动产信贷银行提出诉讼。"

听证会传唤了首位证人弗雷德里克·L.埃姆斯（Frederick L.Ames）先生。他是联合太平洋铁路的前股东，也是州长奥利弗·艾姆斯（Oliver Ames）表兄。他对1877年之前，联合太平洋铁路与堪萨斯太平洋铁路之间的关系非常熟稔。

"我亲自接触了家父管理下的铁路业务。这条铁路首次派息是在1875年或者1876年。具体的股息率我记不清楚了。杰伊·古尔德先生于1876年将堪萨斯太平洋铁路的全部股权收入囊中，我对这家公司的情况比较熟悉。合并后股东的事情我并不清楚，我收到了两张凭证，每张价值5万美元。我已经将这两张凭证转给了他人。"

"你能找到那些凭证吗？"安德森询问明克。

"凭证现在已经不在我手里了。"明克回答道。

"我们没有得到任何关于这张凭证的线索，这点让人感到奇怪。"安德森说。

听证会继续下去，埃姆斯先生说明了并购基金的运作方式，并且提供了一份资产并购的记录副本给听证会。

"我不记得自己曾经持有记录中标注的383000美元债券。我与这只并购基金的唯一关系就是10万美元投入。我在1879年担任堪萨斯太平洋铁路的董事。我无法解释清楚为什么公司以债券的方式融资，从而让整体负债率超过了百万美元。我不记得在1880年曾经以75美元的价格发行优先股，而古尔德先生获得了其中的2950000美元的股份。我不清楚任何类似的交易，不知道当时的堪萨斯太平洋铁路怎么会欠杰伊·古尔德先生200万美元。当时除了古尔德之外的所有董事都支持合并。古尔德不同意我们在权利内提出的任何条件，他异常激动。

"最后的谈判是在古尔德先生的办公室进行的。我不记得我们不让他离开办公室，除非他签署文件。当时在场的所有人都签署了并购文件，整个并购的价值是5000万美元。"

接下来，委员们询问他如何解释联合太平洋股息支付问题时，埃姆斯先生回答说："宣布支付股息是基于财务报表的利润水平决定的。如果不是因为持续建造铁路，那么公司可能支付更多的股息，是实际支付的好几倍。合并之后，我并没有卖出股票兑现利润，而是选择继续持有。古尔德先生大概赚了 350 万美元。"

在听证会委员反复询问埃姆斯先生后确认了他在合并中并未假公济私，他现在持有的联合太平洋铁路股票的价值已经超过了 1880 年，他现在也是该公司的大股东之一。

接下来，我要谈到杰伊·古尔德与他的庞大帝国。下面的内容摘录自 1887 年 4 月 27 日的《纽约时报》：

初步一想，杰伊·古尔德雄霸铁路行业长达十年是不可能的，不过事实确实如此。1879 年他只控制了现在西南铁路系统（Southwestern System）的核心部分。

沃巴什铁路线与密苏里太平洋存在竞争关系。后来古尔德为了争夺密苏里太平洋铁路倍感艰难。加里森船长（Commodore Garrison）拥有密苏里太平洋铁路的控制权，他的弟弟奥利弗（Oliver）是直接管理者。加里森对古尔德的态度是中立的，他不太喜欢古尔德，但是也不反对古尔德并购沃巴什。如果不是奥利弗·加里森的阻碍，那么古尔德很可能就已经轻松并购了。

奥利弗·加里森与古尔德手下本·W. 刘易斯（Ben W. Lewis）是好友。1879 年年末的一天，刘易斯到纽约拜访古尔德，递交了辞呈准备前往其他财团任职。他善意地提醒古尔德应该想办法获得密苏里太平洋铁路的控制权，这样才能消除竞争。机不可失时不再来，他强调古尔德应该加紧实施并购计划。于是，古尔德立即前往拜访奥利弗·加里森，开出 150 万美元的加码收购其持有的密苏里太平洋铁路股权。奥利弗认为 200 万美元才合理。奥利弗将消息通知了哥哥，加里森船长微笑着将价格提到了 280 万美元。古尔德有些恼怒，他说此前一天他弟弟开出的价格是 200 万美元。加里森船长则笑着说昨天和今天的差价就是 80 万美元。

古尔德当时选择了放弃。第三天，他不甘心如此，于是再度做出并购的努力。这时候船长加里森的报价提高到了 380 万美元。古尔德坐不住了，他说："成交。"

古尔德就这样买下了密苏里太平洋铁路系统。最初他只控制了 1000 英里铁路，现在他管理超过 5000 英里的铁路线。这个铁路帝国由密苏里太平洋铁路线、艾恩芒廷铁路线（Iron Mountain）和大北方铁路线（Great Northern）等主干线以及它们的支线组成。现在这些资产的价值都显著上涨了。从并购完成之日起，他马不停蹄地扩张这些铁路线。铁路线的延伸计划虽然还只是蓝图，不过古尔德的铁路帝国很快就会达到 6000 英里的规模。

虽然集团总经理的办公室在圣路易斯，但是集团控制的铁路中却没有一条在密西西比河以东。有一条私人铁路线，连接着位于圣路易斯的办公室和西联大厦（Western Union Building）。古尔德的办公室在西联大厦中，他的办公室安放着一张价格不超过25美元的办公桌。每天古尔德都会在这张桌子旁边待上几小时。

他已经多次乘坐私人车厢，随着列车从圣路易斯开始出发，巡查每一英里线路，最终返回到这个脏乱炎热的老城市。第一次、第二次，甚至第三次的时候，他都非常兴奋。不过次数再多之后，他只关心铁路带来的权力和金钱了。

当古尔德从圣路易斯出发的消息在集团内部传开后，各地的管理者，从奥马哈（Omaha）到加尔维斯顿（Galveston），从沃斯堡（Fort Worth）到圣安东尼奥（San Antonio），到处都在忙着迎接古尔德的到来。古尔德及其亲信选出了整个系统的执行者，每个地区的负责人都必须是非常勤奋的。

当古尔德在西南铁路线巡视的时候，总监（Superintendent）凯瑞甘（Kerrigan）全程陪同。凯瑞甘在纽约出生，在美国西南部上学。两人的外貌差别显著：凯瑞甘皮肤白皙，胡须刮得干干净净，身高似乎有古尔德两倍。不过举止上两人却异常接近，他们在面对任何事情的时候都显得镇静从容，始终以一种平和的方式说话，凯瑞甘甚至有过之无不及。

凯瑞甘的铁路业务知识可谓渊博，他知晓美国西南部任何区域的地理特征。在西南铁路线上他工作了三十多年。他可以告诉古尔德任何分区的情况，不过后者还是坚持要在每个车站都停下来了解情况。除了凯瑞甘之外，还有一位速记打字员以及分区负责人陪同。

在抵达某个要视察的车站后，古尔德会先询问停留时间。得到准确答复后，他会查看一下手表，然后下车同总监一块巡视车站上的部分区域，仔细倾听总监与车站管理者的谈话。得到想要的信息之后，他会独自一人在车站里走一走，而总监则会收集一些信息以便稍后进行汇报。整个过程中，古尔

做什么事情，最为重要的事情就是调查。商鞅在形成变法纲领之前深入秦国大地，花费了大量的时间进行草根调查。金融交易也是一样的道理，你花了多少时间进行调查呢？主要驱动因素的分析、重要参与者和对手盘的心理分析、价量特征分析等，在进场之前你花了多少精力来研究上述问题呢？

德先生非常具有耐心。不过，如果列车没能准时发车，工作人员未能按时到达相应岗位的话，他会显得烦躁不安。

古尔德非常强调秩序和计划。早上计划好整天巡视的工作任务，在列车出发之前，他已经定下了当天会停留多少个车站，晚上会在哪里落脚。在长达三周的巡视中，他都在车厢里面用餐和休息。晚上专列会开往最为安静的地方，尽管古尔德白天可以与众人一样忍受噪声，但是睡觉的时候他喜欢安静。

他的专列总是让当地的人们感到好奇，他们会从四面八方赶来看个究竟。他就像马戏团的明星一样受到关注。如果他以詹姆斯·G. 布莱恩（James G. Blaine）的方式站在站台，那么也能像后者一样吸引汹涌的人群而至。

不过，古尔德处事低调，他可不希望自己引起大众的注意。在巡视过程中，他总是保持足够的谦逊，正如他在办公室或者第五大道宅邸（Fifth Avenue Mansion）那样。在他自己的地盘上，他表现得比大多数领取高薪的员工更加谦和有礼。

古尔德在巡视过程中会与一些精英人士见面，也会见一些不同寻常的人士，偶尔还会有一些奇怪的经历。某回他去得克萨斯的加尔维斯顿时，发现整座城市竟然坐落在一个岛屿上。此前他同大众一样，一直以为这座城市在大陆上。这一次几位当地居民承担了接待他的任务，而他也答应住在当地酒店而不是车厢里。

接待的人忘了准备马车，直到列车到达才急着去弥补这一漏洞。不过当天加尔维斯顿正在进行选举，竞选各方已经把各种交通工具租了下来。即便愿意花 20 美元的不菲价格临时租一辆车也被婉拒了。接待方不知所措，不过古尔德先生却微笑着说没有什么困难是不可能克服的。加尔维斯顿的海拔只有 4 英尺，这个地方的经济在很大程度上依靠古尔德经营的铁路线，不过古尔德并不介意当地给他开的这个"玩笑"。

当古尔德巡视休斯敦（Houston）和加尔维斯顿之间的大北方铁路线时，他会看到铁路两边 A. A. 塔尔米奇（A. A. Talmage）拥有的土地。他在铁路沿线拥有 16 万英亩的土地，每英亩土地的价格为 12.5 美分。这片土地上只有稀稀拉拉的一些牛散落其间。这片土地让他摆脱了贫困的经济状况，跻身于富裕阶层。

古尔德的出身要比塔尔米奇更低，不过现在他在乡间也拥有一些土地。他的父亲乔治·古尔德（George Gould）在西南部拥有一些土地，而且还在持续关注、买入更加便宜的土地。**什么是逢低买入土地的时机呢？从季节性角度来讲，如果农业或者畜牧业刚刚经历了一个比较糟糕的年份，那么就会有较为充裕的便宜土地出售。**那些刚刚迁徙到得克萨斯的人可能并不清楚这其中的土地价格波动规律。因此，他们可能在遭遇糟糕年份的时候卖掉自己的土地，相当于在一个错误的时机贱卖了资产。除非他们

如何判断资产价格的底部呢？第一，资产持续亏损导致产能缩减明显，例如航运周期见底的特征。光是亏损还不行，必须见到产量显著减少才行。第二，流动性见底。第三，市场情绪极端恐慌点。第四，底部筹码集中交换完成。第五，季节性或者蛛网周期体现的规律。当然，还存在其他一些判断方法，大家可以自己多总结归纳。

能够从早期居民那里学到这些经验，或者从自己的经历中吸取教训，否则就很难在这个地方做好营生。

艾恩芒廷铁路线有一个车站名叫莫尔文（Malvern），位于小石城（Little Rock）以南 44 英里的地方。当古尔德的专列驶入莫尔文时，旁边一条窄轨铁路映入眼帘，这条铁路线从莫尔文通往温泉市（Hot Springs）（也在莫尔文有一个车站），这条铁路线上停着一个火车头，拥有钻石形的前灯。这条窄轨铁路的拥有者名叫"钻石"乔·雷诺兹（Diamond Joe Reynolds）。许多年前，他师从纽约格林县（Greene County）普拉茨维尔镇（Prattsville）的扎克·普拉特（Zadock Pratt）学习经商之道。雷诺兹当时住在苏利文县（Sullivan County），而杰伊·古尔德当时则住在邻近的特拉华县（Delaware County）。古尔德当时也跟着普拉特先生学做生意，主要是皮草加工，那时古尔德还未涉足华尔街。雷诺兹依靠小麦贸易起家，他最初是在苏利文做生意，不过没有赚到什么钱。后来他来到了西部地区，从威斯康星（Wisconsin）贩卖小麦到芝加哥。他将小麦用大口袋包装，上面印着钻石标志和 Joseph 的缩写"Joe"。逐渐地大家开始熟悉这种包装的小麦，于是大家送了一个绰号给他——"钻石乔"。他并不热爱钻石，即便富有也很低调。

无论是古尔德还是雷诺兹当时都跟着普拉特学做生意，得到了他的帮助。后来，古尔德的财富水平远远超过了雷诺兹，不过后者却相当满足于自己拥有的财富。雷诺兹也很富有，大部分时间都在芝加哥和温泉市之间度过。第一次去温泉市的时候，他被迫在莫尔文中转住宿了一晚，因为那时候这段旅程还没有铁路线。温泉市让他觉得很惬意，不过交通却让他很头痛。

雷诺兹发现有人已经获得了从莫尔文修建铁路到温泉市的许可证，不过却缺乏资金来完成。于是，他花了一些钱买到了营建许可证。最终，雷诺兹建成了这条铁路并亲自运营，还发行了有价证券。这条铁路的长度为 24 英里。

古尔德先生的列车在当时拥有相对较高的时速，每小时差不多 50 英里，这种重型列车的噪声不算大。不过如果只挂一节车厢在火车头上则是相当奇怪的体验。在行驶过程中，古尔德先生经常从车厢的一边换到另外一边坐。列车并不平稳，不过只要凯瑞甘的手不要放在拉铃的绳子上，古尔德就不会觉得难受。

最近一次巡视旅行中，列车司机已经更换了，不过古尔德却并不知情。这位新上任的司机一直开得很慢，结果却在车厢内举行宴会的时候突然加速，以至于餐桌上的东西一股脑儿全部掉地上了。到了下一站，这位火车司机就被调走了。因为他更适合开货运列车，而不是古尔德的专列。

现在，我们回到听证会上，回顾一下有关堪萨斯太平洋铁路的相关讨论。这家公司的前法律代理人阿尔忒弥斯·H. 福尔摩斯（Artemus H.Holmes）回顾了这家公司的一段异常交易行情，当时该股在一周时间内从两三美元暴涨到 100 美元浮盈。下面是他的证词：

从 1873 年到 1877 年，堪萨斯太平洋铁路公司的股价处于低位，在两到三美元的位置徘徊，价格极低。堪萨斯太平洋铁路公司的总裁西德尼·迪伦（Sidney Dillon）急于改善股票证券在资本市场的表现。1880 年 1 月 17 日，堪萨斯太平洋铁路公司向所在地的高等法院提起一起诉讼，意图解决关联公司丹佛太平洋铁路的股权问题。受理法官是多诺霍（Donohue）先生。1880 年 1 月 20 日，在仲裁律师霍勒斯·M.拉格尔斯（Horace M.Ruggles）的努力下，诉讼在两天内结案了。1 月 23 日裁决做出，1 月 24 日多诺霍法官签署命令，将股票交给古尔德一方。具体来讲是将未抵押的 29000 股丹佛太平洋铁路股票转让给堪萨斯太平洋，实际上相当于丹佛太平洋铁路最终也并入了联合太平洋铁路。

相关证人在后来的听证会上受到了严厉的质询，委员会询问他到底对拉格尔斯律师的报告知道多少，报告到底是谁写的，哪些人了解这些报告。

"你是否提前获悉了裁决结果？"

"没有。"

"你不知道结果的话，那为什么又在裁决出来之前就进行并购的相关准备了呢？"

"我必须收回此前的答案。"

"换股并购后堪萨斯太平洋铁路的股价在数日内从两三美元上涨到了 10 美元，这太不正常了！"

"是的。"

"换而言之，迪伦在 1880 年 1 月 17 日说股票价值很低，不过 1 月 24 日这只股票

却已经涨到了 100 美元。"

"是的。"

……

通过大胆的并购来炒作资产，这是古尔德赚钱的法宝之一。

古尔德第一次乘坐游艇的经历也是非常有趣的一件事情，最近的《费城报》（Philadelphia Press）登载了这个故事，这个故事的真实性得到了一位仍旧在世当事人的确认。这则故事体现了古尔德先生的诸多个性。

在游艇俱乐部的大厅里面陈列着一个漂亮的游艇模型，挂着主帆和三角帆。这个当事人说起话来滔滔不绝，他喜欢谈论自己收藏的勃艮第葡萄酒（Burgundy），也喜欢对来访的记者讲述关于大厅里游艇模型的故事：

"这是一艘让我度过人生中最欢快时光的游艇的模型。这艘游艇的主人是克鲁格家族（Crugers），也就是哈德逊河上那个著名的家族。而杰伊·古尔德的游艇初体验也是在这个船上完成的。中间发生了很多事情，我敢说直到今天他肯定还记得这些。

"这艘游艇的拥有者是克鲁格家族，这是一个历史悠久的名门望族，他们从荷兰迁徙到美国，与纽约的其他荷兰裔家族通婚，比如斯凯勒家族（Schuylers）、利文斯顿家族（Livingstons）和范伦塞勒家族（Van Rensselaers）等。其中，范伦塞勒家族拥有以该家族命名车站附近的全部土地，包括一个砖厂，租给了斯凯勒·利文斯顿的儿子——小利文斯顿，那是 1853 年到 1854 年发生的事情。杰伊·古尔德在宾夕法尼亚州的毛皮生意刚刚失败。

"小利文斯顿的砖厂效益并不好，他决定找一位干练的生意人来负责具体的经营。某天有个黝黑的小个子穿着黑色呢绒衣前来洽谈，他就是杰伊·古尔德。在商谈之前，古尔德先生前往克鲁格家族的半山宅邸。商谈期间，小利文斯顿殷勤款待，显然他很可能是看中了这位合伙人的能力。

"某天，克鲁格先生邀请古尔德乘坐自己的游艇去纽堡（Newburgh）航行。这个大厅里陈列的就是那个游艇的模型。当时我们几个年轻人都被要求去帮助驾驶这艘游艇。游艇主人的侄儿尤金·克鲁格（Eugene Cruger）先生也是我们这群人当中的一个。

"在河上航行的时候，我们发现古尔德先生一直坐立不安，在甲板上不断地更换座位，似乎想要找一个软一点的地方。不过，大家都没有就此多嘴。

"到了皮克斯基尔（Peekskill）之后，大家都上了岸。这个时候古尔德先生主动解释了自己在船上不停更换座位的原因。他说因为太阳光强烈，甲板上的黄油油漆融化了，一些似乎有害的白色粉末沾到了他的裤子上，这会毁掉他的里绒裤，让他感觉非

常不舒服。因此，他觉得不再乘坐游艇返回，而是改乘火车。

　　"克鲁格先生表示非常抱歉，承诺会处理这个问题。我们一起去一家百货商店，克鲁格先生花了 2.5 先令为古尔德先生购买了一条牛仔工装裤（Jean Overalls）。回到游艇上后，古尔德先生穿上了这条裤子，表示非常满意。

　　"从纽堡返回的时候，我们又在皮克斯基尔停留了。于是，大家又去岸上住酒店。这回古尔德先生婉拒了跟大家一起上岸购物和住酒店的邀请，他选择留在船上。我们入住酒店一个小时后，克鲁格先生突然想起需要一些碱式碳酸铅（White Lead），于是他的侄儿尤金·克鲁格和我跟着他一块儿去了趟商店，买了一些搬到船上。

　　"'克鲁格先生，工装牛仔裤穿起来怎么样呢？'商店老板开始打开话匣子：'您的那位朋友非常精明啊！'

　　"'谁？古尔德先生吗？他看起来确实是一位能干的商人。'

　　"'是的，我是这样认为的。他能够达成计划中的合同。'

　　"'达成计划中的合同？你这句话究竟是什么意思呢？'

　　"'你大概不知道，大概不到一个小时之前，他来到这里把你买给他的工装裤回卖给我了。'

　　"'什么？不！'克鲁格大感意外。

　　"'先生，确实如此。他刚才到这里来，说这条裤子对他没什么用，也没有任何损坏，因此他想要卖回给我。一番讨价还价之后，我以 2 先令的价格买回了这条裤子。你看，裤子在这里！'

　　"我现在闭上眼睛，都可以回想起当时克鲁格先生那种惊讶的表情。他带着我们沉默地往码头走，最后他冒出来一句：'嘿，伙计们，我要好好修理一下他！'

　　"我们到船上的时候，谁也没有提商店的事情。古尔德先生正坐在自己的手帕上。

　　"当天晚上克鲁格先生继续思考着他的整蛊计划。次日，他建议大家去垂钓，而古尔德先生则拒绝参加。古尔德说他对小利文斯顿的砖厂生意不感兴趣了，准备坐下午的火车回到城里去谈一个大生意，不容错过。

　　"克鲁格先生和他争论了一番，显然未能说服古尔德。这个小个子的意志坚定，并不愿意改变决定。最后，他们达成了一个协议：克鲁格先生同意让古尔德先生在一个靠近火车站的地方下船，以便赶上火车。古尔德反复强调必须赶上这班火车，不能错过。

　　"当天船按照计划航行，到了新新镇（Sing Sing）的时候看到了火车冒出的烟尘。游艇处于顺风航向中，突然克鲁格将操纵杆推动了一下，我们开始靠岸。古尔德先生

站起来，显得非常焦急，抓住栏杆，迎风站立。显然，他想要赶上火车。

"这个时候水越来越浅，距离岸边越来越近了，大概 50 英尺的样子。火车站就在对面。

"克鲁格先生的报复计划开始了。

"'收起主帆和三角帆，把踏板放下去！'

"在收起风帆之后，放踏板的过程中却卡住了。突然，游艇停了下来、搁浅了。

"'怎么回事？'古尔德先生急得大喊。当然，他并未发现其中的猫腻。毕竟他对游艇的工作原理毫不知晓，一只海牛（Sea Cow）怎么会知道微积分（Calculus）呢？

"'我们的船恐怕已经搁浅了！伙计们把船桨拿出来推一下！'克鲁格先生的戏演得很好。

"我们假装很卖力地想要将船解救出来，古尔德先生则焦急地等待着事情解决。不过，我们的用力方向恰恰使得船越来越陷入沙堆中，搁浅得越来越厉害。古尔德先生丝毫没有觉察出什么问题，他以绝望的口气对克鲁格先生说：'有什么办法吗？我必须赶上这趟火车啊！'

"'如果你真想要赶上火车，只有一个办法了——蹚水过去或者游泳过去。'

"火车距离到站还有两英里左右，如果想要赶上这趟列车，就必须抓紧时间了。这位未来的铁路大王确实决心坚定，他迅速脱掉外套，穿着明亮的红色内裤站在我们面前。他将昂贵的呢绒西服顶在头上。水不算深，不过也淹到了他腋窝处。

"他开始奋力朝岸边走过去。火车站台上当时已经挤满了人，很快大家都注意到了这个动作滑稽的小个子光着身子在移动。站台上的人群开始骚动起来，很快笑声此起彼伏。女士们掩着嘴哄笑，而男士们则捧腹大笑。最后，古尔德先生终于来到了岸边石头上，他茫然地站在石头上，好像一只火烈鸟（Flamingo）站在佛罗里达（Florida）小河的岸边。船上的人和岸边的人一同大笑，整个恶作剧达到了高潮，可怜的古尔德先生成了唯一的受害者。

"'伙计们，拉起踏板！'克鲁格先生下达了起航的命令。

"随后，游艇开始启动并且逐步加速，从古尔德身后驶过，距离他不到 10 英尺。

"我们微笑着向他挥手说再见，并且建议他回家后一定要洗一个热水澡。

"他很快就意识到这是自己被整蛊了，脸色铁青。列车已经到站了，乘客们纷纷上车。古尔德翻过墙，怀里紧紧抱着西服套装。

"列车准备发动了，最后上车的通知传来。古尔德先生疾跑一阵，身上滴着水，他喘着气在站台工作人员的帮助下吃力地将两条腿塞进裤管里。

列车上每个窗户都挤满了哄笑的旁观者。

"最后，我们看到列车开进了隧道。"

"那么，古尔德最后到底有没有把那两先令还给克鲁格先生呢？"来访的记者追问。

"归还那两先令？我猜你实在是不了解古尔德先生啊！！"

记者写好故事之后，找到了住在利文斯通大道（Livingston Avenue）1211 号的尤金·克鲁格先生，想要确认其真实性。

"我不知道是谁提供了这个故事。不可否认的是，当时的情形确实如此。当时大家都很开心，事情过去得越久，回忆就越美好。"他如此回答记者的提问。

古尔德先生在商业上具有远大的抱负和坚定的决心，他对金钱和商业权力的渴望是谁也无法阻挡的。后来，他成功将巴尔的摩—俄亥俄电报公司（Baltimore and Ohio Telegraph）与西联电报公司（Western Union）合并起来，组成了全世界最大的电报公司，几乎垄断了美国的电报业。国会是否会通过决议督促政府组建一家新的电报公司来避免垄断带来的高价格还未可知。

在古尔德完成电报业的并购后，西联电报公司的收费反而下降了，不过大众认为这不过是权宜之计，目的是为了使政府放弃组建新电报公司的计划。一旦政府的注意力转移到其他地方去了，价格很可能会上调。

虽然我不赞成政府没收或者市价买入西联电报公司，不过我认为政府不应该完全袖手旁观。政府应该合理地采取行动，避免整个国家的行业被恶意垄断，这意味着有效的监管。政府不应该直接参与电报行业的经营，但是不应该放弃调控角色。政府不应该被公众视为电报行业的新垄断者，超过在铁路行业的干预程度。

古尔德先生在深秋的时候去了欧洲，访问了几个地方。他声称此行主要是为了度假和娱乐，不过真正的意图并未公之于众。金融界和商界都在猜测他此行的实质目的。据传他

> 不要因为荣辱，而迷失了战略方向。最好的报复是货真价实的大成功！

243

曾拜访罗斯柴尔德家族（Rothschilds）的一员，后者拒绝了他并购欧洲企业的要约。

　　古尔德先生于 3 月底的时候返回美国。他发现自己控制的部分铁路公司业绩不佳，特别是密苏里太平洋铁路系统（Missouri Pacific System）。

　　关于古尔德先生还有许多精彩的故事，不过我的能力和精力有限，难以一一讲述。因此，我需要在本章结束对他做专门介绍，至少在本书目前的版本中我只能提供如此的篇幅来讲述他。

第二十五章

基恩的传奇投机生涯
（Keene's Career）

詹姆斯·R.基恩（James R.Keene）的一生堪称传奇，他在华尔街的沉浮并非遥远的事情。他是地道的英国人，大约48年之前在伦敦出生，17岁的时候来到美国南部学习法律知识。

1853年，他搬到了旧金山（San Francisco）。由于他此前在法律界工作的时候接手了几个矿业案子，因此对这个领域并不陌生。除了矿业之外，他也熟悉媒体，有人告诉我他与西部某家报纸关系密切。

抵达加利福尼亚之后，他基本上放弃了法律和新闻事务，投入到了当时的"金狂热"当中，成了一名金矿相关证券的经纪人。不过，业务并不顺利，有段时间他起早摸黑才能覆盖日常开支。在美国西部他努力地谋生，但是立足都很艰难。他的健康也因此受到了严重的损害，以至于医生警告他必须放弃这份事业，**如果想要恢复活力避免短命的话，就必须进行一次长时间的航海。**

基恩最终听从了医生的建议，准备先前往美国东部做一次横穿北美大陆的旅行。此后，他的人生焕然一新，无论是健康还是事业都出现了骤变。动身之前，有人劝他投资几百美元买入当时一只价值被严重低估的矿业股。这是一次漫长的旅行，时间和沿途景致让他完全忘记了这笔投资。

当时美国西部和东部的通信设备极其简陋，他很难得知

"树挪死，人挪活"，迁徙是改变命运的杀手级运用。历史上许多伟大的人物其命运的转折点也是从迁徙开始的。比如，索罗斯从欧洲大陆迁徙到了美国，开启了波澜壮阔的一生。

自己持有标的的情况。当时的消息传递速度非常慢，比如
1848 年 1 月 19 日西部的加利福尼亚就发现了黄金，直到
1848 年 12 月东部各州才得知这一消息，而且还是从每年一度
的总统报告中披露的，当即就在全国引起轩然大波。当时纽
约有个叫阿尔弗雷德·罗宾逊（Alfred Robinson）的人，他与
其他 20 个人一起离开纽约前往西部淘金，这是最早一批来自
纽约的淘金者，他们满怀希望地前往"黄金国"（El Dorado）。

在离开一年之后基恩返回了西部，令他吃惊的是矿业股
票全面飙升，包括他买入的这只股票。矿井成了炙手可热的
资产，此前他仅仅花费数百美元买入的股票现在已经价值 20
万美元了。

**如果不是基恩因为健康原因而长时间离开西部，那么他
很可能在赚了几千美元的时候就迫不及待地全部卖出了。**对
于一个曾经捉襟见肘的人而言，能够一下子赚到这笔大钱实
属不易。要是基恩是一个普通人，那么这笔钱足以让他飘飘
然，就此裹足不前。不过，基恩志向远大，他决心取得更大
的成功。

当时的金矿投机泡沫非常严重，大家都被冲昏了头脑。
服务员和女仆都在涌入投机市场，想要成为百万富翁。

杰恩在交易所购买了一个席位，开始从事更大规模的买
卖。当时活跃在交易界的大腕有弗拉德（Flood）、麦基
（Mackay）、菲尔（Fair）和奥布莱恩（O'Brien）等。这场投
机的盛宴席卷了整个西海岸，最终蔓延到了全美。基恩此后
在金矿股上的操作也如第一次一般顺手，赚取了丰厚的利润。

这段时期他仍旧保持着谨慎，比如在康斯托克矿业
（Comstock Mines）这只股票上，基恩看到股价飙升之后断定
暴跌也会如期而至。不过，**在极端狂热多头氛围之下，极少
有人像基恩如此理性。要像基恩一样在此时做空，不仅需要
勇气，更需要异于常人的睿智和逆向思维能力。**

当时有一个坐庄联盟以加利福尼亚银行（Bank of Califor-
nia）为后盾试图操纵矿业股，进行多逼空操作，他们与基恩

信息的发掘和处理速度对
于交易的成败至关重要。滑铁
卢战役中，罗斯柴尔德家族在
国债上的投资就利用了信息传
递优势。

有些仓位是上天让你持有
的，不过这种幸运往往会带来
此后的不幸。

不是一味与大众的观点相
反就能在金融交易中胜出。交
易者需要明白"选择性反向"
的原则：如果市场预期和舆情
高度一致，那么应该选择与大
众的观点相反；如果市场存在
分歧，那么应该选择与市场的
走势一致。

成了对手盘。这帮人处心积虑地想要打败基恩，不过市场最终站在了基恩这边，开始下跌。

相关的股票在短期内从高位暴跌，下跌速度甚至超过了此前上涨的速度。这波下跌让基恩大赚了数百万美元，具体而言，他在北尔切矿业（Belcher）和顶点矿业（Crown Point Mines）赚了 250 万美元，在奥菲尔矿业（Ophir）上赚了 50 多万美元。

基恩在短短数年之内，从一个穷酸的无名律师、媒体从业者和经纪人摇身一变成了身家数百万美元的超级富豪。他成了华尔街的新宠，全美各地甚至欧洲都掀起了一股偶像崇拜的热潮。

这个时期的基恩是如此幸运，仿佛冲浪高手一般，在市场上纵横捭阖。当金矿股暴跌，引发加利福尼亚银行破产，总裁罗尔斯顿（Ralston）在太平洋游泳时自杀，基恩却因做空而大获其利。无论是淘金热时的大胆做多，还是泡沫破灭时的大胆做空，他如有神助。

1877 年，基恩出于休养的目的准备前往欧洲度假，途经华尔街的时候随便拜访了一些友人。他想看看金融界的专业人士们是如何在市场上操作的，华尔街从此开始让他着迷。

虽然他此前因为熟悉矿业而在加利福尼亚混得风生水起，不过华尔街还有一些新的东西需要学习和掌握。他正式进入华尔街之后开始大举做空，不过他发现市场这回并没有站在他的一边。他在某只股票上做空了一万股，不过股票却并未下跌，而是小幅整理后继续上涨。**在发现行情发展不如预期之后，他立即止损退出了这笔交易。**

此后，他与杰伊·古尔德组建了一个财团，共同操纵有价证券。他们想要将西联电报的价格打压下去。为了达到这一目的，基恩和塞洛弗（Selover）大举卖出，不过盘口显示有股势力在大举接盘。当时，他们怀疑古尔德先生就是那个藏在幕后的接盘者。经过仔细调查后，他们发现古尔德确实是幕后黑手，企图通过坑杀合伙人来获取私利。

如何在泡沫初期之时介入做多？在泡沫行将破灭之际做空？流动性等基本面能够给我们什么信号？技术面有哪些有效信号？

某天，塞洛弗与基恩在证交所门口交换了意见之后，穿过正在街边玩牌的比尔·奈（Bill Nye）和希森·奇尼（Heathen Chinee），独自一人沿着街道往前走，在广场拐角处碰到了古尔德，他一把抓住后者的衣领和裤子把他摔在理发店旁边的街沿上。

身材矮小的古尔德立即爬起来，沉默不语地走到自己的办公室，不动声色地做了一笔交易，又让塞洛弗亏损了 15000 美元，这就是他的报复。

与古尔德分道扬镳之后，基恩加入了两洋电报公司（Atlantic and Pacific Telegraph）的坐庄集团。有人认为他在这笔交易中亏损惨重，不过我有可靠的证据表明他从这笔交易中赚到了钱。虽然他与古尔德的合作中被坑了不少钱，不过最终他仍旧赚了 130 万美元。

基恩透彻地了解了金融投机的本质，那就是对大众情绪的准确拿捏。 他发现 1873 年大恐慌导致证券价格大幅下跌，**他应该趁着大众恐慌抄底。** 他手里有 400 万美元的资金可以动用，即便此前有几次亏损也不足为虑，相当于是华尔街的入门费。

华尔街也需要像基恩一样的新成员来刺激金融市场的荷尔蒙分泌。**基恩如饥似渴地调查交易所挂牌的主要证券。当时这些证券的价格已经跌到了非常低的水平，他知道大机会来了。** 他大举买入，此后股市开始走出牛市。投机热情再度在 1879 年到 1880 年被点燃。这波上涨给多头们带来了丰厚的利润。基恩的本金从数百万美元增值到了两倍，后来又增值到了三倍。当时他踌躇满志，仿佛自己就是克罗伊斯（Croesus）一般。

他在加利福尼亚的时候赚了 400 万美元，此刻又增值到了 900 万美元。他的身家现在已经获得了全美人民的关注，欧洲人也开始关注这位财富新贵的一举一动了。

古尔德等老前辈们纷纷嫉妒基恩的成功。基恩似乎已经超越了基督山伯爵（Monte Cristo）或者是丹尼尔·德鲁编织疯

如何判断股市大底？参阅《股票短线交易的 24 堂精品课》的有关大盘和指数的几个章节。

克罗伊斯是里底亚最后一代国王，以财富甚多闻名。

狂梦想的能力，即便是塞列尔斯（Sellers）上校最疯狂的梦想似乎也能被基恩实现。

基恩似乎总是以投机的名义干着投资的事业。他总是买入那些质地优良的可靠资产，他不会持有那些垃圾铁路债券或者是其他劣质的有价证券。他在大胆和谨慎中取得了某种动态的均衡，迅速在华尔街积累起令人艳羡的巨额财富。

就算我们回顾整部金融史，也很难找到像他一样的传奇人物，能够在极短时间之内取得如此巨大的成功。不过，任何奇迹都有谢幕的一刻。基恩先生的华尔街传奇也不例外。

此后的一段时期内，胜利的光环开始让基恩觉得自己无所不能，他开始四面出击。许多人邀请他投资各种生意，他认为自己就是商业和金融业的天才，如同拿破仑在人生巅峰时的所思所想。基恩还介入到各种投机项目中，从小麦、猪油（Lard）到赛马（Fast Horses），甚至鸦片（Opium）。

除了大举买入股票之外，基恩一度疯狂地想要操纵美国的粮食价格，最终必然失败。这让我想起另外一个类似例子。华尔街巨头福克斯豪（Foxhall）也曾经试图通过囤积来操纵小麦期货的价格，不过却因为西部农民将大量小麦迅速投到市场上流通而遭到惨败，虽然这一周他在巴黎大奖赛（Grand Prix in Paris）上斩获了冠军，但却在投机赛场上大败而归，亏损了 1300 万美元。

突然经济出现了减速的苗头，而流动性也变得不那么宽松了。投机盛宴临近尾声。卡马克（Cammack）洞察到了大势的转折，同时他发现基恩还执迷不悟地继续在证券和商品期货市场上加码做多。于是，他找到古尔德商量联合做空，因为这是绞杀基恩等逆势多头的大好时机。

每天都有新的力量加入到做空阵营中，多头势单力薄。**银行家们在放贷上越来越谨慎，而证券经纪人也在给客户提供融资上变得越来越胆小，市场流动性越来越差。资产价格全面暴跌，即便是那些信用良好的优质资产，现在也遭到了无情的抛售。在恐慌中，基恩持有的标的遭到了交易者们的

疯狂致人灭亡。

249

什么是无常？金融市场最能让你感受到无常两个字。金融市场很容易让人悟道，但也最容易让人入魔。

金融市场浓缩了"轮回之苦"。

什么是择时的最佳非技术指标呢？第一，流动性；第二，大众持有筹码或者是现金是否达到极致；第三，大众的情绪是否高度一致。

大举卖出，无论是股票还是小麦期货合约都给他带来了巨额的亏损，据说亏掉了超过 700 万美元。

基恩觉察到了趋势变化，他想要通过止损来避免损失继续扩大。不过由于他持有的头寸实在太多，以至于难以迅速卖出，亏损越来越大，最终他损失了绝大部分财富。

基恩这尊偶像倒下了，华尔街报之以同情，因为基恩此前在捐赠上非常慷慨。另外，许多人靠着他得以致富发财，比如至少有 20 个华尔街经纪人靠着他的佣金变得非常富有，这些人最初的时候或许只有一张桌子办公，现在却过着奢华的生活。基恩白手起家，积累了高达 1300 万美元的巨额财富，现在一切又回到了原点。

要想完整介绍基恩的慈善行为，需要一本书的内容。不过我在这里会讲一个典型的例子，正是因为他的慷慨而在上流社会获得了广为流传的好名声。

在基恩踏足华尔街之前，山姆·沃德（Sam Ward）先生就已经在华尔街和华盛顿，甚至欧洲大陆声名鹊起了。沃德尝试了许多行业，最终选择在华盛顿成为一名游说专家。

当基恩带着他的 400 万美元进入华尔街的时候，大多数纽约的交易者正处在大幅亏损的境地。许多资产的价格都显著低于其内在价值了，这就给了基恩抄底的良机。这次金融恐慌从 1873 年开始，证券市场一直下跌到了 1878 年，各阶层的财富差距逐渐缩小。在当时的社会背景下，资产很多时候并不能带来收益，反而成了所有者的负担。他们想要尽快让烫手山芋脱手。除了极少数之外，绝大多数人都觉得自己非常贫苦，在当时的背景下这些都是事实。

基恩先生来到华尔街的时候，正是赶上了这个抄底的大好时机。几乎所有资产的价格都降到了最低水平，市场处于一片恐慌之中。在大家都不看好经济和金融市场的时候，一个人大摇大摆地走进来疯狂扫货，这怎不令人感到惊讶呢？一下子基恩先生就成了华尔街的焦点，等到他大获全胜之后，也成了上流社会的新宠。他不仅坐拥巨额财富，而且获得了广泛的赞誉。

有一个社会名流与基恩关系密切，他就是山姆·沃德。基恩刚到华尔街的时候，就认识了沃德。沃德慧眼识珠，很快就看出了基恩当时的实力和未来的潜力。在他看来，基恩拥有雄厚的财力，而且善于理财，同时还颇具善心，是一个值得信赖的人。基恩也觉得沃德是一个值得信赖的人，因此两人逐渐发展出了兄弟般的友情。

无论基恩在哪里现身，沃德往往也会很快出现。两人如影随形。华尔街的人都将他们两人当作兄弟，提起基恩自然会提到沃德。无论是在城区还是在郊区，无论是在纽波特还是在伦敦，无论是在伦敦还是在巴黎，只要基恩出现的地方，沃德都会很快出现。

沃德的高度忠诚得到了基恩的赏识，他出资 5 万美元设定了一个投资基金，每年沃德及其指定受益人可以从中获取 3000 美元的收入。

除了沃德之外，基恩也慷慨地给其他在华尔街认识的新朋友提供财务好处。有一位西海岸的传记作者就提到了一些有意思的相关故事：

"谈到西海岸那些证券界大佬就不得不提詹姆斯·R. 基恩，他是旧金山证券市场的翘楚，他是独来独往的自由交易者，敢于在金矿大佬们的地盘上班门弄斧，在赚取巨额财富之后全身而退。

"不过，他很快离开了西海岸，他决议到更大的舞台上展示自己的才华。不久之前，他从股票上捞到第一桶金之后决心前往东部，甚至欧洲旅行，他的健康状况要求他进行一次长途旅行。那些尊敬他的人希望他能够在一年之后带着健康和财富重新回到西海岸继续辉煌。不过，他并没有再返回这里，而是选择留在纽约，这是一个比旧金山更有吸引力的地方。

"纽约和华尔街有太多的吸引人的事物与人了——铁路证券、杰伊·古尔德、山姆·沃德、鲁弗斯·哈齐（Rufus Hatch）、朗·布兰奇（Long Branch）、特雷弗·W. 帕克（Trenor W.

换到一个你能参加的更大格局当中，而不是一直待在一个舒服的格局当中。

Parker）等。任何人都无法抵挡纸醉金迷的纽约，基恩也不例外，最终他'落草为寇'，并且成了'草莽之王'。

"据说基恩准备将自己金融运作的总部设在纽约，而那些在旧金山的老朋友们却在掐着手指算他什么时候能够返回，以便在他手下谋一份好差事。那些了解基恩远大志向的人，那些知道基恩实际才能的人，都知道"麒麟岂是池中物"，基恩不会再回到旧金山来重操旧业了。

"纽约是一个更大的舞台，华尔街才是真正属于基恩驰骋的战场。基恩没有回到旧金山，而是尝试在纽约与最厉害的操盘者对垒。虽然他是一个华尔街的新人，不过却大胜前辈们。最初这些前辈们都想要从这位来自加利福尼亚的有钱人身上大赚一笔，不过最终不得不握手言和或者屈尊迁就。无论是杰伊·古尔德还是范德比尔特都不得不正眼看基恩，学会与这个后起之秀好好相处。

"基恩数年之前在旧金山开启了证券交易之旅，本来他是经纪人，不过后来忍不住亲自下场买卖。随着赚的钱越来越多，他逐渐成了金融公司的老板。

"在证券市场上，基恩先生的影响力无可匹敌。他有众多的追随者，他们信任他。他为人慷慨，些许的关心就会令他感动。面对熟人和朋友的请求，他大方给予支持和帮助。简而言之，詹姆斯·基恩是一位品格与实力兼具的华尔街偶像。"

大众并不知道的是在罗尔斯顿（Ralston）去世后，基恩成了加利福尼亚银行东山再起的关键推手。他从证券市场上凑到了一大笔钱，还邀请威廉·沙龙（William Sharon）、米尔斯（D. O. Mills）以及"好运"鲍德温（Lucky Baldwin）各出资 100 万美元。他自己也投了 100 万美元，用来拯救这家濒临倒闭的银行。最终，一场金融风暴避免了。

不过，命运不会永远眷顾基恩。在两笔交易上的巨亏最终让他跌落神坛，第一笔交易是在小麦上。当时，他组建的一个财团大举买入了 2500 万蒲式耳（Bushel）的小麦，意图从中大赚一笔。不过，财团中的两个成员违背协议私下大举

投机可以暴富，也容易暴亏。暴富之后如何避免暴亏呢？只能将投机赚取的大部分财富转为投资才行。投机是以小博大，而不是以大博更大。

卖出，以至于本能赚数百万美元的生意变成了巨额亏损。为什么这两个成员会违背协议呢？基恩认为报纸引发了大众对小麦囤积的口诛笔伐，进而使得操纵联盟内部出现了裂痕，上述两个成员变得恐惧，临阵脱逃。

　　第二笔交易则涉及股票，基恩被精心谋划的大空头算计了。股价已经上涨数月，本来已经赚到上千万美元，最终在经济减速、流动性收紧和空头狙击等因素主导下遭遇崩盘。

维拉德的投机杰作

(Villard and His Speculations)

亨利·维拉德（Henry Villard）离开美国去了他的出生地德国，待了两年后再度返回华尔街，这位资深的投机者重新被大众所关注。此君在铁路证券的交易历史上享有重要地位，如果完全忽略掉他，则我们这本书是不完整的。他在铁路证券的操作上采用了一些"卑鄙的手段"，体现了当时华尔街不择手段追逐金钱的罪恶。

维拉德在华尔街的高光时刻持续了长达 5 年时间，从 1879 年到 1884 年，主要涉及对北方太平洋铁路公司（Northern Pacific）的运作。我并不准备对他的生平从头到尾、事无巨细地梳理一遍，相反我准备选择一些有趣的东西来讲。

维拉德在北方太平洋铁路公司上的操作精确地复制了"船长"范德比尔特的手法，不过最终却功亏一篑，而"船长"却总能笑到最后。

维拉德是俄勒冈铁路和航运公司（Oregon Raiway and Navigation Company）的组建者，缔造这家公司的目的在于合并重组俄勒冈蒸汽航运公司（Oregon Steam Navigation Company）和俄勒冈轮船公司（Oregon Steamship Company），并且涉足铁路行业。这些经营项目都在公司的宣传资料中阐明，其经营的运输项目从波特兰西部（Porland West）延伸至瓦卢拉（Wallula）。

由于北方太平洋铁路网络将延伸到西部地区，终点站在塔科马（Tacoma），而这将严重威胁俄勒冈铁路和航运公司的价值，两者成了殊死竞争的对头。为了避免这种情况出现，维拉德建议双方妥协。不过，北方太平洋铁路公司的总裁比林斯（Billings）拒绝了他的提议。

对方的强硬促使维拉德另寻他途，于是他模仿"船长"范德比尔特的策略，大量买入北方太平洋铁路的股票，想要取得控制权。他采用"盲池基金"（Blind Pool）的形式募集资金，最初的投资者包括沃尔里霍夫（Woerishoffer）、普尔曼（Pullman）和恩迪科

特（Endicott）等，一共募集了 800 万美元买入北方太平洋铁路公司的股票。买入活动从 1881 年初持续到夏天，资金接近耗尽的情况下仍旧没能取得北方太平洋铁路的控制权。

为了缓解资金的紧张，维拉德召开了一次会议，介绍了情况，并力促扩大募资规模，增加新的投资者。通过"画大饼"，他又成功地募集到了 1200 万美元，最终控股了北方太平洋铁路公司。1881 年 9 月，他当选为这家公司的总裁。维拉德从一家基金公司的总裁变成了一家重要铁路公司的总裁，这种转变让公众始料未及。

北方太平洋铁路公司的股价快速上涨，维拉德及其朋党的身家暴增，他们赚了数百万美元，他实现了基督山伯爵（Monte Cristo）所有金融梦想。很快跻身于伟大金融巨头的行列，成了古尔德、范德比尔特以及亨廷顿（Huntington）等的强劲对手。

控制北方太平洋铁路之后，他继续通过"盲池基金"募集资金来扩建和并购铁路。短暂的成功让他参与了更多投资项目，同时他也过上越来越奢靡的生活。成功和充裕的资金让他丢掉了节俭的习惯，他在麦迪逊大道和五十大街（Fiftieth Street）交界处修建了奢华的别墅。

经济和金融繁荣的盛宴在高潮处戛然而止，维拉德突然遭遇了现金流困境。铁路建设持续不断地吞噬大量的现金，突然应付账款无法覆盖，现金流断了。一项铁路工程预算是 2000 万美元，实际却花了 4000 万美元。为了填补缺口，不得不以转让俄勒冈北美大陆运输公司（Oregon & Transcontinental）股权为条件募集了 2000 万美元。这不过是杯水车薪而已，资金缺口不仅无法弥补，而且越来越大。最终，维拉德垮台了。

这就是维拉德先生从崛起到跌落神坛的全过程。不过，在他着手控制北方太平洋铁路之前，他已经在铁路行业上大显身手了，其中有一些故事也值得我们回味。

在铁路公司的资产运作和市值管理方面，他惯用"掺水"的伎俩，其手法娴熟程度只有乔治·I. 塞尼（George I. Seney）能够达到。他控制俄勒冈蒸汽航运公司和俄勒冈轮船公司的方法足以显示其高超的资本运作能力。他当时身无分文，却想要控制这两家公司，不过他信心十足。

他立即咨询了几位资本市场运作高手，于 1879 年 6 月创立了一家空壳公司——俄勒冈铁路和航运公司，想通过这家公司并购上述两家公司。俄勒冈铁路和航运公司的名头很大，不过其没有什么资产，名义资产是 600 万美元，划分成 6 万股。这家公司的创立者包括了来自纽约的维拉德本人、詹姆斯·H. 弗莱（James H. Fry）、阿特姆斯·H. 福尔摩斯（Artemus H. Holmes）、克里斯汀·鲍斯（Christian Bors）、W. H. 斯塔巴克（W. H. Starbuck）、查尔斯·E. 布罗瑟顿（Charles E. Brotherton），以及来自俄勒冈波特兰的 W. H. 考白特（W. H. Corbett）、C. N. 刘易斯（C. N. Lewis）、J. N. 多尔夫（J. N.

Dolph)、保罗·舒尔茨（Paul Schulze）和 N. 蒂尔森（N. Thielson）。空壳公司成立了，接下来就是筹集并购所需要的资金了。新公司成立之后数日内，董事会就在波特兰开会，决定依靠纽约的农民贷款信托公司（Farmers' Loan and Trust Company）的担保，发行面值 1000 美元的 6000 张债券，票面利息为 6%，从 1879 年 7 月 1 日开始计算，30 年到期。

此后，维拉德本人带着相关资料到东海岸准备就股票发行事宜进行谈判。他找了杰伊·古尔德，希望对方认购，不过后者拒绝了，因为觉得相关项目很难落地，同时也不想与北方太平洋铁路有任何瓜葛。维拉德比前往波士顿募集资金的普尔曼（Pullman）和恩迪科特（Endicott）等人更加幸运，他找到了一些愿意承销或者购买新股的人士和机构。

合并成立的新公司的股票此后出现在证券市场上，不过直到次年 3 月才迎来了大众的交易热情。

新公司逐渐起来之后，除去商誉等无形资产后的资产价值不超过 350 万美元，负债总额却高达 2100 万美元。简单来讲，也就是说 1 美元的资产背后就有 7 美元的债务，从估值的角度来看这只股票简直毫无价值。

尽管如此，维拉德还是想方设法让这只股票上市交易。通过精心炮制的财务报表加上高超的操纵手法，他最终让股票涨到了 200 美元的离谱高位。**在高位的人气鼎盛的时候，他择机将"掺水股"抛到市场上，高位兑现筹码。**

此后，维拉德在北方太平洋铁路上的运作过程也差不多。维拉德在操纵股票上有一点超过了乔治·I. 塞尼，那就是他能够完全空手套白狼。他几乎没有什么资产，却能够让大众相信掌握着不菲价值的资产，心甘情愿地为未来的美好愿景买单。1879 年的时候，他还身无分文，短短一年之内他成功地拥有了 350 万美元的资产，并以此为基础在 5 年内控制了超过 1000 万美元的资产。

当然，他与塞尼在操纵股票上有不少类似的手法，比如**利用大众在股价处于高位时的亢奋大举兑现筹码。**

如何识别情绪呢？能否利用程序自动"爬取"社会媒体的文本和数据进行分析得到特定资产标的的情绪和舆情变化呢？这是留给大家进一步思考和学习的问题。

第二十七章

金融诈骗王子：费迪南德·沃德

(The Prince Of Swindlers: Ferdinand Ward)

格兰特–沃德公司（Grant & Ward）的费迪南德·沃德
(Ferdinand Ward) 在 1884 年的金融恐慌中扮演了重要的角
色，他玩弄信任，欺骗了金融界许多大佬。

沃德是一个看起来诚恳的人，浑身散发着独特的吸引力。
他娴熟的掩饰技巧和高超的说服能力迷惑了几乎所有人，在
骗局揭穿之前大家根本看不出他在欺骗。他长袖善舞，精于
营造一种为他人利益打算的表象，是在请君入瓮，引人上钩。

沃德先是骗取一些名流的信任，然后以此为背书，吸引
更多人上钩，他诈骗了几百万美元来满足私欲。一些金融界
的巨富也上了他的当。为什么他能让这些人上当呢？主要是
他以看似合理的方式许诺了很高的收益率。

沃德在"钓鱼"前会做足准备和调查过程，他会搜索那
些在银行有大笔存款急于寻找高收益的富人。他会通过重要
人物的背书来说服这些人将钱从银行取出，"投资"到所谓的
政府项目合同中，这些捏造的项目看起来风险非常低而收益
非常高。当然，因为这些项目是虚构的，因此他会以保密为
借口来应付出资者们的各种调查。

保密成了最好的理由，这些出资者或者说投资者面对高
收益、低风险的项目失去了独立判断的能力。他们绝大多数
人最终选择了相信沃德——只要能够获得利润，没有必要去
了解那些细节。

21 世纪的麦道夫骗局如
出一辙。大奖章基金的西蒙斯
逃过一劫，因为他搞不清楚为
什么对方能够获得比自己还高
许多的收益率。

华尔街教父 50 年

沃德是如何具体地诱人上钩的呢？我以一位先生的受害经历为例来说明，他投了 5 万美元给沃德。

此君当时计划前往欧洲旅行，动身之前他将 5 万美元的资本注入沃德的基金当中，希望他以适当的方式在恰当的时机进行投资。

这笔钱注入大概半年之后，此君从欧洲旅行回来，前往格兰特–沃德公司办公室了解自己的投资情况。沃德先是恭维此君面相有富贵之象，令人一见难忘，接着说投资的业绩情况需要先查看报表才能告知。于是，他离开了几分钟到里面的办公室，很快就出来通知此君说，他的 5 万美元投资现在已经增值到了 25 万美元，这 25 万美元还是扣除佣金后的净值，现在以支票的方式付给他。沃德轻描淡写地指出这是在他管理下的基金正常收益情况。

如此高的收益让此君大感意外，5 万美元变成了 25 万美元，如果投资的是 25 万美元的话，那么现在净值会变成多少？想到这里，此君一晚上都没有睡好。当初如果投的钱更多一些，那么他在短短半年之内就成了百万富翁。如果把握住两三次这样的机会，他很快就可以身家千万美元了。

此君次日早餐后乘坐火车在证券市场开盘之前赶到了沃德的办公室。沃德来了后，以一贯的方式恭维赞美对方。最终从此君手上拿走了一大笔钱，并煞有介事地在账本上做了记录。

这回此君没能如愿以偿地拿到巨额的回报。1884 年 5 月 12 日，格兰特—沃德公司和海运银行（Marine Bank）破产了，一场金融风暴即将在数日后席卷华尔街和整个美国。沃德先生将第二笔投资无法如期兑现归咎于金融风暴本身，并表示这是不可抗力，他不对此负责。

到底是金融危机导致了沃德的投资失败，还是沃德的骗局维持不下去导致了金融危机？沃德此前的骗局编织得非常巧妙，看似滴水不漏，但最终这个骗局是撑不下去的。**沃德非常了解人性，人的贪婪与轻信成了他最好的筹码。他将那**

金融骗局的形式都差不多：第一，利用名人背书，进行传销式宣传；第二，顺利兑现初期利润，勾引受害者大举加码投入；第三，在骗局破灭之前，迅速消失。

些非常精明的商人玩弄于股掌之间，这些人完全臣服于他的"金融天才"。沃德善于利用形势来施展自己的骗术，在不同的环境中人的心态存在差别，因此他会挑选环境，同时他还会精心挑选行骗的时机。

沃德看透了那位先生的心理，他知道那 25 万美元的"利润"递出去之后，会有更大笔的资金返回来。25 万美元就是一个巨大的诱饵，引诱更多的资金来到沃德的口袋里。沃德并不是第一次这样做，显然他精于此道。并不是所有人都会上当，不过有一个很大的比例，**沃德显然具备了保险精算师的头脑**。他并不是一个鲁莽的人，而是按照他的规则行事，**他不会浪费时间在失败的个案上，因为这是一个有关概率的游戏。**

什么样的人容易轻信？什么样的人容易上当？什么样的人有钱投进来？**沃德对此有一套高效的预判策略。选定潜在猎物之后，他会在恰当的时机选择恰当的手段出击**，这就是他强大执行力的体现。他会选择那些手头有大笔闲钱，自己却没有能力投资或者找不到机会投资的人作为猎物。

描绘一幅可信度高的高收益蓝图，然后传递给潜在的猎物，引诱他们进入"狩猎区"而不自知，这就是沃德骗术的高明之处。他的掩饰手段高超，足以骗取最固执者的信任。那些不熟悉金融事务的富人最容易成为沃德的猎物，因为他们最容易被沃德的举止和言辞所迷惑。

沃德成功地说服了一些金融界名流，然后将这些人变成"口碑"，将这张网越编越大。这些名流被利用了还被蒙在鼓里，心甘情愿地沦为了沃德的诈骗工具。就连格兰特将军（General Grant）和他的儿子都成了此类受害者。

苟责格兰特的人忽视了这位将军对金融一窍不通，在沃德面前完全是一个小学生，缺乏洞穿骗局的专业知识。沃德与费希等人共同成立了沃德–费希–恩诺公司（Ward, Fish, Eno & Co.），他们第一步也是寻找名流背书，这是成功行骗的第一步。他们首先想到了格兰特将军本人，格兰特非常信任

沃德把精算师的原理运用在了行骗上，格雷厄姆把精算师的原理运用在了投资上。

地答应了他们的请求，并给费希写了一封信，而这封信后来招致了广泛的批评。

这封信的内容如下：

亲爱的费希先生：

感谢您为格兰特—沃德公司提供的贷款，我认为这家公司进行的投资是稳健可靠的，同时我也非常乐意让沃德先生利用我的影响力促成公司发展。

U.S 格兰特

敬上

纽约　华尔街 2 号楼 6 号房

1882 年 7 月 6 日

这封回函是格兰特写给海运银行总裁詹姆斯·D. 费希（James D. Fish）的。此前，费希在写给格兰特的信中说自己为了格兰特—沃德公司的利益提供了 20 万美元的融资，以便格兰特—沃德公司能够及时履行政府合同。费希给格兰特的信实际上是沃德根据费希的指示写的。

按照格兰特律师的解释，这封回信仅仅是普通的商业函件而已，表达了格兰特本人对费希和沃德的信任和感谢而已。

当年 7 月 31 日，沃德就信件引发的公众质疑接受了《纽约世界报》（*New York World*）的采访，下面是沃德和记者之间的对话：

"费希写给格兰特将军有关政府合同的那封信你知情吗？"

"当然！因为我根据费希的授意，起草了那封信。当时格兰特—沃德公司的票据贴现出现了一些问题，需要筹集几百万美元来解决流动性问题。他打算借助格兰特将军的影响力去找机械师银行（Mechanic's Bank）的总裁柯克思（Cox）等提供融资，不过在此之前需要从格兰特将军那里获得一些书面材料。

费希说只要能够从将军那里获得任何背书和支持，表明他对事务有所了解，那么寻找贷款提供者就不是难事。

现在我对当时的情况仍然记忆犹新。费希抛出一个点子，我就记下来。写完整封信之后，他再从头到尾修改一遍，亲自做了一些更正。然后，他把稿子交给我，最终我让出纳斯宾塞（Spencer）先生将稿子誊写好。至于那份草稿我不确定现在何处，应该还在我的文件夹里面。在格兰特—沃德公司破产之后，我还见过这份草稿。

总之，在格兰特将军过目之前，费希对信件的内容已经非常了解了。将军在签署

意见的时候非常信任我，不会仔细看条款，因此我让他扼要回复的时候，他几乎没有什么问题就签署了自己的意见。

费希写这封信的目的非常清楚，因为他已经和盘托出了。同时，我非常肯定柯克思等几位先生都看过这封信。"

华尔街操盘手的缩影：亨利·N. 斯密斯
(Henry N.Smith)

我曾经提到过亨利·N. 斯密斯（Henry N.Smith），他是斯密斯—古尔德—马丁公司（Smith，Gould & Martin）的重要合伙人。在华尔街的投机历史上，他的地位非常重要，有必要另辟一章来专门介绍他。

斯密斯出生于布法罗（Buffalo），大家都知道他是来自于布法罗的华尔街后起之秀。踏足华尔街之前以经商为生。他具有显著的希伯来人（Hebrew）的特征：略带红色的金发（Strawberry Blonde）、褐色的胡子等。他有一双炯炯有神的、充满自信的眼睛。

在布法罗完成了原始积累之后，他进军华尔街，在 1864 年恐慌中一战成名。他的操作手法犀利，积累了大笔财富。只要他独立思考和判断，几乎总能够取得成功。

不过，后来他遭遇了自己在华尔街的第一次大挫败，那是 1873 年恐慌时期。他受到"船长"范德比尔特的影响，加入到了西部联合电报公司股票的运作中，不过当年股价大跌让他濒临破产。除了在纽约的宅邸以及一处牧场之外，他所剩无几。

不过，斯密斯并非平常之辈，他并未一蹶不振，而是选择东山再起，很快又在华尔街呼风唤雨了。身在华尔街难免有赚有亏，但是他总能穿越那些起起伏伏，在市场上保持领袖的地位，始终作为一位成功且富有的操盘手出现在舞台上。

他与华尔街各种资金提供者的关系良好，因此总能在操作中充分运用外来资金提高自己的交易杠杆，这些融资规模远远超过了他自有资金的规模。

数年前他从欧洲返回美国的时候遇到了范德比尔特，两人就证券市场的前景深入交换了意见。此前，范德比尔特已经在股市上运作一段时间了，最终斯密斯决定加入其中。这次坐庄导致范德比尔特亏掉了几百万美元，而斯密斯也遭遇了华尔街上的重大挫败。

此后，在前往朗布兰奇（Long Branch）的路上他又遇到了沃尔里霍夫（Woer-

在市场上你要有三只眼睛：第一只眼睛盯着市场与大众的情绪；第二只眼睛盯着自己；第三只眼睛盯着主要对手盘。在博弈中，永远记得要经常站在对手的角度去思考问题。

ishoffer)。此君是当时市场上的大空头，而斯密斯和范德比尔特则是大多头，互为主要对手盘。沃尔里霍夫说服斯密斯改变立场，最好能够清空多头选择做空。沃尔里霍夫提出的观点有着坚实的依据，他坦诚而有个性，给斯密斯留下了良好的印象。斯密斯从谏如流，选择了反向操作。

多翻空之后，斯密斯迅速取得了成功，不仅弥补了亏损，还有显著的盈利。不过他变得认同沃尔里霍夫的判断，同时也固执地认为下跌趋势将持续下去。他看不清楚熊市临近尾声的信号，只是一味地追随市场著名空头的意见。

斯密斯盲目地跟从沃尔里霍夫，就像依纳爵·罗耀拉（Ignatius Lovola）对当时教皇的盲目忠诚一样："如果圣父（Holy Father）让我在大风中划着一条敞篷小船航行十几英里，那么我会毫不犹豫和怀疑地遵从。"

斯密斯非常赞赏沃尔里霍夫的做空策略和原则。**一个操盘手如果在坐庄或者做空上走向了极端偏执的道路，那么后果绝对是灾难性的。**

客观理性的事实完全无法引起斯密斯的注意，他固执地站在市场的一方，他认为自己的意见和看法似乎能够主导市场一般。

市场存在波动率的周期性，单边后是震荡走势，震荡走势后是单边；同样，交易者的收益率往往也存在周期性，大赚后是大亏，大亏后是大赚。如何利用市场波动率的周期性，如果规避交易者收益率的周期性呢？

根据我在华尔街几十年的经验，一旦某人开始过度膨胀，那么也就离最终的毁灭很近了。连续成功后的过度自信是一种华尔街综合征，染上这种病的人很难治愈。斯密斯染上了这种常见病，他的失败应该归结于这种病，而非沃尔里霍夫。

在仓位管理上，斯密斯与沃尔里霍夫一样，喜欢以较高的杠杆重仓出击。在 1885 年的整个夏季，面对市场的强劲回升，斯密斯不断大举做空。偶尔有赚钱的时候，但是绝大多数时候都是亏损。在亏掉大部分本金后，他开始动用从威廉-希思公司（Wm. Heath & Co.）的资金进行交易，直到拖垮这家公司。

坚持做空，持续不断与市场对抗的斯密斯先生先是输掉了自己所有的钱，然后又欠了威廉-希思公司 100 万美元，导

致这家公司破产倒闭，同时也连累了其他几家公司。

当他来证交所管理委员会申请会员席位延期的时候，说了一段令人唏嘘的话："1885 年元旦，我坐拥 140 万美元的巨额财富，其中 110 万美元是现金，另外 30 万美元是地产。到了 1886 年 1 月，我不仅赔光了 140 万美元，另外还欠了 120 万美元，其中 100 万美元是从威廉—希思公司借来的。"

斯密斯先生能够在一家金融公司拥有如此大的信用额度，让大部分人都感到惊讶。我认为这是希思先生过度信任斯密斯先生导致的。在此之前，希思先生的身体已经抱恙一段时间了，他通过公司总经理麦坎里斯（McCanless）来管理。希思先生非常欣赏斯密斯这个年轻人的才华，也信任他的能力和人品，由此导致他无视原则一味顺应斯密斯的要求。

从这件事情可以看出，如果想要在华尔街做一番大事，必须有坚定的判断来抵御别人的蛊惑，有时候需要果断地拒绝一些不情之请。这些要求一个人要具有良好的身体状况作为基础。

华尔街从业者在某些情况下要坚定地拒绝一些请求，这需要良好的健康状况。因为**良好的健康状况是清晰头脑和坚定意志的根基**，健康是金融事业成功的前提。威廉—希思的倒闭就是明显的反例。

在"特威德帮"横行的时候，斯密斯在投机事业上也是顺风顺水，因为这个帮派的人为他提供了数次机会，让他得以操纵货币信贷市场谋取私利。

当威廉·玛西·特威德（William Marcy Tweed）掌控纽约的时候，股市出现了大幅波动，而他正是波动的策划者。他的牵线木偶主导了纽约市政厅，而华尔街附近的几家重要经纪公司都受到了他们的把控。

特威德有三条重要的原则：

第一，权力是靠夺取而拥有的。

第二，人性难改。

第三，面对具体情况，思考你能够采取的措施有哪些。

特威德的三条原则其实是非常有用的指导原则，大家可以琢磨下。我们不臧否人物，而是学习一切有用的经验。

特威德先生不仅掌控了纽约的几家重要储蓄银行，还控制了市政基金和其他重要金融机构。他经过立法院的特别许可组建了一些金融机构，并且严密控制着这些机构。

市政基金的规模在 600 万~800 万美元，这些资金存在了特威德控制的金融机构里，表面上纽约财政机关控制着这些资金，实际上则是特威德在调配。

斯密斯和特威德派系的其他人从这些机构提取资金，引发了流动性紧缩，导致证券市场大跌，进而严重地影响了特威德派系之外金融机构的正常运行，引发金融市场动荡和恐慌。

有一次，斯密斯乘坐出租车到第十国民银行（Tenth National Bank）提取了 410 万美元，而特威德及手下同时也提取了部分钱，他们将大概 2000 万美元锁定了几天，导致货币市场紧缩，证券市场闻风大跌。这就是他们特威德帮肆无忌惮操纵金融市场的惯用伎俩。

斯密斯先生在顶峰的时候坐拥至少 500 万美元，到了 1873 年恐慌的时候亏掉了大部分。至于他在"黑色星期五"恐慌中扮演的角色，我前面已经提到。在前面我已经介绍了特威德帮把控纽约政界和金融界的恶行，并试图通过金融操控美国大选的惊天阴谋，大家可以翻到前面回顾一下。

大空头：查理斯·F. 沃尔里霍夫
（Charles F. Woerishoffer）

当查理斯·F. 沃尔里霍夫（Charles F. Woerishoffer）于1886年5月9日去世的时候，华尔街又失去了一颗璀璨之星。作为伟大的投机客，他的一生值得全世界所有的交易者去探究和学习。他的一生证明了一个人只要专注于某一理想，脚踏实地去执行，最终必然能够取得成功。

沃尔里霍夫拥有大多数人所缺乏的独特品行。他颇具魅力，风度翩翩。不仅如此，他还具有富有感染力的说服力，以及超强的组织领导能力。所有具备这些能力的人都能在自己的行业有所建树。无论是伟大的政治人物俾斯麦（Bismarck）、格拉德斯通（Gladstone）、拿破仑（Napoleon）、格兰特，还是华尔街的翘楚古尔德、丹尼尔·德鲁、老雅各布·利特尔（Old Jacob Little）和"船长"范德比尔特，你都可以从他们身上发现上述品质和能力。

有人将沃尔里霍夫的成功归咎于运气使然，某种程度上这种说法是正确的。他非常幸运地拥有了上述才能和品格，并且能够抓住时机地运用好它们。在遭遇挫折的过程中，他抱有坚定的决心，奉行独立思考的原则，毫不盲从和动摇。

沃尔里霍夫是华尔街著名的大空头，在每一轮成功的做空操作中他基本都以领袖的姿态出现。不过，正是因为大举做空往往面临极大的压力，使他过早地结束了传奇的一生。总之，交易损害了他的健康。

没有站在对手的角度进行深入而全面的思考，就不能草率博弈；没有反馈步骤的学习，就不能算是有效的学习；没有思考反面证据和逻辑的决策，就不算客观的分析和决策。永远记住几个词：对手盘思维、反馈、可证伪性。

撰写沃尔里霍夫传记的作者们总是轻率地将他的大胆做空行为描述为鲁莽，这点我并不赞同。事实上，**沃尔里霍夫在操作之前会对所有可能性进行预判，对正反两面的因素进行通盘权衡，然后才开始投机操作。**

为什么他在金融交易领域能够如此成功呢？第一，**他精于全盘思考，对于任何经济和金融重要因素的变化，他都了然于心。第二，他对市场中发生的一切保持怀疑求证之心。**

沃尔里霍夫有自己独特的交易法则，这些法则大多数时候与大众所持的观念相悖。作为华尔街的老手，他不会轻信任何未经严密证实的观点和信息。他相信大部分人和事情都是走向失败的，而且任何个人和公司都是谋取私利的。他抱着怀疑和审慎之心检视了社会上那些似是而非的说法，那些口若悬河、雄心勃勃的美国人并未获得他的认可，他认为大多数这样的人必然会失败。心灵鸡汤只是让人更加迷惑，把**握不住成功的规律和本质。心灵鸡汤浇灌起来的进取心很快就会被时间耗尽。**

他将自己对人性的看法用在了判断资产标的前景上。当时铁路建设如火如荼，大量铁路投资和扩张计划被提出来，资本市场沉醉其中。他认为这些过度自信和膨胀的想法必然在现实中被证伪，因此他决心在恰当的时机做空铁路股。最终以他为首的做空者们收获了丰厚的利润。

沃尔里霍夫热衷于寻找那些被严重高估的资产做空，而不是像古尔德或者斯密斯一样通过设计陷阱和炒作来赚钱。沃尔里霍夫的操作有时候会盈利，有时候会亏损，不过他往往会坚持到底，因为赚钱的时候往往是大赚。

沃尔里霍夫的怀疑主义对于后来者，甚至整个国家似乎存在消极的影响。因为他对未来和国家抱有悲观的看法，他对自己认为注定失败的事物进行做空。在大众眼中，他似乎是一个国家繁荣的诅咒者或者摧毁者。

沃尔里霍夫出生在德国，进入华尔街后的第一份工作是在奥古斯特·吕滕（August Rutten）的事务所上班，后来吕

有了有效的方法之后，心态才能决定成功。有效的方法是基础，心态是上层建筑。

电脑和网络程序有漏洞，人脑的程序也有漏洞。黑客针对系统和网络的漏洞展开渗透和攻击，而交易大师针对人脑的漏洞布局和盈利。格雷厄姆提出的"市场先生"概念就深刻揭示了人脑程序的重大漏洞。无论是《乌合之众》还是《疯狂之众》，都力图揭示人脑程序的一些显著 Bug（漏洞）。

滕—邦德公司（Rutten & Bond）成立，他成了公司的出纳员。

1867 年，他离开了吕滕—邦德公司，跳槽到了 M.C.克林费尔特（M.C.Klingenfeldt）的公司。

1868 年，他在布吉–舒茨公司（Budge，Schutze & Co.）老板布吉先生的帮助下买了一个证交所的会员席位。不久之后，他又结识了范霍夫曼公司（L.Von Hoffman & Co.）的普拉特（Plaat）先生，并因此获得了后者的交易委托，负责执行大笔订单，特别是黄金和公债等交易订单。当时的金融市场交易量已经很大了，因此业务繁忙。此后，普拉特辞职创业，成了独立操盘手，而沃尔里霍夫也跟着他学习操盘技能。

最后，沃尔里霍夫创办了自己的公司，有两个合伙人，分别是施隆伯格（Schromberg）和舒勒（Schuyler），他们最终都在赚了大笔金钱后退休。

沃尔里霍夫与许多华尔街教父级人物有过交集，比如詹姆斯·R.基恩、亨利·N.斯密斯、摩根、亨利·维拉德、查尔斯·J.奥斯本（Charles J.Osborn）、S.V.怀特（S.V.White）、艾迪森·卡马克（Addison Cammack），以及杰伊·古尔德。其中，他与卡马克的关系最为密切，他们不仅在金融交易上联手，在日常生活中也过从甚密。

沃尔里霍夫大胆参与铁路股上的运作，他参与的铁路股票有北河建设公司（North River Construction Company）、北方太平洋铁路、安大略和西部铁路公司（Ontario & Western）、西岸铁路公司（West Shore）、丹佛–格兰德河铁路公司（Denver & Rio Grande）、墨西哥国民铁路公司（Mexican National）、圣路易斯铁路公司（St.Louis Company）以及俄勒冈大陆纵贯线铁路公司（Oregon Transcontinental）等。他最初也参与多头庄家的炒作，等到资产陷入麻烦之中时，他开始大举做空，直到股价彻底崩盘。在这些做空交易中他都获利甚多，比如光是在堪萨斯太平洋铁路的交易上他就超过 100 万美元。

除了投机之外，沃尔里霍夫也颇具商业眼光，他是最早

泡沫兴起时你可以投机，泡沫破灭时你也可以投机。

提出建设丹佛—格兰德河铁路的人之一。之后他从这只股票公开发行和上涨中，赚到了巨额利润。这只股票一度飙升到了 110 美元，后来甚至上涨到了更高的价格。主力多头将股价推升到了吸引公众疯狂买入的高位，沃尔里霍夫和他的朋友们手里有大量的这只股票，在高位抛出后，转而大举做空。

最终，这只股票跌到了 40 美元以下，沃尔里霍夫作为大空头，成功地低位回补了空头多头，再度从这只股票上大赚一笔。

1878 年，铸币恢复流通，信用市场井然有序。国民经济蓬勃发展，他一方面买入股票，另一方面做空小麦，最终两笔交易都赚了钱，成了一位身家百万的大富豪。

1881 年，总统加菲尔德（Garfield）遭遇枪击。沃尔里霍夫与卡马克，以及斯密斯一起大举做空，也间接成了 1884 年恐慌的导火索之一。

1885 年，他的判断出现了问题。他认为小麦价格会因为供给不足而上涨，而股票会下跌。不过，时机行情走势却恰恰相反。他在遭受市场沉重的打击之后心脏动脉瘤破裂，最终离世。这位大空头的离去，对于华尔街可能是幸事一件。

回头来看，真正让沃尔里霍夫扬名海内外的事件是他在 1879 年参与堪萨斯太平洋铁路控制权时所表现出来的果断和勇气。当时杰伊·古尔德、罗素·赛琪等巨头也参与其中。他代表来自法兰克福（Frankfort）的大股东以 80 美元的价格将丹佛支线铁路的证券卖给了古尔德代表的财团。不过，后来古尔德等人则以铁路路基存在问题为由宣称证券的实际价值低于 70 美元，因此此前的证券买卖合同无效。沃尔里霍夫因为对方撕毁合同而苦恼，不过他并未停留在抱怨上，而是积极采取行动，他给英德等国的证券持有者们发电报要求大量买入证券以供交割，这导致英德等国的交易者疯狂入市想要抓住这一套利机会，显著推升了股票的价格。转过来，他对古尔德等人说不会以低于 80 美元的价格完成买卖。古尔德等人眼见股价不断上涨，危及到了自己的并购计划，于是不得不接受更高的价格完成买卖。最终，沃尔里霍夫从这笔交易上赚取了超过 100 万美元。经此一役，沃尔里霍夫名声大噪。

亨利·维拉德想要通过北方太平洋铁路和俄勒冈铁路的并购计划到资本市场上圈钱，玩空手套白狼的把戏，而沃尔里霍夫一眼就看穿了其中的伎俩。虽然维拉德也邀请他参与这次资产运作，不过他明智地拒绝了。他选择作壁上观，眼看着那些缺乏辨别力的富豪们一起为维拉德的泡沫游戏支付了 2000 万美元。这些富豪们最初嘲笑沃尔里霍夫的迂腐和谨慎，他们认为维拉德的股票肯定会上涨到数百美元，说不定还会像加利福尼亚金狂热时的矿业股一样一飞冲天，涨到几千美元的天价。他们沉浸在美梦之中，而沃尔里霍夫却冷静地嗅到了其中的浮华，他准备反其道而行之——大胆做空。

维拉德看出了沃尔里霍夫的心思，于是他继续加大了购买力量，组织了一个财团购买了 10 万股。参与这个财团的人有百万富翁和金融界名流，而沃尔里霍夫的势力明显不能与这个财团直接抗衡，他形单影只地对抗着巨人。

在这场金融大战中，沃尔里霍夫的表现甚至超过了拿破仑击退奥地利炮兵团的精彩程度。他在整个事件中保持了冷静态度，密切地观察着对手们的一举一动。

维拉德的财团很快就买入了 2 万股，股价随之大涨，他们坚定地准备购买计划中剩下的 8 万股。他们认为沃尔里霍夫这个该死的大空头就要倒台了。沃尔里霍夫的经纪人正源源不断地将股票卖给这些骄傲的人。

很快，维拉德财团的人开始感到抛压沉重，不过他们也找不到解决之道。维拉德财团与沃尔里霍夫变得势同水火，他们都想要在金融市场上干掉对方。最终，沃尔里霍夫获得了胜利，净赚数百万美元，这就是 1883 年华尔街上演的精彩一幕。

获胜后的沃尔里霍夫保持了低调和冷静，在操作上更加保守和谨慎，根据判断进行了规模不大的买卖。他参与了西岸铁路股票的做多交易，成了股价上涨的直接推动力之一。此后，当股价涨到离谱高位后，他开始成了大空头。多翻空的理由是什么呢？沃尔里霍夫解释说**铁路公司的利润增长出现了疲态，因此股票上涨也难以为继了。**他的这套做空理论已经被他运用到了炉火纯青的地步，他领导下的空头们也坚信他的判断和观点。于是，股价被这群空头打压到了极端低点，以至于显著低于内在价值，这就是投机性空头导致的极端估值。这只股票的价格直到沃尔里霍夫去世后数月才开始反弹。

沃尔里霍夫的操作经常是不着痕迹的，因为他聘用了大量的经纪人，还经常更换经纪人，这就使得大众无法完全跟上他的市场动作。他的去世并未造成市场的动荡，如果他去世的时间早一个星期的话，那么可能会引发市场的恐慌，因

本书中的诸位大佬，恐怕沃尔里霍夫是最有智慧的一位，不过健康状况拖了后腿。

为他当时做空了 20 万股。在去世消息宣布之前，他的空头头寸已经完全回补了。

沃尔里霍夫与基恩一样热衷于慈善捐赠，为人也很慷慨。据说他曾经赠送了 20 个交易所席位给忠诚于自己的经纪人，每个席位的价值超过了 2.5 万美元。他还赠送了价值 500 美元的马给自己的司机。对于手下，他一直非常慷慨。

离世之前，他已经感到健康状况严重恶化了，于是计划去欧洲旅行。还没有等到他开始旅行就去世了，年仅 43 岁。如果他能够劳逸结合，那么还能多活很多年。在金融市场上打拼的人一定要注重健康，这是每个交易者要铭记在心的首要事项。他去世的时候资产在 100 万~400 万美元。他留下了妻子与两个幼女，就此撒手人寰。

沃尔里霍夫在金融市场上的操作并未故意针对任何人，不过也使得不少人因此破产。他的行为符合法律规范，而投机是他的爱好之一。**成功的做空需要恪守一些普遍的原则，**每个成功做空者或许在具体做法上有区别，但都符合这些原则。**金融市场奉行"适者生存"的法则，什么是"适者"？是有客观规律的。**

沃尔里霍夫的成功在美国人看来是一部华尔街的传奇，在德国人看来则更加难以想象。他于 1843 年出生在德国的海塞拿骚（Henau Hesse Nassau），那是一个相对比较贫困的地方。约翰·雅各布·阿斯特（John Jacob Astor）是最早到美国淘金的德国人。这些来自德国的移民，往往是农民的后代，他们在孩提时代会被容克地主的权势和财富所震慑，成年后又在美国获得了同样的权势和财富。

沃尔里霍夫 1864 年从德国来到了美国，当时他身无分文，谁又能预见到他日后能够飞黄腾达呢？当时他仅仅 21 岁，曾经在法兰克福和巴黎做过证券经纪人，刚刚踏上美利坚的土地时却非常穷困。当时，他后来的一位投机盟友卡马克已经在美国南方拥有了权势和财富，并从南北战争中大获其利。而另外一位投机盟友 D.P.摩根在伦敦从事棉花交易已

约翰·雅各布·阿斯特，生于 1763 年，卒于 1848 年，德裔美国皮毛业大亨及财金专家，阿斯特家族创始人，历史上美国排位第 4 富有的人，1848 年死时遗产有 2000 万美元，是该时期的美国首富。

经赚了不少钱。当时的罗素·赛琪坐拥资产数百万美元；杰伊·古尔德和斯密斯在华尔街地位绝大多数人都难以企及。

命运迅速青睐这个来自德国的小伙，他迅速在华尔街立足，并且在面对强大对手的时候接连取胜。他持续做空维拉德持有的资产，导致维拉德逼迫他从俄勒冈大陆纵贯线铁路公司辞职。沃尔里霍夫毫不退缩地果断辞职，并且宣布要挑战维拉德在华尔街不可一世的地位。

沃尔里霍夫身材矮小，皮肤白皙，其貌不扬，走在大街上会被认作是银行的小职员。他天生就喜欢赌博，据称他在朗布兰奇曾经两次让法罗牌的专家倒台。除了法罗牌之外，他还喜欢轮盘赌和 21 点。当下注金额很大的时候，他有时会表现得非常紧张，但在挑战维拉德的时候却表现出极度的冷静。他身上混合着复杂的矛盾——德国人的冷静与美国人的紧张。

对于沃尔里霍夫而言，平生最幸运的事情是 1875 年与安妮·乌尔（Annie Uhl）小姐结婚。这位小姐是纽约重要德语媒体《国家报》（*Staats Zeitung*）的编辑，也是该报老板奥斯瓦德·奥滕多弗（Oswald Ottendorfer）的继女。他因为这桩婚姻获得了 30 万美元的财产。

下面这段内容来自于我 1886 年 5 月 13 日发给客户的一份通信，其中专门提到了沃尔里霍夫去世对金融市场的影响：

"市场未来的走势会顺应其内在规律，无论是上涨还是下跌都是某种因素造成的。**市场波动是公众共同参与的结果，而群体行为是存在规律的**。不过过去一段时间，由于少数强大资金的操纵，扭曲了市场的运动，自然也就无法很好地基于规律来判断趋势了。沃尔里霍夫就是扭曲市场机制的力量之一，他长期做空市场，导致许多资产价值被低估。

他的策略是打压龙头股，以此摧毁市场的信心，制造恐慌和追随者。因此，他去世后，市场就少了一位空头的领袖。自然也就打压了空头的气焰，做空者现在处于群龙无首的状态。

> 能够调和矛盾因素的人，前途不可限量。

沃尔里霍夫是一位相处愉快、待人友善的绅士，他对朋友坦诚慷慨。从这个角度来看，他的去世是社会的一大损失。不过，从经济和国家的角度来讲，一个大空头去世对于发展稳定和繁荣是有利的。市场就不再感受到他高悬的达摩克利斯之剑。他在世的时候，公众和交易所一半以上的会员都会因为他做空而战战兢兢。许多人不敢做多，一些多头主力不得不同他对抗。许多多头主力在股价高位被他一击而溃，最终导致整个股市处于暴跌中。

在做空上，他从不手软，如果 1 万股不能让股价拐头下跌，那么他就会加倍做空。有时候，他持有的空头头寸高达 20 万股以上。

他似乎天生就对恐惧迟钝，因此往往能够转败为胜。能够接替他大空头位置的人还要许多时间才能诞生，在此期间多头们将获得充分的喘息机会。

他足智多谋，总能为僵局找到解决之道。他在许多金融市场上运作，无论是谷物期货市场，还是黄金市场，又或者是伦敦股票市场等。他拥有雄厚的资源，大权独揽，独断专行，把握全局，在华尔街处处都能感受到他的影响力。

他的合伙人卡马克先生虽然也经常进行做空交易，不过却是完全不同类型的人。**卡马克总是在全面调查获得可靠证据后才谨慎地做空。如果他发现市场并未如预期一样下跌，那么他会迅速止损离场。**卡马克通常做空 1 万~3 万股，他不会像沃尔里霍夫一样坚守做空到底，直到股价崩溃。

沃尔里霍夫离去了，华尔街的投资者如果发现了价值低估的机会就应该果断买入，而不用惧怕大空头的狙击。与过去一段时间相比，接下来的华尔街将更加繁荣，大众的入市信心将显著提升。"

浑水公司的做空手法在今天大行其道，未来可以从过往去寻找。

最赚钱的方法——价值投资

年轻投机可以快速崛起，但是一生投机，难得善终，这就是本书的主题之一。一时投机，可以暴富，一生投资，可以善终。虽然华尔街的绝大多数交易者们倾向于盲从和投机，但是本杰明·格雷厄姆开创的价值投资体系却在赢家那里大行其道。华尔街的机构投资者和专业投资人士中很少有人敢公开叫板价值投资的，你可以细数一下价值投资领域那些尚且在世的巨擘们。当今最有权势的投资者，几乎都是价值投资者，那些高杠杆的对冲基金经理也只能望其项背，遑论杰出的投机客。1972年出版的《超级富豪》一书中，亚当·斯密列出了很多著名的交易大师，其中很多是价值投资者，而且几乎都是本杰明·格雷厄姆的学生，他们是沃伦·巴菲特、威廉·拉恩、沃尔勒·苏雷斯、马里奥·加贝里、查尔斯·布兰特以及欧文·卡恩等。巴菲特曾经连续好多年成为美国首富，而威廉·拉恩则是闻名遐迩的红杉资本的创始人。现在中国国内的投资人士一定对红杉资本、黑石公司和软银三家投资基金非常熟悉。1984年，巴菲特在母校哥伦比亚大学发表了一篇名为《格雷厄姆和多德的超级投资者们》的演讲，这次演讲之所以著名主要是因为文章使得大众开始发觉和领悟到价值投资的巨大威力，如此多的投资大家原来都是价值投资者，都是格雷厄姆的学生。

在华尔街，那些从事股票投资者的大资金拥有者和管理

我们用交易者来统称投资者和投机者，虽然某些读者会刻意强调巴菲特不是交易者，而是投资者，但是不要忘记他是通过金融市场的交易来获得公司股份的，因此成为交易者并无不当。"价值投资"和"题材投机"是最为主要的获利方式，在新兴市场当中，后者的使用更为普遍，而成熟的资本市场则以前者为主流。像特斯拉汽车这类股票交易，既可以看作价值投资中的成长性投资，也可以看成是事件驱动的题材投机，也就是炒概念。

软银更加注重成长性，特别是破坏性创新带来的成长性。据说，软银创始人孙正义在年轻时曾经花费多年的时间研究分析各个行业进行对比，以便选择最具潜力的行业作为主攻方向。

价值投资基于重大的驱动因素进行交易和持股，对风险的容忍度更高，对资金量的容纳度也很高。在次贷危机当中，对冲基金经理保尔森一战成名，盈利巨大，但是却不可能一直保持高速的资金增值率，这点与参与公司价值投资的巴菲特相比之下要逊色很多。

不过 2010 年后的几年，巴菲特的两位得力助手取得独立决策的权力，开始介入一系列科技股票。从这点出发可以发现，巴菲特是与时俱进的，持有开放心态看待一切经验和原则，并非拘泥于以前的老经验。

这是题材投机与价值投资的最大区别。题材投机专注于新的重大概念，而价值投资则专注未来收益的贴现。

者都采用价值投资这种模式，除了指数投资者，这个市场上没有其他类型的投资者在资金规模上与价值投资者一比高下。金融市场上确实有很多技术派的分析人士和咨询人士，但是在股票市场上几乎不可能纯粹靠技术分析来运作大量的资金。20 世纪最后几年的新经济确实让不少投资者开始抛弃价值投资，转向动量交易一类的新技术。但是，格雷厄姆早在几十年前就做出了深刻的预言，他说：**"新时代主义认为无论价格多高，绩优股都可以作为稳健投资的工具的说法只不过是那些以投资之名行投机之时的赌博行为而已。"** 多么深刻而准确的预言啊，千禧年互联网股票暴跌，那些认为价值投资过失的投资者再次领悟到了价值投资的魅力。曾经因为拒不介入高科技股而蒙受舆论压力的巴菲特再次显示了"世界股王"的实力。

历史上经常出现群众性的癫狂，市场上充满了各种传言和新时代的论点，大量的概念和美好预期充斥其中，一些本来微不足道的事件被看成是划时代的标志。2007 年上半年和 2015 年上半年的 A 股市场似乎类似于这种状态，公司的盈利状况被高价远远地抛离，无论是巴菲特，还是李嘉诚都对中国的股市敬而远之。我们应该保持清醒，静下心来，仔细读读那些价值投资大师的哲学和策略，然后再来比照下现实世界，这样我们就会懂得更多，也变得更加理智，而非盲从。

21 世纪初的高科技泡沫破灭以后，价值投资再度回到华尔街的舞台中央，价值投资成为一个时髦的主流词汇，但是真正的价值投资者永远是那么少。当年的证券投资界，存在三种占据主导地位的投资模式：第一种是价值投资模式，包括格雷厄姆的静态价值投资和费雪的静态价值投资；第二种模式是指数化投资和分散化组合投资，比如约翰·伯格创立的先锋基金；第三种模式是技术分析流派，其最为成功的运用者是威廉·欧奈尔，他的方法包含了很多基本面的成分，比如每股收益，同时这是一种类似跟庄的战法，所以只适合那些资金规模不大的个人投资者，其投资方法被简称为 CANSLIM

体系。

指数化和分散化投资是为那些没有分析意愿和分析能力的投资者准备的，而价值投资者和技术分析则为有分析意愿和分析能力的投资者做准备的。在股票市场上很难看到资金庞大的纯技术交易者，可能存在两个原因：第一个原因是他们本身的技术分析的基础并不扎实，这个原因目前来看还是不太站得住脚，因为现代行为金融学的某些理论支持技术分析的合理性；第二个原因是技术分析适合那些小规模的资金，一定资金超过一定数量，则会打乱原本良好的交易形态结构。在那些流通性较好，成交量较大的金融市场上技术要好得多，比如外汇市场、国际贵金属市场和美国国债市场、国际大宗商品市场等，要知道海龟交易者们占据了世界顶尖期货经理人的半数席位，就这点来看技术分析派的能力也不可小觑。

但是，世界上最有钱的投资者还是价值投资者，比如巴菲特、拉恩、邓普顿等。价值投资中的集大成者与技术交易中的集大成者的财富根本不在一个级别上，巴菲特的个人财富是以百亿计算，而技术分析中的顶尖大师也只能以亿为单位计算个人财富，技术分析大师的个人财富水平几乎没有超过 10 亿美元的。

看看那些个人财富位居最高水平的个人投资者，几乎看不到纯技术分析的交易人士。这至少表明在目前的市场模式下，技术分析很难为成功的交易者带来更高水平的财富数量级别。

所以，在华尔街谈论价值投资绝对是身份和地位的一个标志，也是一个时尚元素，但是这种情况总是处于周而复始的轮回状态。我们并不是要追逐时髦，我们需要的是能够长期赚取利润的法宝。

我们来看看格雷厄姆和三位还健在的投资大师的骄人业绩：

> 价值投资重在识别一种近乎不败的格局，然后参与其中，而欧奈尔的方法则要关注其他玩家，特别是重量级玩家的动向为主。

> 一旦玩家的体量超过某个规模，那么价格走势不过是你操作的影子而已。

> 不过，现在活跃的海归交易者们已经改变了纯粹的技术分析和决策框架。

> 技术分析是用来分析对手的，当你资金量过大的时候，你就无法通过技术分析来分析和决策了，这就好比一只追着自己尾巴跑的猫。

> A 股市场，专攻事件驱动的投机客们这几年更受大众追捧，虽然初始资金不多，但是增长迅速，这点我们不能否认。

- 证券分析之父　本杰明·格雷厄姆　　　年复利水平为 20%
- 世界最伟大的投资者　沃伦·巴菲特　　　年复利水平为 24.7%,
- 全球第一基金经理　彼得·林奇　　　　　年复利水平为 29%
- 打败英格兰银行的人　索罗斯　　　　　年复利水平为 28.6%

　　按照巴菲特 52 年来的复利水平来看，如果你在第一年投入 1000 美元，则 40 年后将变成 750 万美元，而另外两个大师的年复利水平更高，40 年后的复利将变得高几个数量级。表 1-1 是 2007 年福布斯杂志评选出来的全球富豪排行榜，我们截取了巴菲特和索罗斯的部分，可以看出巴菲特的财富位列第二。索罗斯则排在靠后的位置，不过在全球富豪榜上面他也非常显著了，要知道他还在抽取不少利润支持开放社会和慈善事业，这使得本来可以创造惊人复利的本金减少了，要知道仅仅 1994 年到 2000 年，索罗斯就捐出了超过 25 亿美元给自己的慈善基金会。表 1-2 显示的则是 2016 年福布斯的全球富豪榜前十名，巴菲特资本增值速度开始放慢了。如果按照巴菲特此前年平均速度增值手头的资本，那么 2009 年应该就可以将 520 亿美元增值为 648.44 亿美元了，但直到 2016 年才 608 亿美元，这就是资本体量过大之后面临的巨大挑战了。

表 1-1　2007 年福布斯全球富豪排行榜

排名	姓名	国籍	年龄（岁）	净资产（10 亿美元）	居住地
1	比尔·盖茨（William Gates Ⅲ）	美国	51	56.0	美国
2	沃伦·巴菲特（Warren Buffett）	美国	76	52.0	美国
3	卡洛斯·斯利姆·埃卢（Carlos Slim Helu）	墨西哥	67	49.0	墨西哥
4	坎普拉德家族（Ingvar Kamprad Family）	瑞典	80	33.0	瑞士
5	拉克希米·米塔尔（Lakshmi Mittal）	印度	56	32.0	英国
6	谢尔登·阿德尔森（Sheldon Adelson）	美国	73	26.5	美国
7	贝尔纳德·阿尔诺（Bernard Arnault）	法国	58	26.0	法国
8	阿曼西奥·奥尔特（Amancio Ortega）	西班牙	71	24.0	西班牙
9	李嘉诚（Li Ka-shing）	中国	78	23.0	中国
10	汤姆森家族（David Thomson family）	加拿大	49	22.0	加拿大
80	乔治·索罗斯（George Soros）	美国	76	8.5	美国

表 1-2　2016 年福布斯全球富豪榜 TOP10

排名	姓名	财富 (亿美元)	公司	国籍	年龄 (岁)	行业
1	比尔·盖茨	750	微软	美国	60	科技
2	阿曼西奥·奥特加	670	Zara	西班牙	79	零售
3	沃伦·巴菲特	608	伯克希尔·哈撒韦	美国	85	金融
4	卡洛斯·斯利姆·埃卢	506	Telmex 和墨西哥美洲电信公司	墨西哥	76	电信
5	杰夫·贝佐斯	452	特亚马逊	美国	52	科技
6	马克·扎克伯格	446	Facebook	美国	31	科技
7	拉里·埃里森	436	甲骨文	美国	71	科技
8	迈克尔·布隆伯格	400	彭博社	美国	74	科技
9	查尔斯·科赫	396	科赫工业	美国	80	石油化工
9	大卫·科赫	396	科赫工业	美国	75	石油化工

（本文摘编自《投资巨擘的圭臬——价值投资的谱系与四大圣手交道》）